Die Wiederkehr des Regionalen

Rolf Lindner (Hg.)

Die Wiederkehr des Regionalen

Über neue Formen kultureller Identität

Campus Verlag
Frankfurt/New York

Dieses Buch erscheint im Zusammenhang mit dem Kulturwissenschaftlichen Institut Essen, Wissenschaftszentrum Nordrhein-Westfalen, und ist aus einem Workshop des Verbundprojekts »Industrieregionen im Vergleich« hervorgegangen.

Die Deutsche Bibliothek – CIP-Einheitsaufnahme

Die Wiederkehr des Regionalen: über neue Formen kultureller Identität; [dieses Buch erscheint im Zusammenhang mit dem Kulturwissenschaftlichen Institut Essen, Wissenschaftszentrum Nordrhein-Westfalen und ist aus einem Workshop des Verbundprojekts »Industrieregionen im Vergleich« hervorgegangen] / Rolf Lindner (Hg.) – Frankfurt/Main; New York: Campus Verlag, 1994
ISBN 3-593-35176-5
NE: Lindner, Rolf [Hrsg.]; Workshop des Verbundprojeks Industrieregionen im Vergleich <1992, Essen>;
Kulturwissenschaftliches Institut <Essen>

Das Werk einschließlich aller seiner Teile ist urheberrechtlich geschützt. Jede Verwertung ist ohne Zustimmung des Verlags unzulässig. Das gilt insbesondere für Vervielfältigungen, Übersetzungen, Mikroverfilmungen und die Einspeicherung und Verarbeitung in elektronischen Systemen.
Copyright © 1994 Campus Verlag GmbH, Frankfurt/Main
Umschlaggestaltung: Atelier Warminski, Büdingen
Satz: A. Göbel, Essen
Druck und Bindung: Druck Partner Rübelmann GmbH, Hemsbach
Gedruckt auf säurefreiem und chlorfrei gebleichtem Papier.
Printed in Germany

Inhalt

Einleitung
Rolf Lindner 7

Zum Problem der Identität aus
kulturwissenschaftlicher Sicht
Aleida Assmann 13

Kultureller Fundamentalismus
Verena Stolcke 36

Das Siegerland zwischen ländlicher Beschränkung und
nationaler Entgrenzung:
Enge und Weite als Elemente regionaler Identität
Rüdiger Gans und Detlef Briesen 64

Region Ostfriesland?
Zum Verhältnis von Alltag, Regionalbewußtsein
und Entwicklungsperspektiven in einem
strukturschwachen Raum
Rainer Danielzyk und Rainer Krüger 91

Region als Handlungslandschaft
Überlokale Orientierung als Dispositiv und
kulturelle Praxis: Hessen als Beispiel
Beatrice Ploch und Heinz Schilling 122

»Ein Bild von einer Stadt«
Eine Industriestadt auf der Suche nach ihrer Mitte:
Das Beispiel Marl
Dagmar Gausmann 158

Identitätsstrategien und die Konstruktion
sozialer Räume: Eine spanische Fallstudie
Dieter Goetze 184

Das Ethos der Region
Rolf Lindner 201

Regionale Identität
Überlegungen zum politischen Charakter
einer psychosozialen Raumkategorie
Detlev Ipsen 232

Autoren 255

ROLF LINDNER

Einleitung

I

Ganz offensichtlich sind wir mit einem neuen Regionalismus konfrontiert, der sich nicht mehr, wie sein Vorläufer in den 70er Jahren, als eine vom Autonomiestreben beseelte Gegenbewegung zur Globalisierung, sondern eher als deren Komplement verstehen läßt: Regionalisierung heißt hier Rückbesinnung auf eigene Qualitäten bei der Bewältigung eines tendenziell globalen Strukturwandels. Damit ist an die Stelle des Regionalismus als eine gegen Modernisierung gerichtete soziale Bewegung der Regionalismus als Teil der Modernisierung getreten; das »Europa der Regionen«, so hat es Lothar Baier unlängst in einem polemischen »Abschied vom Regionalismus« formuliert, »geht den Bürokraten der Brüsseler EG-Zentrale ebenso flüssig von den Lippen, wie früher die Milchquotierung«.[1] Ökonomisch betrachtet haben die globalen Vergesellschaftungsprozesse den neuen Regionalismus hervorgetrieben, und zwar als Teil ihrer selbst: die mit der globalen Vergesellschaftung einhergehende Entdifferenzierung ist es, die zur »Entdeckung«, Wiederbelebung oder Erfindung regionaler Besonderheiten wirtschaftlicher Teilräume, zur »renaissance of regional economies«[2] geführt hat. An die Grenzen einer rein ökonomischen Theorie und Praxis gestoßen, setzt man nun auf die »Strategie eigenständiger und endogener Entwicklung«, die »Regionen nicht nur als wirtschaftliche Nutzungsräume, sondern ebenso als kulturelle Identitäts-, ökologische Lebens- und politische Entscheidungsräume (betrachtet)«.[3]

Nun ist zwar die Terminologie relativ neuen Datums, nicht aber die Frageperspektive, die der Rede von den »endogenen

Potentialen« zugrundeliegt; es ist die klassische Frage Max Webers nach der kulturellen Rahmung ökonomischer Prozesse, danach, ob konkrete Formen des Gemeinschaftshandelns konkreten Wirtschaftsformen »adäquat« oder »inadäquat« sind, d.h. begünstigend oder hemmend wirken, kurz: nach Korrespondenzen und Wahlverwandtschaften (so die vernachlässigte Kategorie Webers) von Lebensstilen und Wirtschaftsformen.

In einer Projektskizze zum Thema »Kultur und wirtschaftliche Entwicklung«, die auch der Diskussion dieses Bandes zugrundeliegt, sind Hartmut Häußermann und Claus Offe von der Vermutung ausgegangen, »daß von einer Gleichförmigkeit der lokalen und regionalen kulturellen Muster und einer entsprechenden Nivellierung der Lebensweise in den Regionen der Bundesrepublik - zumal in Lebensbereichen, die sich formaler Regelung durch Markt und Recht entziehen - nicht schlüssig die Rede sein kann, sondern daß die angedeuteten Gegentendenzen (Unterschiede der politischen Kulturen, der Berufs- und Sozialstruktur, der konfessionellen Zusammensetzung der Bevölkerung u.a.m. R.L.) gegen eine solche Nivellierung stark genug sind und (v.a. auch im Blick auf die »neuen« Bundesländer) weiterhin bleiben werden, daß die Frage nach den »regionalen Eigenarten« nicht gegenstandslos wird«.[4] Nur wenn man, wie hypothetisch auch immer, davon ausgeht, daß es unterschiedliche kulturelle Orientierungen gibt, lassen sich überhaupt jene Fragen *stellen*, deren Beantwortung die Erfassung und Bewertung wirtschaftlicher, gesellschaftlicher und politischer Chancen und Risiken ermöglicht: »Inwieweit ist die Wirtschafts- und Sozialordnung Schleswigs mit der Schwabens vergleichbar? Was bedeutet Arbeitslosigkeit in Hamburg oder Stuttgart? Was soziale Einbindung in Friesland und in Baden? Können wir wirklich davon ausgehen, daß die Menschen in Tokio und Paris, in Berlin und München, aber auch in Duisburg und Dortmund gleiche Bedürfnisse, Interessen und Neigungen haben?«.[5] Es ist diese Frageperspektive – nach regionalen »Begabungen« und »Eigenarten«, nach regionalen Kulturen und Identitäten, ihren Voraussetzungen und Bedingungen –, die die Beiträge dieses Bandes angeregt hat.

II

Nun ist die Rede von der kulturellen Eigenart, wie die jüngste Entwicklung zeigt, durchaus nicht unproblematisch. Begriffen wie »Eigenart« und »Identität« ist etwas überaus Beharrendes und tief Verankertes gemein; das macht sie nutzbar für eine Tendenz, die Wolfgang Welsch unlängst mit dem scheinbaren Paradoxon eines »Kulturellen Rasssismus« bezeichnet hat.[6] Die zunehmende Regionalisierung und Kulturalisierung (»Ethnisierung«) politischer Konflikte hat die andere, dunkle Seite des Diskurses aufgezeigt, dessen Kern die Radikalisierung von Differenz bildet: Kulturrelativismus und Ethnopluralismus sind zu argumentativen Waffen eines demarkierenden, ethnozentrischen Codes geworden. Das hat uns dazu genötigt, die Erörterung der Chancen und Risiken regionaler Kulturen und Identitäten im Prozeß gesellschaftlichen Strukturwandels, eine Revision der Leitbegriffe des kulturalen Diskurses – »Pluralität« und »radikaler Relativismus« – voranzuschicken; kulturtheoretisch bilden die Überlegungen zur Ambivalenz des Identitätskonzepts von Aleida Assmann und zum kulturellen Fundamentalismus von Verena Stolcke eine erste Antwort auf die irritierende Situation. Kulturen stellen für Aleida Assmann »Identitätsofferten« dar; damit wird von vornherein jeder substantialistischen Vorstellung der Boden entzogen. Diese Bestimmung ist deshalb von zentraler Bedeutung, weil es ihr letztlich um die Versöhnung von kultureller Differenz und normativem Universalismus geht: nur eine durch einen Minimalkanon an zwischenmenschlichen und zwischenstaatlichen Rechten und Pflichten geläuterte kulturelle Differenz erweist sich als koexistenzfähig. Damit soll die Ausbreitung jener neuen Doktrin der Ausschließung verhindert werden, deren Genese Verena Stolcke aus sozialanthropologischer Perspektive nachgeht. Stolcke bezeichnet die neue, sich nicht mehr der politischen Sprache des Rassismus bedienende, sondern auf einer essentialistischen Vorstellung von Kultur beruhende Position als *kulturellen Fundamentalismus*, eine Position, die das »Andere« durch *Anerkennung* des »Andersseins« *ausschließt*.

III

Alle Beiträge dieses Bandes sind aus einem workshop zum Thema »Regionalkultur und regionale Identität« hervorgegangen, der im November 1992 am Kulturwissenschaftlichen Institut Essen des Wissenschaftszentrums Nordrhein-Westfalen als Baustein des Verbundprojekts »Industrieregionen im Vergleich« durchgeführt wurde. Das Kulturwissenschaftliche Institut, dem ein weiter, alle traditionellen Geistes- und Sozialwissenschaften einschließender Begriff von Kulturwissenschaften zugrundeliegt, war der ideale Ort für eine Begegnung, bei der Vertreter aus Geschichtswissenschaft und Geographie, Kulturanthropologie und Soziologie, Ethnologie und Kulturwissenschaft, Kunstwissenschaft und Sprachwissenschaft zusammenkamen, um einen disziplinübergreifenden Klärungsprozeß über Rolle und Bedeutung regionaler Kulturen und Identitäten im Prozeß gesellschaftlichen Wandels in Gang zu setzen. Dies geschah in Gestalt von Fallstudien, um auf diese Weise die Ressourcen der einzelnen Fächer, die in den jeweiligen fachspezifischen Paradigmen, Problemstellungen und Forschungsmethoden bestehen, über die Disziplingrenzen hinweg zugänglich zu machen. Ein solches Unterfangen erweist sich dort als besonders ertragreich, wo eine gemeinsame Fragestellung zugrundeliegt wie in den Beiträgen von Gans/Briesen, Danielzyk/Krüger und Ploch/Schilling, die aus je fachwissenschaftlicher Perspektive der Konstitution und Konstruktion von Regionalbewußtsein nachgehen. Dabei konzentrieren sich die Sozialhistoriker Gans und Briesen im Sinne der invention of tradition-These auf die symbolische Konstruktion von Regionalbewußtsein. Am Beispiel des Siegerlandes weisen sie exemplarisch nach, daß sich universalistische Konzepte (wie Nation) nicht aus partikularen (wie Region) herausbilden, sondern umgekehrt Konstruktionen höheren Allgemeinheitsgrades die partikularen überhaupt erst hervorbringen. Die Untersuchung von Regionalbewußtsein als alltägliches Orientierungswissen steht bei den Sozialgeographen Danielzyk und Krüger im Mittelpunkt. Ihr Untersuchungsgebiet ist Ostfriesland, das als strukturschwache Region besondere Gelegenheit zur Diskussion von Bedeutung und Bindekraft regionaler Kulturmuster bietet. Aus ihrer mehrdimensional angelegten Untersuchung deutet sich an, daß Kulturmuster, ähnlich wie die regionalen Identitätskonstruktionen bei Gans/ Briesen, als regionale Antworten auf Systemstrukturen von außen zu interpretieren sind. Die Kulturanthropologen Ploch und Schilling berichten von einem Forschungsprojekt »Regionale Identität in Hessen«, dem die Hypothese zugrundelag, daß sich aus der überlokalen Orientierung einzelne Interaktions- und Erfahrungsnetze entwickeln, die in ihren Schnittpunkten Faktoren für den Prozeß der Bildung einer regionalen Identität bergen. Von besonderem Interesse sind die methodischen Zugänge, die der Untersuchung zugrundeliegen: Netzwerkanalyse, das mental map-Verfahren und die auf qualitative Interviews beruhende raumbezogene Typologie personaler Profile.

Zu den catchwords des neueren regionalwissenschaftlichen Diskurses gehört sicherlich der Begriff »Leitbild«. Am Beispiel der Industriestadt Marl, die, was heute weitgehend vergessen ist, in den 50er und 60er Jahren als großer Versuch galt, Natur und Industrie, Arbeit und Kultur miteinander zu versöhnen, macht die Kunsthistorikerin Dagmar Gausmann den Prozeß der »Leit-Bild«-Produktion und seiner Träger in akribischer Weise durchsichtig. Während es in Marl um die Offerte einer kollektiven Identität in einer Phase des Aufbruchs ging, geht es bei der Comunidad Autónoma Cantabria, die Gegenstand der Fallstudie des Ethnosoziologen Dieter Goetze ist, um territoriale Identitätsfindung in Zeiten des wirtschaftlichen Niedergangs: Er konstatiert einen Rückgriff auf den geophysischen Raum als Markierungspunkt von Differenz und als Basis veränderter Identitätsstrategien. Mein eigener Beitrag versteht sich als ein Versuch, der kulturellen Eigenart von Regionen in nicht-essentialistischer Weise nachzugehen. Um den essentialistischen Irrtum zu vermeiden, greife ich auf Max Webers Konzeption der »geglaubten Gemeinsamkeit« zurück, die auf dem Erkennen anhand von Gepflogenheiten der Lebensführung beruht. Vorgeschlagen wird die Analyse des Ethos der Region, um die spezifische regionale »Gestalt« herauszuarbeiten. Exemplarisch dargestellt wird dies an der Haltung des Ruhrgebiets zu sich selbst. Detlev Ipsen versucht aus stadt- und regionalsoziologischer Sicht einige Argumente zusammenzutragen, die den politischen Charakter der Herausbildung regionaler Identitäten verstehbar, sie als Äußerungen latenter Strömungen identifizierbar macht. Aufgrund der Spannweite der behandelten Fragen, von der Gegenüberstellung von Heimat und Region über die Sozialpsychologie der Identität bis hin zur Kategorie der Raumbilder, bildet Ipsens Aufsatz einen Schlußbeitrag im besten Sinne des Wortes, der ein Thema nicht abschließt, sondern neue Zugänge zu ihm erschließt.

Anmerkungen

1 Baier, Lothar, Abschied vom Regionalismus, in: Freibeuter Nr. 43 (1991), S. 14
2 Sabel, Charles F., The Reemergence of Regional Economies, WZB - discussion papers, June 1989
3 Brugger, Ernst A., »Endogene Entwicklung«. Ein Konzept zwischen Utopie und Realität, in: Informationen zur Raumentwicklung, Heft 1/2 (1984), S. 6
4 Häußermann, Hartmut/Claus Offe, Projekt-Idee: Kultur und wirtschaftliche Entwicklung, unv. Manuskript November 1990, S. 2f.
5 Grüske, Karl Dieter, Jürgen Lohmeyer, Meinhard Miegel, Außerökonomische Faktoren und Beschäftigung, Gütersloh 1990, S. 13
6 Welsch, Wolfgang, Transkulturalität. Lebensformen nach der Auflösung der Kulturen, in: Informationen Philosophie 19. Jg., H. 2 (1991)

ALEIDA ASSMANN

Zum Problem der Identität aus kulturwissenschaftlicher Sicht

1. Wer bin ich? Individualität und Identität

Im Dezember 1991 ging die Nachricht von dem unglücklichen Deutschen durch die Zeitungen, der sich irgendwo in Spanien auf einer Parkbank wiederfand, ohne Geldbörse, ohne Papiere und - offensichtlich infolge eines Schlages auf den Kopf - ohne Gedächtnis. Seine Individualität war ihm geblieben, wenn man darunter das Gefühl unmittelbarer Selbstrepräsentanz versteht, seine Identität hingegen, die Vergewisserung eines Selbst im sozialen Zusammenhang, war ihm abhanden gekommen. Diese Identität wird bekanntlich auf unterschiedlichen Ebenen konstituiert. Da ist zunächst jenes Ensemble von Daten, das in den staatlichen Ausweispapieren die Funktion persönlicher Kennzeichnung übernimmt. Die Wiederauffindung des Passes restituiert diese bürokratisch-kriminalistische Identität der Person, aber noch nicht seine soziale Identität, die über die Integration biographischer Erfahrungen und die Konfiguration sozialer Vernetzungen entsteht. Beide Dimensionen, die der diachronen Lebensgeschichte und die der synchronen Beziehungskonstellationen sind vom Erinnerungsvermögen abhängig. Wer sich an seine Jugend, an seine gestrigen Erlebnisse und an seine Freunde und Feinde nicht erinnern kann, ist von dieser Form der Identität abgeschnitten.

Die Unterscheidung zwischen Individualität und Identität läßt sich mithilfe der beiden lateinischen Worte *ipse* und *idem* plausibel machen. Ipse bezieht sich auf »Selbsthaftigkeit«, also auf die Individualität als eine Qualität des unveräußerlichen So- und-nicht-anders-Seins, als leib-seelische Besonderheit und

Authentizität; idem bezieht sich auf »Selbigkeit« also auf Identität als eine Qualität der konstruktiven Konsistenz und Kohärenz. Während etwa die Romantiker den Aspekt der Individualität als die der Gesellschaft abgekehrte Seite der Person stark gemacht und die Qualitäten der Unverwechselbarkeit und Einzigartigkeit betont haben, wird von denen, die den Menschen vorrangig in seinen sozialen Bezügen, sowie im Kontext von und Austausch mit bestehenden Sinnwelten sehen, der Aspekt der Identität besonders betont. Als Beispiele für die Frage nach der personalen Identität möchte ich Shaftesbury und Nietzsche nennen. Anfang des 18. Jahrhunderts, als an die Stelle jenseitiger Rechtfertigungsinstanzen das Forum der Gesellschaft getreten war, faßte Shaftesbury das Problem der Identität in die Frage: »wie kann es sein, daß ich heute wie gestern und morgen wie heute für dieselbe Person gehalten werde?«[1] Was wir heute Identität nennen, wird von Shaftesbury als Kontinuierung oder Bewahrung der Person durch die Zeit umschrieben. Der neue Anspruch der Gesellschaft auf Kontinuität, Verläßlichkeit und Wiedererkennbarkeit der Person wird von ihm mit der Forderung nach sozialer Sensibilität verbunden. Nur das Individuum, das in der Lage ist, die Normen der gesellschaftlichen Umwelt zu verinnerlichen, kann zur Stabilität und Erwartungssicherheit einer Identität finden. Als Nietzsche Ende des 19. Jahrhunderts dieselbe Frage aufgriff, erkannte er darin das fundamentale Problem der Kultur schlechthin. Seine Frage lautet: wie kann eine Kultur den Menschen berechenbar machen?

»Wie prägt man diesem teils stumpfen, teils faseligen Augenblick-Verstande, dieser leibhaften Vergeßlichkeit etwas so ein, daß es gegenwärtig bleibt? [Wie kann man das Ziel erreichen,] ein paar primitive Erfordernisse sozialen Zusammenlebens diesen Augenblicks-Sklaven des Affektes und der Begierde gegenwärtig zu erhalten?«[2]

Nach Nietzsche liegt die Lösung dieses Problems in den rabiaten Praktiken einer »kulturellen Mnemotechnik«.

»Man brennt etwas ein, damit es im Gedächtnis bleibt: nur was nicht aufhört, wehzutun, bleibt im Gedächtnis.«

Nietzsche erkennt wie Shaftesbury in der Internalisierung sozialer Normen das Fundament der Identität; allerdings beurteilt er diesen Prozeß nicht wie der liberale englische Philosoph als eine heilsame Selbsttherapie, sondern als Konditionierung, die von außen kommt und weh tut. Deshalb ist der Schmerz das mächtigste Hilfsmittel der Mnemonik und die kulturelle Menschenbildung vollzieht sich bei Nietzsche in der Sprache der Tier-Dressur als »Anzüchtung eines Gedächtnisses«. Nietzsche lokalisiert die Identität der Person im Gedächtnis, das er hier sowohl mit sozialer Verantwortung wie mit Gewissen gleichsetzt. In beiden Fällen handelt es sich um Zügel, die die Gesellschaft der Individualität bzw. dem naturwüchsigen Egoismus des Menschen anlegt. Durch die Ausbildung einer Identität wird der Mensch zu einem Wesen, das Erwartungssicherheit gewährleistet und imstande ist, ein Versprechen zu halten.

Die Frage »wer bin ich?« läßt sich noch auf anderen Ebenen beantworten. Neben dem Archiv der bürokratisch-kriminalistischen Identifizierung und dem sozialen Netz von wechselseitigen Ansprüchen und Verpflichtungen steht der privatbiographische Raum der Selbstfindung und Sinnorientierung, für den Institutionen wie die Kirche, Kunst oder Psychotherapie Orientierungen anbieten. Jenseits solcher Identitäts-Festlegungen und Entwürfe liegt das Problem der Identität in seiner metaphysischen Gestalt. Darauf kann hier die Anekdote hinweisen, die von Schopenhauers Besuch im Treibhaus Dresden berichtet. Bei diesem Aufenthalt soll er sich gänzlich in die Betrachtung der Pflanzen versenkt haben. Der sonderbare Herr, der mit den Pflanzen sprach, fiel dem Aufseher auf, der sich bei ihm erkundigte, wer er denn sei. Darauf war Schopenhauers Antwort: »Ja, wenn Sie mir sagen könnten, wer ich bin, dann wäre ich Ihnen viel Dank schuldig.«[3]

2. Wer sind wir?
Drei Kultur-Modelle kollektiver Identität

So plausibel die Frage nach der personalen Identität ist, so problematisch erscheint vielen die nach einer kollektiven Identität. Darum ist hier zunächst der Begriff der »kollektiven Identität« zu klären. Wir schließen hier von vornherein jene romantische Definition von Kultur aus, die von Herder bis Nietzsche Kultur als Einheit aller Lebensäußerungen eines Volkes definierte und kulturelle Identität somit auf einen metaphysischen Kern, genannt »Volksgeist« zurückführte. Kollektive Identität, wie wir sie im Folgenden untersuchen wollen, hat mit solchen kollektivistischen Mystifikationen nichts zu tun. Kollektive Identitäten sind Diskursformationen; sie stehen und fallen mit jenen Symbolsystemen, über die sich die Träger einer Kultur als zugehörig definieren und identifizieren. Bis an die Schwelle der Neuzeit haben Kulturen in die Herstellung solcher kollektiver Identitäten große Anstrengungen investiert. Im außereuropäischen Raum ist die Frage: »wer sind wir?« noch heute weithin wichtiger als die Frage »wer bin ich?«. Kulturen stellen Identitätsofferten dar; sie entwickeln Programme, die Individuen als Zugehörige zu einer bestimmten Gruppe erkennbar machen.[4]

Bei solchen Programmen braucht man noch nicht gleich an Orwell und die Homogenisierungszwänge totalitärer Staaten denken. Homogenisierung vollzieht sich bereits auf der Ebene der Übernahme weitgehend mehr oder weniger bewußter Verhaltensmuster. Jede Kultur beruht zu einem großen Teil auf Mimesis, d.h. auf Verhaltensnormierung durch Nachahmung in der Interaktion. Im Mittelalter vollzog sich die Sozialisation und Enkulturation im Wesentlichen durch Mimesis. Als wichtigstes Instrument der Identitätsbildung galt in der höfische Erziehung z.B. der Spiegel.[5] Im höfischen Spiegel erscheint nicht der, der hineinschaut, sondern das Vorbild, dem es nachzueifern gilt. Es ist also kein reflektierender, Besonderheiten zeigender, sondern ein formativer, Allgemeinheiten zeigender Spiegel. Dem Bild, das er zeigt, gilt es, möglichst ähnlich zu werden. Individuelle Besonderung stellt in vielen Kulturen keinen Wert dar; vielmehr ist der Einzelne in einer Kultur der Vorahmung und Anähnelung dazu angehalten, die gesellschaftlich vorgeschriebenen Muster möglichst vollkommen zu verkörpern.

Im folgenden soll der Versuch unternommen werden, einige Muster kollektiver kultureller Identität vorzustellen und dabei zugleich deren historische Bedingungen in groben Umrissen mitzuerfassen.[6] Wir bewegen uns bei dieser grob schematisierenden Skizze von Stammesgesellschaften über die frühen Hochkulturen zum Beispiel Israel, das die Muster der Alten Welt bekanntlich um eine neuartige Identitätskonstruktion erweitert hat.

2.1. Egalitäre Identität (Gesellschaften ohne Staat)

In seinem Buch Staatsfeinde behandelt der französische Ethnologe Pierre Clastres den strukturellen Aufbau staatenloser Gesellschaften. Aus seinen Untersuchungen geht hervor, daß diese auf das Verbot der Ungleichheit gegründet sind. Ungleichheit entsteht unweigerlich durch Besitz oder die Kumulation von Macht. Diese Gesellschaften sind so organisiert, daß jegliche Form der Hierarchiebildung von vornherein verunmöglicht ist. Wie aber läßt sich die beständige, immanente Tendenz zur Hierarchiebildung wirkungsvoll durchkreuzen? Die Antwort auf dieses Problem ist die programmatische Gleichheit der Mitglieder. Das Ungleichheitsverbot wird durch das Gleichheitsgebot erreicht. Gleichheit gilt dabei freilich nicht, wie im naturrechtlichen Denken, als Naturanlage. Sie wird durch kulturelle Normierungen erreicht, die gesellschaftlich reproduziert werden müssen. Einen solchen Reproduktionsmechanismus stellen die Initiationsriten dar. Bei diesen Riten wird den (männlichen) Mitgliedern der Gruppe (denn auch der primäre Egalitarismus der Stammensgesellschaften beruht auf einer fundierenden Ungleichheit der Geschlechterdifferenz)[7] das identitätsrelevante Wissen der Gruppe regelrecht in die Körper eingeschrieben. Clastres spricht deshalb von »Gesellschaften der Kennzeichnung«. Die Kennzeichnung bedeutet eine Markierung der Kör-

per, die damit zu Trägern einer substantiellen Identität werden. Sie steht im Mittelpunkt der Initiationsriten, die Clastres auch als »Initiationsfolter« beschreibt. Seine Schilderung klingt an Nietzsches Begriff von Kultur als einer körperlichen Schmerz-Therapie an, mit dem Unterschied freilich, daß bei Clastres nicht der auf Dauer gestellte Schmerz hervorgehoben wird, sondern die Narbe, die als ein Erinnerungs-Zeichen wirkt:

»Nach der Initiation, wenn der Schmerz bereits vergessen ist, bleibt etwas zurück, ein unwiderruflicher Rest, die Spuren, die das Messer oder der Stein auf dem Körper hinterläßt, die Narben der empfangenen Wunden. Ein initiierter Mann ist ein gezeichneter Mann. (...) Das Zeichen verhindert das Vergessen, der Körper selbst trägt auf sich die Spuren der Erinnerung, der Körper ist Gedächtnis.«[8]

Es geht hier um mehr als um Wunde und Schmerz, es geht um die Übersetzung von Erfahrung in ein dauerhaftes Symbol: »das Zeichen verhindert das Vergessen«. Auf diese Weise wird der einzelne in die Gruppe eingegliedert, womit zugleich symbolisch veranschaulicht ist, daß er außerhalb dieser Gruppe kein überlebensfähiges Ich hat.[9]

2.2. Hegemoniale Identität (Ägypten)

Im markanten Gegensatz zu den egalitären Gesellschaften stehen die Gesellschaften der frühen Hochkulturen, die auf das Prinzip der Ungleichheit gegründet sind. Als technisches Medium der Staatenbildung wird die Schrift eingesetzt, die zur Herausbildung einer bürokratischen Beamtenschicht führt. Mit Schrift und Bürokratisierung ist die ungleiche Verteilung und Verwaltung von Macht unter klar markierten Hierarchieverhältnissen verbunden. Die Gesellschaft organisiert und repräsentiert durch eine schmale Elite, deren privilegierter Zugang zum symbolischen Kapital der Kultur sich in der Verwendung von Schrift manifestiert. Über die Schrift etablierte diese Elite ein überlokal repräsentatives und gleichwohl exklusives Symbolsystem. Teilhabe an Schrift und zentralistischem Vorsorgesystem bedeutet Teilhabe an der kollektiven Identität, die in Altägypten ein Privileg der herrschenden Schicht ist. Die Identität der staatstragenden Elite des pharaonischen Ägypten ist eine hegemoniale Identität; sie verkörpert als Bruchteil der Bevölkerung das Ganze dieser Gesellschaft. Der andere Teil der Bevölkerung, der die Lasten der Infrastruktur des Vorsorgungs-Staates trägt, ist von dieser Identität abgeschnitten, er bleibt als Masse unmarkiert. Die hegemoniale Identität der Elite kann sich zugleich mit der Schrift auf eine bürokratische Beamtenhierachie stützen, die die Normen des Zentrums an die Peripherie trägt. Im Zuge der Zentralisierung des Staates werden die älteren Regionalkulturen verdrängt durch die hegemoniale Kultur und die mit ihr zusammen geschaffene Identität. Dieser Identität kommt die politische Funktion der Integration eines weit auseinandergezogenen Herrschaftsbereichs zu.[10]

Diese kollektive Identität setzt den Ägypter mit dem Menschen schlechthin gleich. Die Ägypter bilden damit nicht etwa die Ausnahme, sondern den Normalfall naiver ethnozentrischer Selbstbilder. Die Welt wird gleichgesetzt mit dem Kosmos der ägyptischen Herrschaft und Kultur; was außerhalb verbleibt, ist (im Luhmannschen, nicht im ökologischen Sinne) »Umwelt«, also das Andere als die Summe dessen, was nicht sinnhaft angeeignet werden kann. Die Konsequenz dieser ethnozentrischen Selbstbezüglichkeit ist also nicht die plakative Profilierung von Feindbildern, sondern die Abblendung von Aufmerksamkeit über die Grenzen der als bewohnbar und sinnhaft erfahrenen Welt hinaus. Die ägyptische Kultur ist vom symbolisch aufgeladenen Raum Ägyptens nicht ablösbar. Diese Bindung an den konkreten Raum hat sowohl die geistige Kultur-Entwicklung in Richtung auf Transzendenz und Universalität gebremst, als auch eine kolonialistische und imperialistische Ausdehnung dieser Kultur unterbunden.

2.3. Minoritäre Identität (Israel)

Zur Begründung der Identität des Volkes Israel gehört, daß es aus Ägypten ausgezogen ist. Das kann in diesem Zusammenhang auch so verstanden werden, daß die kollektive Identität dieser Gruppe sich bewußt und polemisch vom ägyptischen Kulturmuster absetzt. Wenn wir auf Israel eingehen, nähern wir uns wieder dem ersten Muster einer egalitären Identitätsstiftung an, das auf der Grundlage gleicher Partizipation beruht. Wir können auch in diesem Fall von einer Gesellschaft der Kennzeichnung sprechen; wobei die Mittel dieser Kennzeichnung vielfältig, nämlich sowohl körperschriftlich als auch buchschriftlich sind. Durch den Ritus der Beschneidung werden alle (wiederum männlichen) Mitglieder als prinzipiell gleichartig gekennzeichnet. Durch das Studium der Torah, das seit der pharisäischen Bewegung um die Zeitenwende für alle (männlichen) Mitglieder obligatorisch wird, bedeutet diese kollektive Identität gemeinsamer Zugang zur Überlieferung.[11] Israel verbindet also das Prinzip körperlicher Kennzeichnung mit dem der schriftkulturell vermittelten Erziehung. Die kollektive Identität ist damit sowohl körperlich als auch geistig fundiert. Als Neuheit kommt die Kanonisierung der Tradition, die als heiliges Buch objektivierte Überlieferung hinzu. Mit dieser Stufe ist ein neuer Komplexitätsgrad der Identität erreicht. Zum einen hat sie als ein Gegenentwurf zu bereits bestehenden Kulturmustern den Charakter einer von Unselbständigkeit getragenen Selbstfestlegung angenommen und gewinnt damit die Qualität einer religiösen Bindung. Zum anderen ist mit der Bindung an die schriftlich objektivierte Überlieferung im Heiligen Buch eine ortsunabhängig Möglichkeit kollektiver Identität eröffnet. Die Torah ist das »portative Vaterland« (Heine), das dramatische Kontinuitätsbrüche und Ortswechsel überdauern kann.

Auf dieser Stufe ist die kollektive Identität reflexiv und distinktiv geworden. Das bedeutet, daß die programmatische Ausgrenzung des Anderen in die Grundstruktur des Selbstbildes eingeht. Man muß den Anderen als Anderen erinnern, um das Eigene als Differenz zu markieren. Diese Selbstbestimmung erfolgt immer zugleich als spezifische Verneinung dessen, was man nicht ist. Das erste Gebot, das den Monotheismus begründet, streicht den Polytheismus durch; das im zweiten Gebot ausgesprochene Idolatrie-Verbot begründet ebenfalls Identität über den expliziten Ausschluß von Alterität. Die Außenbezirke dieser Identität liegen nicht mehr in einem diffusen Dämmerlicht, sie sind jetzt als das, was es als Verneintes zu erinnern gilt, scharf mitbeleuchtet. Dank ihrer scharfen Grenzen ist es dieser kollektiven Identität möglich, in einer minoritären Situation des forcierten Kulturkontakts und also (etwa unter den Bedingungen der multikulturellen Welt des hellenistischen Großreichs und seines Assimilationssogs) in einer als fremd oder feindlich erfahrenen Umwelt als Gruppe zu überleben.

Zusammenfassend betrachtet lassen sich wichtige Elemente dieser drei Muster der kulturellen Identität auch unter veränderten kulturhistorischen Bedingungen wiederfinden. Die *egalitäre Identität* taucht in subkulturellen Gruppenbildungen wieder auf, die ihre eigenen Formen von Initiation, Passageriten und seelisch-körperlicher Markierung entwickeln.[12] Worauf es dabei anzukommen scheint, ist die möglichst vollständige Überformung eines personalen Ich mit seinen individuellen biographischen Problemen und Besonderheiten durch ein kompaktes Gruppen-Wir. Die Anziehungskraft radikaler Jugendgruppen besteht darin, daß sie mit der Gruppenzugehörigkeit zugleich ein klares Identitätsprofil anbieten. Die *hegemoniale Identität* taucht dort wieder auf, wo eine Schicht mithilfe ihres symbolischen Kapitals einen Gesamtvertretungsanspruch anmeldet und sich gleichzeitig nach unten absetzt. Das Bürgertum, das sich in der zweiten Hälfte des 19. Jahrhunderts über die Bildungsreligion konsolidierte, war in diesem Sinne beides, repräsentativ und distinktiv. Es entwickelte eine entsprechende hegemoniale Identität, die sozialen Aufstieg (wie einst in Ägypten) ermöglichte, ohne die Grenzen nach unten zu verwischen. Die *minoritäre Identität* Israels ist die paradigmatische Form, in der kulturelle Identität diasporafähig wird. Kulturelle Minderheiten können in einer fremden Umwelt dem Assimilationsdruck widerstehen, sofern es ihnen gelingt, die eigene Überlieferung von der Region abzulösen, in der sie entstanden ist, und sie transferabel zu machen. Dazu gehört zum Beispiel, daß lebensweltliche Routinen in explizite Traditionen überführt werden, die mit normativer oder formativer Verbindlichkeit ausgestattet sind.

3. Nationale Identität

Es ist eine allgemein anerkannte Tatsache, daß die neuzeitliche Kulturentwicklung die Individualität privilegiert hat. In diesem Zusammenhang sei nur daran erinnert, daß in Anknüpfung an stoische Philosophie und Lebensformen große Einzelne der Renaissance wie Montaigne oder Shakespeare exemplarische Individualitäten schufen und das ganze Universum ins Individuum hereinholten. Unter dem neuzeitlichen Gebot der Besonderung und Persönlichkeitsentfaltung verstand sich das Individuum »als ein Phoenix«, als ein Universum sui generis. Das Individualitätsgebot wurde zur kulturellen Norm für eine Klasse, die zu Beginn der Neuzeit ihre ökonomische Unabhängigkeit erreichte und sich von überkommenen Traditionen und Hierarchien löste. Die entscheidenden Medien der Besonderung heißen Schrift und Geld; sie berühren sich in der ökonomischen Buchführung, jener säkularen Variante autobiographischer Gewissensprüfung.

Parallel dazu verläuft, was bisher sehr viel weniger Beachtung gefunden hat, die Entwicklung einer nationalen Identität, die ein kulturelles Integrationsangebot für die Individuen bereitstellt. Diese nationale ist eine kollektive Identität in dem Sinne, daß sie die Besonderungsaspekte der Individuen nivelliert und das Gemeinsame, ihren Zugehörigkeitsaspekt, stärkt. In diesem Fall formt und vollendet sich das Selbstbild nicht durch einen eigenständigen Sinnentwurf, sondern durch Übernahme eines gemeinsam verbindlichen kulturellen Musters. Nationalstaaten stehen vor der Aufgabe, eine heterogene, von unterschiedlichen Loyalitäten und Lebensformen bestimmte Masse in ein »Volk« mit einem gemeinsamen Willen und Stolz umzuformen. Durch nationale Mythen wird die Chance der massenhaften Integration von Individuen zusätzlich zu bzw. auch jenseits von politischer Mitbestimmung eröffnet. Die Errichtung des Nationalstaats auf dem Sockel eines nationalen Mythos befördert Gruppensolidarität. Die damit gleichzusetzende kollektive Identität beruht auf der Bindung an gemeinsame Wertüberzeugungen, der Erinnerung an eine gemeinsame Geschichte und der Orientierung auf gemeinsame Ziele. Die Teilhabe an dieser Identität und die Verpflichtung auf bestimmte Werte ist es, die den Menschen zum Bürger und im Kriegsfall den Bürger zum Soldaten macht, denn die paradigmatische Form der Teilhabe an dieser kollektiven Identität ist die Opferbereitschaft. Nationalstaaten sind deshalb gerade auch auf Kriege hin gerüstet. Sie entstehen im 16. Jahrhundert in einem internationalen Umfeld gegenseitiger Besonderungen und Bedrohungen. Wie heute nach dem Zerfall der Sowjetunion, so entstanden damals die Nationalstaaten nach dem Zusammenbruch des gemeinsamen Dachverbands der römisch katholischen Kirche. Sie profilierten sich durch Integration nach innen und Distinktion nach außen.

Um ein Beispiel zu nennen: In England war diese Phase politischer Umstrukturierung von einer kulturellen Selbstfindung begleitet, in der die Nation zu einem affektiv besetzten Wert wurde. In den kulturellen Dimensionen von Sprache, Geschichte und Kunst wurde das Bewußtsein nationaler Eigenart befördert und beglaubigt. Territorium und Brauchtum stiegen ebenfalls zu nationalen Werten auf. Polydore Vergil, der als italienischer Histograph an den Hof Heinrichs VII kam, kann als ein kosmopolitischer Beobachter dieser Entwicklung gelten. Ihm fiel das nationale Fieber auf, das zur Verschärfung des allgemeinen Klimas beitrug. Mit Blick auf Frankreich und England stellte er Anfang des 16. Jahrhunderts fest, daß in beiden Ländern neuerdings eine scharfe Grenze gezogen werde zwischen Mitbürgern und Ausländern. So sei es dazu gekommen

»daß man die Gemeinschaft der Menschheit zerbrach und ein gewisser natürlicher Haß in beiden Völkern Fuß faßte. Dieses Gift hat inzwischen viele angesteckt, sodaß es heute nicht mehr möglich ist, daß ein geborener Franzose einen Engländer liebt und umgekehrt. So weit hat es der Haß gebracht, der aus dem Wettstreit um Ehre und Imperium entsprungen ist, und der über Jahre hinweg durch gegenseitiges Blutvergießen vertieft worden ist.«[13]

Der Nationalismus des 19. Jahrhunderts trägt andere Züge als der des 16. Jahrhunderts. Er hat den Universalismus der Aufklärung und die Französische Revolution im Rücken, die den Bürger nicht mehr durch Herkunft und Geschichte, sondern durch Verpflichtung auf eine bestimmt politische Ordnung, die

Demokratie, definierte. Der normative Humanismus der Aufklärung hatte sich gegen alle Formen exklusiver Kollektivität gewandt. Er schuf das Bild des schlechthinnigen Menschen, der die Grenzen seines Standes und der Nation, der Religion und des Geschlechts transzendierte. Mit dem Begriff »Mensch« war weniger eine abstrakte Generalisierung von konkreten Exemplaren gemeint als das Programm der Befreiung. Auf die Identität Mensch konnte sich berufen, wer einen Befreiungskampf gegen enge politische Normierungen und gesellschaftliche Konventionen kämpfte. Diese Gemeinschaft der Menschheit hatte in Deutschland keine politische Konkretisierung. Sie fand ihren Ort vor allem in der Kunst als einem Reich des Ideals. Die Bürger dieses Reichs verstanden sich als Weltbürger. Mensch zu sein hieß für sie, das andere der konkreten sozialen Verkörperungen zu sein, die immer begrenzt, deformiert und entfremdet sind. Die Identität Mensch, die in der Kunst der Weimarer Klassik ihr Fundament fand, ist die Utopie des ganzen, seiner selbst bewußten und selbstbestimmten Menschen. Dieses Leitbild vom integralen Menschen unterlag dem Programm der deutschen Bildungsidee, die das moderne Individualitätkonzept mit dem Fortschrittsgedanken verband. Kern dieser Bildungsidee war die Möglichkeit und Pflicht einer subjektiven und menschheitlichen Vervollkommnung.[14] Identität bedeutete in diesem Zusammenhang selbstbestimmte Verwirklichung und Vervollkommnung in der dynamischen Vollzugsform der (Lebens-)Geschichte.

Der deutsche Nationalismus des 19. Jahrhunderts kehrte diesen Mustern kultureller Identität den Rücken und brachte eine kollektive Identiät zur Geltung, die in erster Linie affektive Teilhabe an einem großen Ganzen vermitteln sollte. An die Stelle des politischen Konzepts von Nation, das auf parlamentarischen Institutionen der Mitbestimmung aufruhte, trat in Deutschland ein organisches Konzept von Nation, das die Abstammung (im Gegensatz zur Abstimmung) zum Kriterium der Zugehörigkeit machte. Damit wurden die aktiven Formen demokratischer Willensbildung durch affektive Bindungen ersetzt. Die Naturalisierung dieser kollektiven Identität der Nation ist der wichtigste Aspekt ihrer Wirksamkeit. Bildung zur Individualität war eine Idee des deutschen Bürgertums, die dieses jedoch nicht auf die Forderung nach politischer Mündigkeit ausdehnte, sondern streng auf die Privatsphäre beschränkte. So konnte sie sich ungestört mit einer nationalen Kollektiv-Identität verbinden.

Um die Mitte des 18. Jahrhunderts war die Vorstellung von Kollektiven zunächst durch eine Vielheit natürlicher und moralischer Qualitäten bestimmt. Zu den natürlichen Qualitäten gehören Territorium, Klima, Ethnizität, zu den moralischen zählten Sprache, Religion, Sitten und Staatsform, also sowohl die Gewohnheiten, die ein Kollektiv hat, als auch die Gesetze, die es sich gibt. Im Deutschland des 19. Jahrhunderts nahm das Wort »Volk« durch das Ringen um Freiheit und Einheit im Kampf gegen Napoleon einen besonderen Stimmungsgehalt an. Die kollektive Identität der Nation profilierte sich im 19. Jahrhundert distinktiv in den Dimensionen Sprache und Territorium, Geschichte und Brauchtum, Tradition und Kunst, Abstammung und Gesinnung. Diese Dimensionen wurden zu Zwecken der Selbstdarstellung und -stilisierung wirkungsvoll aufbereitet.[15] Die Erforschung der nationalen Geschichte und Überlieferung, der alten Mythen und Sprachstufen, der Volksüberlieferung, der Lieder und Spruchweisheit, der Landschaften und Trachten - all das wurde zum Mittel der Referentialisierung nationaler Identität.

Der nationalistische Identitätsdiskurs des 19. Jahrhunderts ist im Gegensatz zu dem des 16. Jahrhunderts essentialistisch.[16] Es handelt sich dabei um eine Form von Wesenskunde, die sich auf das Geheimnis substanzieller Eigenart, genannt Volksgeist, konzentriert. Dieses geheimnisvolle kollektive Wesen ist in seinem eigenen Raum und in seiner eigenen Zeit verankert, der nationalen Topographie und der nationalen Geschichte. Der Identitätsdiskurs als Wesenskunde mobilisiert insbesondere zwei Typen von Rhetorik; ich nenne sie hier Physiognomik und Pädagogik. Physiognomik behandelt Identität als Ausdruck. Darunter ist eine Leseweise zu verstehen, bei der es darum geht, die Eigenart eines unsichtbaren Inwendigen, z.B. des Charakters oder Seelentums, an den auf die sichtbare Oberfläche gespiegelten Zeichen zu entziffern. Diese Indizienkunde, die an

Individuen und Kollektiven gleichermaßen geübt wird, nimmt alle Objektivationen einer Kultur als Ausdruck eines inneren Zentrums, genannt Volksgeist. Pädagogik behandelt dagegen Identität als Medium. Sie übernimmt die Aufgabe der Vermittlung, um nicht zu sagen der programmatischen Einfleischung formativer Selbstbilder. Der Standard-Topos der national-pädagogischen Rhetorik lautete: »Werde, der du bist«; bzw.: »du sollst noch deutscher werden!«

4. Kulturelle Differenz zwischen Universalisierung und Fundamentalisierung

In einem universalistisch-teleologischen Geschichtshorizont lösen sich kulturelle Differenzen unweigerlich auf. In diesem Lichte glaubt bereits die Generation um 1800 gesicherte Anzeichen dafür entdecken zu können, daß die Differenzen und Besonderungen allmählich in einer allgemeinen Tendenz zur Vereinheitlichung untergehen. Herder, der in den 70er Jahren des 18. Jahrhunderts als Kulturtheoretiker der Differenz hervorgetreten war, schrieb in den 80er Jahren eher unter dem Eindruck fortschreitender Auflösung der Differenz. Wer sich für Differenzen interessiere, der müsse sich sputen, so meinte er, denn sie seien bereits im Verschwinden begriffen.

»Die Forscher ihrer Sitten und Sprachen haben die Zeit zu benutzen, in der sie sich noch unterscheiden, denn alles neigt sich in Europa zur allmäligen Auflösung der Nationalcharaktere.«[17]

Soweit Herder gegen Ende des 18. Jahrhunderts. Ähnliche Überzeugungen gab es wieder am Ende des 19. Jahrhunderts. Wie sehr man noch immer auf den teleologischen Trend zur Universalisierung baute, kann eine Schrift des englischen Soziologen Herbert Spencer verdeutlichen. Sie trägt den Titel »The Bias of Patriotism« und bildet ein Kapitel seines grundlegenden Werks *The Study of Sociology* (1880). An dieser Stelle untersuchte Spencer den Kollektivmythen genährten Nationalstolz unter psychologischem Vorzeichen: »Patriotism is nationally that which egoism is individually«.[18] Spencer hielt die nationalistische Geschichtsperspektive aus dem einen Grunde für schädlich, weil sie der universalistischen Entwicklungsdynamik einen Widerstand entgegensetzt. Die Wissenschaft der Soziologie verstand er als Organ dieser universalistischen Geschichtsideologie; in ihrem Licht erscheinen alle Besonderungsbewegungen als Evolutionsblockaden.

»Man frage sich einmal«, so schreibt Spencer in dem genannten Kapitel, »was die Mitglieder des Stammes der Aboriginies von der Flutwelle der Zivilisation gehalten haben mögen, die sie weggeschwemmt hat. Man frage sich, was die Indianer Nord-Amerikas zur Ausbreitung der weißen Bevölkerung in ihren Gebieten sagten, oder was die alten Briten über die Eindringlinge dachten, die ihnen ihr England abgenommen haben...«

– man könnte fast meinen, Spencer artikuliere hier die uns gegenwärtig so wohlbekannten Themen des postkolonialen Diskurses. Doch weit gefehlt. Er hat nichts weniger im Sinn als eine Umschreibung der Geschichte aus der Perspektive der Opfer oder einen Paradigmenwechsel von einer hegemonialen Totalitätsgeschichte zu den polyperspektivischen Geschichten. Im Gegenteil affirmiert er gerade diese Totalitätsgeschichte im Namen der Evolution. Er fährt fort:

»...und es wird klar, daß Ereignisse, die aus einer un-nationalen Perspektive als Stufen der Höherentwicklung zu betrachten sind, aus einer nationalen Perspektive als vollständig böse erscheinen müssen. Wir dürfen daraus die Lehre ziehen, daß nur in dem Maße, wie es uns gelingt, uns von nationalen Vorurteilen zu lösen und unsere eigene Gesellschaft als eine unter anderen zu betrachten, (...) wir die soziologischen Wahrheiten jenseits von Nationen- und Rassen-Standpunkten in den Blick bekommen.«[19]

An die Stelle der vielen differenzierten »Wir« setzt Spencer das einheitliche »Über-Wir« der Menschheit als regulative Idee der Soziologie. Allein diese entnationalisierte Universalperspektive der Wissenschaft vermag, so Spencer, mit der Bewegung historischer Evolution Schritt zu halten. Die Prognosen einer allmählichen Auflösung kultureller Differenzen stehen seit dem 18. Jahrhundert auf dieser Grundlage einer teleologischen Geschichtsphilosophie. Sie zieht eine Linie vom Besonderen zum Allgemeinen und von den einzelnen Gruppen zur global organisierten Menschheit, wobei diese Entwicklung nicht als kulturelle Aufgabe, sondern als Tendenz einer übergeordneten Evolutionsdynamik verstanden wird. Dieser Universalismus ist, wie wir heute immer schärfer sehen, das Seitenstück zum imperialen Kolonialismus. Er ist ein geistiges Produkt des Abendlands und hat vor allem in den beiden Gestalten des Christentums und der neuzeitlichen Wissenschaft zur Expandierung einer Kultur auf Kosten anderer geführt.

Wie sieht nun das Problem der Universalisierung am Ende des 20. Jahrhunderts aus? Das universalistische Über-Wir der abendländischen Rationalisierung ist fragwürdig geworden. Mit dem Verlust einer klaren Teleologie ist Geschichte im Begriff, sich wieder in die vielen Geschichten aufzulösen[20], die von der »Tyrannei des Allgemeinen« (Lyotard) verdrängt worden sind. Die Postmoderne verstand sich in diesem Sinne als eine Epoche der Pluralität. Als einen ihrer hierzulande besonders expliziten Befürworter zitiere ich Wolfgang Welsch:

»Die Gegenwart scheint mir durch eine (...) Pluralität von Lebensformen, Grundüberzeugungen, Kulturmodellen und Handlungsoptionen gekennzeichnet zu sein, deren Unterschiede unüberschreitbar sind.«

Welsch spricht vom »fundamentalen Differenzcharakter dieser pluralen Möglichkeiten« und ihrer »Unübersteiglichkeit«; er insistiert auf »Eigenrechten, die es in ihrer Unterschiedlichkeit und Besonderheit anzuerkennen und zu wahren gilt. In diesem Sinn« – so stellt er zusammenfassend fest – »ist Pluralität faktisch wie normativ zu unserer Grundverfassung geworden.« Vor diesem Hintergrund formuliert er den kategorischen Imperativ der Postmoderne. Wer sich diesen zu eigen gemacht hat, der

»kennt die Elementarität und Unübersteigbarkeiten der Differenzen und wird (...) sowohl gefeit als auch allergisch sein gegen leichtfertige Übergriffe, gegen die Bemessung des einen Typus am Maß des anderen, gegen diese Elementarfehler in einer Situation der Pluralität – gegen diesen kleinen Anfang von Terror, dessen Ende hier wie sonst unabsehbar groß sein kann.«[21]

Wir ahnen inzwischen, daß diese Radikalisierung von Differenz durchaus zweischneidig ist. Denn was sich von linksliberaler Seite als »Ethik des Respekts für das Unversöhnbare«[22] darstellt, kann unter rechtsfundamentalistischen Bedingungen zum Postulat des Kommunikationsabbruchs, des Assimilationsverbots, der Ausgrenzung werden. Das Bekenntnis zur radikalen Alterität geht dabei über in ethnozentrische Xenophobie. Pluralität und Differenz sind offensichtlich Werte, die gar nicht so selbstverständlich zusammengehen, wie es in der ersten Welle postmoderner Euphorie den Anschein hatte. Unter fundamentalistischen Rahmenbedingungen wird das Postulat der Differenz nämlich als Waffe gegen Pluralität und damit zur möglichen Grundlage aggressiver Politik. Erinnern wir uns, daß der Abscheu der Antisemiten zunächst nicht dem »Anderen« galt, sondern der »Vermischung«. Der rassistisch orientierte Diskurs verweigert die Assimilation, denn er will die klaren Unterschiede unter allen Umständen erhalten. Damit unterstützt er eine Politik der Ausgrenzung und Aussperrung. Seine Kernthese formuliert Albert Memmi so:

»Wir müssen unsere Unterschiede - aber auch die ihrigen - stärker hervorheben. So ist z.B. die Mischehe nachdrücklich zu verurteilen. (...) Jeder muß seine Persönlichkeit, oder wie wie heute sagen würden, seine Identität bewahren. (...) Die Araber müssen Araber und die Juden Juden bleiben.«[23]

Der rassistische Diskurs argumentiert damals wie heute vor dem Hintergrund einer sich vollziehenden Assimilation und Integration des Fremden als Widerstand gegen Durchmischung. Unter derart veränderten Rahmenbedingungen hat Wolfgang Welsch abrupt die Position gewechselt. Die Kategorie der unübersteiglichen Differenz ordnet er jetzt einem »kulturellen Rassismus« zu, dessen Thesen er folgendermaßen paraphrasiert:

»Diese Kultur ist eine andere als jene; nichts aus ihr ist unverändert in eine andere zu übertragen; man muß die Kulturen reinlich trennen und scheiden.« Welsch folgert daraus: »Kulturen, die so hermetisch verstanden sind, können nicht ohne weiteres ineinander übersetzt werden - und müssen andererseits doch kommunizieren können, wenn das Zusammenleben der Menschheit eine andere als die Form wechselseitiger Kulturbarbarei haben soll.«[24]

Solchem kulturellen Rassismus stellt Welsch die These entgegen, daß heute jegliche Trennschärfe zwischen Eigenkultur und Fremdkultur dahin sei: »Es gibt nicht nur kein strikt Fremdes, sondern auch kein strikt Eigenes mehr.«[25] Das nennt er »Transkulturalität«, eine unaufhaltsame globusweite Homogenisierung der Lebensformen, eine Überkreuzung kultureller Formen, eine Kreuzung der Rassen. Welschs Plädoyer für unübersteigbare Differenz ist einem Plädoyer für Mischlinge und Mischformen gewichen.

Es ist vielleicht ganz aufschlußreich daran zu erinnern, daß diese Debatte schon einmal geführt wurde, und zwar am Anfang der zwanziger Jahre dieses Jahrhunderts. Die Kontrahenten hießen damals Oswald Spengler und Thomas Mann. In seiner Rezension von Spenglers Bestseller *Der Untergang des Abendlands* stellte Mann das Buch als Monument des kulturellen Faschismus heraus. Spengler, so die Darstellung Thomas Manns, beschreibe Kulturen als

»streng geschlossene Lebewesen, unverbrüchlich gebunden eine jede an die ihr eigenen Stilgesetze des Denkens, Schauens, Empfindens, Erlebens, und eine versteht nicht ein Wort von dem, was die andere sagt und meint.«[26]

Diese Theorie von der radikalen Fremdheit, wie Mann sie nennt, führe zu einer babylonischen Sprachverwirrung. Er diagnostizierte damals den galoppierenden Fundamentalismus als einen Defaitismus der Humanität. Er stellte fest, daß die Idee des Menschentums als einer letzten geistigen Einheit und höheren Wahrheit preisgegeben sei, womit auch alle gegenseitigen Verpflichtungen, die Menschen in Achtung und Abstand untereinander halten, aufgekündigt seien. Die Theorie der radikalen Fremdheit untermauere eine Praxis des enthemmten kulturellen Antagonismus. Man kann hier auch an Max Webers kurz zuvor geprägte Formel vom »Polytheismus der Werte«[27] denken. Seine Schreckensvision war, daß die faktische Pluralität der Moderne eines Tages die Form eines unlöslichen »Kampfes der Götter der einzelnen Ordnungen und Werte« annehmen könnte. Solche Befürchtungen gegenüber einer Fundamentalisierung kultureller Differenz sind gegenwärtig schreckliche Wirklichkeit geworden.

Weber, Mann, Welsch – jeder von ihnen bannt das Gespenst des politisierten Fundamentalismus auf seine Weise. Weber, Anwalt der ethisch-methodischen Lebensführung, predigte Privatisierung der Werte, Askese und Selbstdisziplin als Immunschutz gegen den aufflammenden Fundamentalismus. Thomas Mann vertraute auf die vereinigende Kraft eines normativen abendländischen Humanismus. Welsch setzt auf Transkulturalität: Er gibt den Gedanken an ein einigendes Band auf, das alle Kulturen umschließt, und vertraut auf die zunehmende Durchlässigkeit der Grenzen.

Ebenso, wie wir in der gegenwärtigen Situation die Begriffe Pluralität und Differenz neu überdenken müssen, gilt es auch, den Begriff des Universalismus neu zu überdenken. Heute haben wir es mit zwei Formen von Universalismus zu tun, einem normativen und einem faktischen. Zum Typ des faktischen Universalismus gehört der ökonomische Universalismus des Weltmarktes, der ökologische Vernetzungsstrukturen bildet. Um ihm in einem postmissionarischen und postkolonialen Zeitalter seine Geltung zu sichern, ist es zunächst notwendig, die Menschenrechte von den historischen und kulturellen Umständen ihrer Entstehung abzulösen und von ihrem metaphysischen Gehalt zu befreien.[28] Was übrig bleibt, ist eine minimalistische Anthropologie auf der Basis von Minimalforderungen leiblicher und seelischer Integrität, die das Recht auf Differenz einschließt.

Welschs These von der Ablösung kultureller Identitäten durch grenzüberschreitende Lebensformen, die immer weniger von Geschichte und Überlieferung und immer mehr von Markt und Medien bestimmt sind, mag die westliche postmoderne Situation recht akkurat beschreiben. Nur gibt es bisher wenig Anzeichen für die unwiderstehliche Selbstdurchsetzung dieser Zivilisationsform in anderen Weltgegenden. Im Gegenteil, immer mehr Gruppen und Staaten sind im Begriff, in Reaktion auf diese Entwicklung ihre Identität aufzurüsten. Verstehen wir unter Identität »eine aktive Konstruktion und eine diskursiv vermittelte politische Deutung der eigenen Geschichte«,[29] dann können wir sogar behaupten, daß der Distinktions-und Identitätsbedarf wohl noch nie so groß gewesen ist wie heute. Er reicht von der Islamisierung bestimmter Staaten bis zur Sicherung lesbischer Identität. Sollen die kleinen Identitäten aber neben den großen ein Existenzrecht haben, und sollen die politisch aufgerüsteten Identitäten nicht in den unlöslichen »Kampf der Götter der einzelnen Ordnungen und Werte« stürzen, dann muß es eine rechtsförmige Klammer um diese Identitäten geben, die einerseits das Menschenrecht auf Differenz garantiert und andererseits darüber wacht, daß diese garantierte Differenz auch koexistenzfähig bleibt. Mit anderen Worten: kulturelle Differenz muß gesichert und gezähmt werden durch einen normativen Universalismus, der keine anderen Werte mehr enthält als einen Minimalkanon zwischenmenschlich und zwischenstaatlich wechselseitiger Rechte und Pflichten.

Anmerkungen

1 Anthony Earl of Shaftesbury, Soliloquy of Advice to an Author (1710), hg. v. J.M. Robertson, London 1990, III, 123.
2 Nietzsche, Zur Genealogie von Moral, in: Werke in 3 Bänden, hg. v. K. Schlechta, München 1963, Bd.II, 802f.
3 Rüdiger Safranski, Schopenhauer und die wilden Jahre der Philosophie. Eine Biographie, München 1988, 323. Die Anekdote wird bezeichnenderweise von Schopenhauer selbst überliefert.
4 Wolfgang Welsch (Transkulturalität, in: Information Philosophie 1(1992), 10) hat die Existenz kultureller Identitäten in Zweifel gezogen. Von solchen »Kulturfiktionen«, so meint er, bleibe erfahrungsgemäß wenig übrig, wenn man näher hinsieht und auf die vielen Besonderungen aufmerksam wird. Diese Skepsis ist sicher begründet, doch schießt der totale Kulturagnostizismus weit übers Ziel hinaus. Immerhin leben gegenwärtig Millionen Menschen unter solchen »Kulturfiktionen«.
5 Vgl. dazu Horst Wenzel, »Imaginatio und Memoria. Medien der Erinnerung im höfischen Mittelalter«, in A. Assmann, D. Harth (Hg.), Mnemosyne, Frankfurt 1991, 57-59.
6 Für diese Fälle gilt, daß die Begriffe »kulturelle Identität« und »kollektive Identität« austauschbar sind.

7 In diesem Zusammenhang ist aufschlußreich, daß die Ungleichheit zwischen Mann und Frau für Gleichheitsgesellschaften besonders wichtig zu sein scheint. So war auch die Entstehung der Demokratie in Athen an den regelförmigen Ausschluß der Frauen gebunden. Vgl. Günther Dux, Die Spur der Macht im Verhältnis der Geschlechter. Über den Ursprung der Ungleichheit zwischen Frau und Mann, Frankfurt 1992.
8 Pierre Clastres, Staatsfeinde. Studien zur politischen Anthropologie, Frankfurt 1976, 175.
9 Vgl. dazu Christian Sigrist, Gesellschaften ohne Staat und die Entdeckung der social anthropology, in: Friedrich Kramer, Christian Sigrist, Hg., Gesellschaften ohne Staat. Gleichheit und Gegenseitigkeit, Frankfurt 1983, 32: »Stammesgesellschaften sind geordnete Sozialgebilde, deren Ordnung man nur verstehen kann, wenn sie als Objektivation grundlegender kollektiver Entscheidungen begreift.« Fritz Kramer betont im Einleitungskapitel, daß unsere Assoziationen des Begriffs »Kollektiv« unangemessen sind: »Die Stammesgenossen sind nicht in ein alles beherrschendes Kollektiv eingespannt; die gemeinschaftliche Lebensform der Stammesgesellschaft, die selbstverständliche Freundschaft, ermöglicht ihnen eine Freiheit und Individualität, die der modernen Gesellschaft fremd geworden sind.« Ebd.20.
10 Damit ist allerdings nicht ausgeschlossen, daß auf der Basis der repräsentativen Kultur auch ein nicht unbeträchtliches Maß an Besonderung möglich ist. Die Individualisierung ist u.a. durch die zentrale Bedeutung des Todes und die hohe Bewertung des Grabkults in dieser Kultur vorgegeben.
11 Vgl. Gerd Theißen, »Weisheit als Mittel sozialer Abgrenzung und Öffnung. Beobachtungen zur sozialen Funktion frühjüdischer und urchristlicher Weisheit«, in: A. Assmann (Hg.), Weisheit, München 1991, 193-204.
12 An dieser Stelle greife ich eine Diskussions-Anregung von Dagmar Gausmann auf.
13 Polydore Vergil, The History from Henry VI to Richard III (Books 23-25), hg. v. Sir Henry Ellis, Camden Society Edition 1844, 82.
14 Wilhelm Voßkamp, »Bildungsbücher«. Zur Entstehung des deutschen Bildungsromans, in: R. Schöwerling, H. Steinecke, Hg., Die Fürstliche Bibliothek Corvey, München 1992, 137; vgl. A. Assmann, Arbeit am Nationalen Gedächtnis. Eine kurze Geschichte der deutschen Bildungsidee, Frankfurt 1993.
15 Vgl. Eric Hobsbawm, Hugh Trevor Roper, Hg., Invented Traditions, Cambridge 1983.
16 Dabei handelt es sich um das sog. »wesenskundliche Denken«, dessen Spannweite, »das wird in der Regel übersehen, von der Rassenkunde bis zur Mentalitätsforschung« reicht. Rolf Lindner, Das Ethos der Region, in diesem Band, S. 202.
17 Johann Gottfried Herder, Ideen zur Philosophie der Geschichte der Menschheit (1784-1791), 4. Teil, 16. Buch, in: Sämtliche Werke, Bd. 14,

Berlin 1909, 288. Auch Goethe war von einem Fortschreiten des Besonderen zum Allgemeinen überzeugt; er sah kulturelle Differenzen nicht aufgelöst, aber aufgehoben in jenem universellen Kontext, den er »Weltliteratur« nannte. Vgl. hierzu den Abschnitt »Epochen geselliger Bildung« in: Johann Wolfgang Goethe, Schriften zur Literatur, Sämtliche Werke 14, Zürich 1977, 959f.
18 Herbert Spencer, The Study of Sociology, Kap.IX: »The Bias of Patriotism«, Osnabrück 1966 (Reprint der Ausgabe von 1880), 201.
19 Ebd., 200f.
20 Wir denken dabei vornehmlich an die Denzentralisierung hegemonialer Identitätskonzepte durch Minderheiten (Frauen, Schwarze, Homosexuelle usw.) und die Dekonstruktion einer impliziten Normativität der Normalität. Ein ganz anderes Beispiel wäre jener Aspekt des Historikerstreits, für den der Name Andreas Hillgruber steht. Dieser hat den - heftig inkriminierten - Versuch unternommen, eine standortbezogene, identifikatorische Form der Geschichtsschreibung zu rehabilitieren, die das Geschehen an der Ostfront im Zweiten Weltkrieg aus der Perspektive der Wehrmachtssoldaten »rechtfertigt«.
21 Wolfgang Welsch, Weisheit in einer Welt der Pluralität, in: Willi Oelmüller (Hg.), Philosophie und Weisheit, Kolloquien zur Gegenwartsphilosophie 12, Paderborn, München, Wien, Zürich 1989, 228f., 241; vgl. auch Welsch, Wege aus der Moderne. Schlüsseltexte der Postmoderne-Diskussion, Weinheim 1988, 1-43.
22 Julia Kristeva, Fremde sind wir uns selbst, Frankfurt 1990, 198.
23 Albert Memmi, Rassismus, Frankfurt 1987, 73f. Für den Hinweis danke ich Yvonne Rieker; vgl. auch Uli Bielefeld, Das Eigene und das Fremde. Neuer Rassismus in der Alten Welt?, Hamburg 1991.
24 Wolfgang Welsch, Transkulturalität, in: Information Philosophie 1 (1992), 8. »Man erkennt den anderen in seiner Andersheit an, sperrt ihn dadurch aber auch ins Ghetto seiner Andersheit ein - und wird ihn so los.« (Ebd., 10)
25 Ebd., 11.
26 Thomas Mann, Über die Lehre Spenglers (1924), in: Schriften und Reden zur Literatur I, Frankfurt 1968, 226.
27 Max Weber, Der Beruf zur Wissenschaft, in: Soziologie, Universalgeschichtliche Analysen, Politik, Stuttgart, 1973, 328f.
28 Vgl. Otfried Höffe, »Sieben Thesen zur Anthropologie der Menschenrechte«, der die Normativität der Menschenrechte einer radikalen Historisierung und Pluralisierung entgegensetzt. Die Menschenrechte legen einen Begriff vom Menschen zugrunde, der sich, so macht er deutlich, von seinen teleologischen und humanistischen Wurzeln lösen muß, bevor er einen transzendentalen Status gewinnen kann. »Transzendental« bedeutet hier: Bedingung der Möglichkeit von zwischenmenschlichen Gegenseitigkeitsverhältnissen. In: Otfried Höffe, Hg., Der Mensch - ein politisches Tier? Essays zur politischen Anthropologie, Stuttgart 1992, 188-210.

29 Teresa de Lauretis, The Essence of the Triangle or, Taking the Risk of Essentialism Seriously: Feminist Theory in Italy, the U.S. and Britain, in: Differences, Vol. 1, No.2, April 1991, 12.

VERENA STOLCKE

Kultureller Fundamentalismus

Vom Rassismus zum kulturellen Fundamentalismus

In den frühen 70er Jahren läßt sich ein ideologischer Wandel in der Rechtfertigung wachsender Feindseligkeit gegenüber Einwanderern und der Notwendigkeit einer Beschränkung ihres weiteren Zustroms nach Europa feststellen.

Eine kürzlich abgegebene Erklärung des in Stanford lehrenden Genetikers Luca Cavalli-Sforza, welche die volkstümliche Vorstellung von grundsätzlichen Rassenunterschieden beim Menschen in Frage stellte und in einigen der wichtigsten europäischen Tageszeitungen[1] veröffentlicht wurde, liefert einen Hinweis auf die Art des Wandels. Cavalli-Sforza erklärte, daß ihm die Neigung, Menschen aufgrund ihrer Rasse auszugrenzen, absolut zuwider sei, denn: »Es gibt keine Rassen, der Begriff menschliche Rasse ist völlig willkürlich; ich verabscheue das Wort Rasse, weil es gleichgesetzt wird mit der Überlegenheit und Unterlegenheit von Völkern, *die nicht biologisch, sondern kulturell bedingt ist*«.[2]

Daß die Hierarchisierung von Menschen auf der Grundlage ihrer Rassenzugehörigkeit wissenschaftlich unhaltbar ist, stellt – obwohl der Begriff »Rasse« weiterhin allgemeine Verwendung findet – keine neue Erkenntnis dar. Ungleichheit zwischen den Völkern existiere jedoch tatsächlich, nur daß es sich dabei, Cavalli-Sforza zufolge, um eine kulturelle handele. Der Genetiker lehnt zwar den Begriff »Rasse« ab, ersetzt ihn aber bezeichnenderweise durch eine verdinglichte Vorstellung von kultureller Verschiedenheit. Würde man Cavalli-Sforza mit dieser überraschenden Schlußfolgerung konfrontieren, so würde er wahrscheinlich antworten, daß kulturelle Unterschiede nicht zu seinem Fachgebiet gehören.

Neben dem Rassismus als der speziellen politischen Rhetorik, in der die Ablehnung gegenüber Einwanderern rationalisiert wird, scheint in der Tat eine Art »kultureller Fundamentalismus« entstanden zu sein. Es mag zwar nicht mehr angemessen sein, eine Kategorisierung, Eingrenzung und/oder Ausgrenzung von Völkern oder Einzelpersonen mit rein rassistischen Gründen zu rechtfertigen. Stattdessen heißt es jetzt, daß Menschen von verschiedenen Kulturen unverträglich sind. Kulturelle Identität und Diversität sind im von vielen nationalen Konflikten zerrissenen globalen Dorf mit neuer symbolischer und politischer Bedeutung aufgeladen worden. Doch ist kultureller Fundamentalismus, wie ich noch zeigen werde, nicht einfach Rassismus in neuem Gewand. Vielmehr ist der auf einer essentialistischen Vorstellung von Kultur beruhende kulturelle Fundamentalismus eine spezifische ideologische Reaktion auf ein spezifisches Problem, nämlich das der Fremden »unter uns«. Als solche fußt diese Ideologie letztlich auf bestimmten, modernen Auffassungen vom Nationalstaat, von nationaler Identität und von Staatsbürgerschaft.

Die zeitgenössische Tendenz, kulturellen Partikularismus zu betonen, ist eine Reaktion auf allgemeinere konzeptuelle Schwierigkeit im westlichen Selbstbewußtsein, nämlich wie man in einer Welt der umkämpften Grenzen und der Völkerwanderung formale politische Gleichheit innerhalb eines Gemeinwesens mit kulturellen Unterschieden in Einklang bringen kann.

In diesem Sinne haben die dramatischen politischen Veränderungen, die sich in den vergangenen drei Jahren in Osteuropa vollzogen haben, etwas mit der Art und Weise zu tun, wie man in Westeuropa das Einwanderungs-»Problem« begrifflich faßt. Die Krise des real existierenden Sozialismus scheint nicht nur die emanzipatorischen Ideale der Linken zum Einsturz gebracht und den Westen seines traditionellen Feindes beraubt zu haben. Die nach dem Zusammenbruch des Sowjetreichs entstandenen nationalistischen Konfrontationen und Souveränitätsansprüche stellen auch die westliche Vorstellung von der modernen Gesellschaft und dem modernen Staat in Frage – eine Vorstellung, die den Nationalismus in einer sich immer weiter globalisierenden Welt für einen historischen Anachronismus hält. Andererseits werden die in Westeuropa fortschreitende ökonomische und politische Integration sowie die immer größere Durchlässigkeit der innereuropäischen Grenzen von vielen als in die umgekehrte Richtung, nämlich auf das Ende des Nationalstaates weisende Entwicklungsprozesse gedeutet. Der frühere Ostblock ist in einen kulturelle Vielfalt voraussetzenden politischen Fragmentierungsprozeß verstrickt, in dessen Verlauf die Fragmente eine neue politische Identität suchen, während man in Westeuropa eine neue »nationale« Identität zu schmieden beginnt und Politiker unterschiedlicher Meinung darüber sind, wie man die gefürchtete »Invasion« von »Ausländern«, d.h. von Angehörigen »anderer Kulturen« aus der »Zweiten« oder »Dritten Welt«, einschränken und die, die sich in den vergangenen Jahren bereits innerhalb der Grenzen niedergelassen haben, unterbringen kann. Beide Entwicklungen werfen dieselben Fragen auf, nämlich: Was stellt in der modernen Welt der Nationalstaaten die Grundlage einer umgrenzten politischen Gemeinschaft dar, und welchen Raum läßt dieses politische Gebilde für die Selbstbestimmung kulturell unterschiedlicher Gemeinschaften. Im Osten legitimieren zum Beispiel Serben, Kroaten und Bosnier ihre blutigen Kämpfe um staatliche Souveränität mit der Berufung auf ihr »Recht auf Verschiedenheit« im historischen, ethnischen und kulturellen Sinne. Diesen tragischen Konfrontationen liegen alte Machtkämpfe zugrunde, die durch ein Bestehen auf historischen ethnischen Unterschieden verschleiert werden. In Westeuropa werden schärfere Gesetze eingeführt, um Einwanderer aus nicht zur Europäischen Gemeinschaft gehörenden Ländern auszuschließen, gewinnen Parteien der extremen Rechten mit der Parole »Ausländer raus« bei Wahlen Stimmen, während die politische Meinung zwischen denen, die für eine multikulturelle Gesellschaft und das »Recht auf Verschiedenheit« plädieren, und denen, die in der kulturellen Assimilation eine Voraussetzung für Staatsbürgerschaft und formale politische Gleichheit sehen, oszilliert. Der Kampf osteuropäischer nationaler Gemeinschaften um Eigenstaatlichkeit ebenso wie das »Problem« der Einwanderung aus nicht zur EG gehörenden Ländern im Prozeß der Bildung eines europäischen Superstaates werden in einer politischen Sprache ausgedrückt, die von der Annahme ausgeht, Voraussetzung für Staatsbürgerschaft und Eigenstaatlichkeit sei kulturelle Identität sowohl im Sinne einer gemeinsamen Kultur als auch im Sinne ethno-kultureller Identifizierung.

Doch obwohl im neuen Anti-Immigranten-Diskurs kulturelle Diversität und nicht »rassische« Ungleichheit im Mittelpunkt steht, haben Forscher, die auf den begrifflich-ideologischen Wandel aufmerksam gemacht haben, die neue Ideologie als eine Art Rassismus diagnostiziert. Der Brite Barker etwa, der wahrscheinlich als erster diesen Wandel bemerkt hat, wies auf zwei parallele ideologische Entwicklungen hin – eine »neue Art von Rassismus«, die sich in der Sorge um die durch Einwanderer gefährdete Integrität der nationalen Gemeinschaft, die Lebensweise, Tradition und Loyalität ausdrücke – eine Sorge, die seit Ende der 70er Jahre ideologisch von der Tory-Partei entwickelt und theoretisch mit Bezug auf die vermeintlichen Erkenntnisse der Ethnologie und Soziobiologie untermauert worden sei. Die Gründe für diesen Wandel seien in dem Versuch zu sehen, jede mögliche Gleichsetzung mit dem Nazismus zu vermeiden.[3]

In einer ebenso leidenschaftlichen wie umstrittenen Kritik des französischen Antirassismus und des von dieser Bewegung für Einwanderer geforderten »Rechts auf Verschiedenheit« machte Taguieff etwas später auf ähnliche Entwicklungen in Frankreich aufmerksam. In Frankreich begann die Neue Rechte Mitte der 70er Jahre ihre Anti-Einwanderer-Offensive, indem sie einen, wie Taguieff es nennt, »differenziellen Rassismus«, eine neue Doktrin vertrat, die sich dadurch auszeichnet, daß sie die wesentliche und nichtreduzierbare kulturelle Andersartigkeit nichteuropäischer Immigrantengemeinschaften postuliert, deren Gegenwart wegen der Gefahr der Untergrabung der ursprünglichen nationalen Identität des »Gast«-Landes abzulehnen ist.[4]

Ein Kernelement dieses »differenziellen Rassismus« ist die Ablehnung von »métissage culturel« (kultureller Vermischung) zugunsten einer bedingungslosen Wahrung der eigenen, vermeintlich ursprünglichen, biologisch-kulturellen Identität. Im Gegensatz zum früheren »unegalitären Rassismus« (Taguieffs Bezeichnung für den traditionellen Rassismus) wird hier nicht der »andere« als minderwertig dargestellt, sondern die absolute, nicht reduzierbare *Besonderheit* des »Ich«, die Unvergleichbarkeit verschiedener kollektiver Identitäten betont. »Enracinement« (Verwurzelung) ist ein Schlüsselbegriff dieser scheinbar neuen Doktrin. Um sowohl die europäischen Identitäten als auch die der Einwanderer – so lautet das Argument – in ihrer Vielgestaltigkeit zu bewahren, sollten die Immigranten in ihre Ursprungsländer zurückkehren. Trotz mancher verworrener Verweise auf »Blut« und »Rasse« im Diskurs der französischen Neuen Rechten wird kollektive Identität immer häufiger im Sinne von Ethnizität, Kultur, Erbe, Tradition, Gedächtnis, Identität und Besonderheit definiert. Der »differenzielle Rassismus« ist somit eine von der Neuen Rechten entworfene Strategie zur Verschleierung eines »racism clandestin« (heimlichen Rassismus).[5] Taguieff wiederum macht die Antirassisten mit ihrer Ablehnung des Rassismus und ihrer scheinbaren Verdinglichung kultureller Mannigfaltigkeit, wie sie in ihrem konfusen Kulturrelativismus und ihrem Ruf nach dem »Recht auf Besonderheit« für Einwanderer zum Ausdruck komme, für diesen ideologischen Wandel verantwortlich.

Tatsächlich ist die Art und Weise, wie seit den 70er Jahren von rechter und selbst liberaler Seite Widerstand gegen die Einwanderung aus nicht zur EG gehörenden Ländern ideologisch organisiert wird, neu. Da die beiden genannten Autoren aber noch im rassistischen Paradigma, das auf der Übersetzung einer sozialen oder kulturellen Ordnung in eine rassisch determinierte natürliche Ordnung basiert, befangen sind, konnten sie die besondere konzeptuelle Struktur dieser neuen Doktrin nicht erfassen. Indem sie eine Art rassistischen Reduktionismus betreiben, sind sie nicht in der Lage, der Frage nachzugehen (und noch weniger, eine Erklärung zu geben), warum die Rechten und Liberalen in ihrem vermeintlichen Bemühen, sich vor möglichen Rassismusvorwürfen zu schützen, gerade Zuflucht zu politischen Beschwörungen kultureller Identität nehmen.[6] Dies ist keine bloße begriffliche Spitzfindigkeit. Die neuen Diskriminierungsdoktrinen verdinglichen tatsächlich kulturelle Identität und gleiten hin und wieder in das Idiom der »Rasse« ab. Dieser politische Diskurs beinhaltet jedoch mehr als die Vorstellung von einer unüberwindbaren, wesenhaften kulturellen Verschiedenheit. Er beruht nämlich auf der Annahme, daß *Beziehungen* zwischen verschiedenen Kulturen »naturgemäß« feindselig und zerstörerisch sind, weil der Mensch von Natur aus ethnozentrisch angelegt ist und verschiedene Kulturen deshalb in ihrem eigenen Interesse in ihrem eigenen Land leben sollten.

**Fremdenfeindlichkeit
in einer sich globalisierenden Welt**

Seit den 70er Jahren ist ein neues Argument in die populäre und politische Sprechweise über Einwanderung aus nicht zur EG gehörenden Ländern eingedrungen. Die politische Rechte und Liberale, die einen Einwanderungsstop propagieren, behaupten, es sei nur »natürlich«, daß die Gegenwart von Angehörigen fremder Kulturen »unter uns« zu Animosität und Ressentiments auf Seiten der Staatsangehörigen führe. Zur Deutung dieses Phänomens haben sowohl Experten als auch die Medien in Berichten über wachsende Feindseligkeit gegenüber Einwanderern unkritisch den Begriff »Xenophobie«, Fremdenfeindlichkeit aufgegriffen.

Ende der 70er Jahre lieferte Igor Stanbrook, ein Konservativer im britischen Parlament, ein aufschlußreiches Beispiel für den ambivalenten, dem ablehnenden Gefühl gegenüber Einwanderern zugrundeliegenden Subtext, als er sagte: »Wir wollen nicht um die Sache herumreden. Der durchschnittliche farbige Einwanderer hat eine andere Kultur, eine andere Religion und eine andere Sprache. Das ist das Problem. Es hat nicht nur mit Rasse zu tun. Die Menschen in unseren Städten regen sich über Einwanderer auf.« Doch dann fügte er hinzu: »Ich glaube, daß die Bevorzugung der eigenen Rasse genauso natürlich ist wie die Bevorzugung der eigenen Familie. Deshalb handelt es sich nicht um Rassismus, wenn man damit, wie ich, eine aktive

Feindseligkeit gegenüber der anderen Rasse meint. Es entspricht einfach der menschlichen Natur«.[7] Hier haben wir in knapper Form die Hauptbestandteile dessen, was ich kulturellen Fundamentalismus nenne. Zuallererst ist da die Annahme, daß verschiedene Kulturen nicht zusammenpassen, weil Menschen *naturgemäß* Angehörige der eigenen Kultur vorziehen. Zweitens verschmelzt Stanbrook am Ende seiner Aussage Kultur mit »Rasse«, obwohl er diese Verbindung anfänglich herunterspielte, und leugnet damit den dynamischen, veränderlichen und durchlässigen Charakter von Kulturen, den er stattdessen substantialisiert. Der Phänotyp dient hier als Indiz kultureller Identität. Indem er darüber hinaus eine Analogie zwischen der eigenen »Rasse«-Kultur und der eigenen »Familie« herstellt, spielt er auf die geschichtliche Fortdauer kultureller Besonderheit an. In der Familie wird die eigentliche kulturelle Identität reproduziert. Die Mitglieder einer – implizit als harmonisch aufgefaßten – Familie sind sich am ähnlichsten. Schließlich ist in der Aussage noch die implizite Vorstellung enthalten, daß die eigene, in diesem Falle britische, kulturelle Identität, d. h. was es bedeutet, britisch zu sein, etwas Homogenes ist und vor der Unterwanderung durch Ausländer bewahrt werden muß.

Stanbrooks Aussage könnte man einer ideologischen Übergangsphase im konzeptuellen Wandel von einer rassistischen zu einer entschieden kulturell-fundamentalistischen Rechtfertigung der Ausgrenzung von Einwanderern durch Liberale und Rechte zuordnen.

Doch seit den ausgehenden 60er Jahren hat, wie Barker für England feststellt, das, was er als »neuen Rassismus« bezeichnet, »tendenziell die Form von Appellen an die "britische Kultur" und die "nationale Gemeinschaft" angenommen«.[8] Es bestehe die Tendenz, auf Rassenkategorien zu verzichten und zu leugnen, daß die Feindseligkeit gegen Einwanderergemeinschaften irgend etwas mit Rassismus zu tun habe: Menschen zögen »von Natur aus« das Zusammenleben mit »ihresgleichen« dem Leben in einer »multirassischen« Gesellschaft vor – eine Einstellung, die als natürliche Reaktion auf die Anwesenheit von Menschen mit anderer Kultur und anderen Ursprüngen verstanden werde.

Eine multirassische Gesellschaft würde nach Auffassung der Neuen Rechten und der Liberalen in England außerdem unvermeidlich zu sozialem Konflikt führen und sowohl die »Werte« als auch die »Kultur« der weißen Mehrheit gefährden. Angesichts dieser »natürlichen« Reaktion auf die »Rassenmischung« in der britischen Gesellschaft ist die einzig für möglich gehaltene Lösung einerseits die freiwillige Repatriierung eines Teils der Einwanderer, andererseits der rückwirkende Entzug der Bürgerrechte und letztlich das Schaffen eines Saisonarbeiterstatus. Grob gesagt gibt es aus dieser Perspektive nur zwei Alternativen: entweder als kollektive Identität auszusterben oder die Einwanderer abzuschieben – mit einer pragmatischen Einschränkung jedoch: Bedürfnisse nach bestimmten Arbeitskräften müssen befriedigt werden können, ohne daß diesen »Privilegierten« daraus staatsbürgerliche Rechte erwachsen.

Dieser Diskurs beruht auf zwei Annahmen, nämlich erstens der Vorstellung, die Anwesenheit von Einwanderern untergrabe die nationale Identität, von der vorausgesetzt wird, daß sie in einer besonderen, einheitlichen und unveränderlichen Kultur wurzelt; zweitens, Zusammenleben mit »den anderen« führe unvermeidlich zu Konflikten, weil Ressentiments und Feindseligkeiten gegen Fremde mit anderen Kulturen eine »natürliche« Reaktion seien. Als Enoch Powell kurz nach den Unruhen in Brixton 1982 bemerkte: »Wenn sich Klein- und Großstädte infolge der automatischen Ausdehnung des von Lord Radcliffe so genannten "ausländischen Keils" verändern, kommt es, wie bei einer sich mit Wasser füllenden Zisterne, auf beiden Seiten zu einer Menge angestauter Furcht, zu Mißtrauen und Ressentiments. *Es ist nicht die Summe des zwischen Einzelpersonen bestehenden Antagonismus. Es ist etwas Kollektives, Instinktives, Menschliches, die notwendige Folge von Territorium, Besitz und Identität*«.[9]

Im Rassismus-Dementi der Neuen Rechten und der Liberalen, das dieser politischen Beschwörung der Notwendigkeit kultureller Selbsterhaltung oft vorausgeht, eine Art Verschleierung der ständigen rassistischen Untermauerung des Anti-Einwanderungs-Diskurses zu sehen, lenkt die Aufmerksamkeit von den Besonderheiten dieses Diskurses ab. Und das Argument, daß der ausdrückliche Begriff »Rasse« in rassistischen Klassifikationen nicht notwendig ist, solange man eine gegenseitige Unverträglichkeit zwischen »Europäern« und »Nicht-Europäern« postuliert,[10] hat nicht nur zur Folge, daß man das für den Rassismus Typische, die angebliche Begründung sozialer Ungleichheiten mit der erfundenen »Tatsache«, aus den Augen verliert. Dehnt man Rassismus auf diese Weise aus, so übergeht man außerdem auch eine wichtige Komponente dieser ideologischen Wende - nämlich die strukturierende Rolle, die der Begriff »Xenophobie« und die damit verbundenen Vorstellungen spielt.[11]

Margaret Thatchers berühmt-berüchtigte und oft zitierte Äußerung von 1978 zum Beispiel, »... daß die Leute wirklich Angst davor haben, daß dieses Land von Menschen mit anderer Kultur überschwemmt werden könnte. Das britische Wesen hat - überall auf der Welt - so viel für Demokratie und für das Recht getan, daß das Volk, wenn die Angst aufkommt, es könnte überschwemmt werden, sicherlich reagiert und gegen die, die einwandern, ziemlich feindlich gesinnt sein wird«,[12] könnte, statt als Ausdruck für Rassismus unter dem Deckmantel kultureller Begriffe angemessener als Hinweis auf eine neue Form von kulturellem Fundamentalismus gedeutet werden.[13]

Der traditionelle Rassismus unterstellte, die angeborene Untauglichkeit der sozio-politisch Unterlegenen sei »rassebedingt«. Diese Doktrin rechtfertigte die sozio-politische Disqualifizierung, ökonomische Ausbeutung, Diskriminierung und/oder Ausgrenzung bestimmter Gruppen oder Individuen *innerhalb* eines Gemeinwesens (ganz gleich ob Nationalstaat, Reich oder Commonwealth), indem sie ihnen bestimmte, vermeintlich »rassisch« bedingte und deshalb angeborene und daher unvermeidbare negative moralische, intellektuelle oder soziale Eigenschaften zuschrieb. Der kulturelle Fundamentalismus hingegen funktioniert aufgrund der unterstellten Unvergleichbarkeit verschiedener Kulturen, die man sich als fest zusammenhängend und unveränderlich vorstellt. Für die Animosität gegenüber Einwanderern aus nicht zur EG gehörenden Ländern, d. h. Fremden, die von *außerhalb* kommen, und für die Notwendigkeit, ihr weiteres Eindringen nach Europa zu beschränken, wird eine natürliche Unvereinbarkeit verschiedener Kulturen verantwortlich gemacht, von der man glaubt, daß sie, weil Menschen von Natur aus ethnozentrisch seien, zwangsläufig Feindseligkeit hervorbringe.

In den letzten zehn Jahren hat diese Vorstellung, daß Beziehungen zwischen verschiedenen Kulturen zwangsläufig konfliktgeladen seien – hier klingt übrigens die viel ältere Vorstellung an, daß Krieg zwischen verschiedenen Völkern ein universelles Phänomen sei –, in den Rechtfertigungen der ablehnenden Haltung gegenüber Einwanderern stark an Bedeutung gewonnen. Die Ausweitung nationaler Konflikte in Osteuropa scheint diese vorgefaßte Meinung nur zu bestätigen. Eine Art perverse Dialektik sorgt dafür, daß Medien, Politiker und Experten diesen Vorurteilen auch noch Zündstoff liefern. In den Medien wird immer häufiger – meist jedoch ohne genauer anzugeben, was damit gemeint ist – der Begriff *Fremdenfeindlichkeit* bemüht.[14] Fremdenfeindlichkeit – ein ausgesprochen ambiguitätsgeladener Begriff – wurde so zu einer Art Schlagwort für die Anti-Einwanderer-Haltung. Im liberalen und rechten politischen Diskurs bezeichnet Fremdenfeindlichkeit der Tendenz nach eine Art angeborene Furcht oder Abscheu vor Außenseitern oder Fremden. Experten verwenden den Begriff bereits zur Diagnose der durch Einwanderung bewirkten sozialen Spannungen, während manche Wissenschaftler ihn als eine neue analytische Kategorie übernommen haben.

1984 hatte Cashmore den Begriff Fremdenfeindlichkeit noch wegen seiner fehlenden Klarheit und folglich seines begrenzten analytischen Wertes abgelehnt; er glaubte deshalb – fälschlicherweise –, daß »er im zeitgenössischen Vokabular der Untersuchung von rassischen und ethnischen Beziehungen keine Verwendung mehr findet«.[15] In der Tat ist der analytische Wert des Begriffs *Fremdenfeindlichkeit* zweifelhaft. Das Wort bedeutet wortwörtlich »Feindseligkeit gegenüber Fremden und allem, was fremd ist«.[16] Enzyklopädien oder Wörterbücher geben jedoch gewöhnlich keine Gründe für dieses Gefühl an. Diese unklare Anspielung auf die kulturelle Beschränktheit des Menschen verstärkt wahrscheinlich die ideologische Wirkung der Vorstellung, die der Begriff als pseudowissenschaftliche Untermauerung des kulturellen Fundamentalismus hervorruft: Frankreich gehört ebenso den Franzosen wie England den Engländern und Deutschland den Deutschen. Nur: Wer sind die Franzosen, Engländer oder Deutschen überhaupt?

Fremdenfeindlichkeit, verstanden als eine zum Wesen des Menschen gehörende Einstellung, scheint in der Tat sehr rasch zur ideologischen Logik des kulturellen Fundamentalismus zu werden.[17] Die Doktrin des kulturellen Fundamentalismus basiert auf zwei Annahmen: erstens, daß verschiedene Kulturen unvergleichbar und unvereinbar sind und zweitens, daß Beziehungen zwischen Kulturen von »Natur« aus feindlich sind, weil Menschen dem Wesen nach fremdenfeindlich sind. In diesem Sinne ist die Fremdenfeindlichkeit für den kulturellen Fundamentalismus, was die »Rasse« für den Rassismus ist, nämlich die naturalistische Konstante, die den jeweiligen Doktrinen Wahrheitswert und daher Legitimität verleiht.

1984 berief das Europäische Parlament einen Untersuchungsausschuß, der über das »Wiederaufleben des Faschismus und Rassismus in Europa« berichten sollte. Während der Ausschuß den politischen Einfluß und die Wahlerfolge des rechtsgerichteten Extremismus mit faschistischer Tendenz fälschlicherweise, wie sich später herausgestellt hat, zu gering einschätzte, diagnostizierte er stattdessen die verbreitete Fremdenfeindlichkeit: »Schließlich konnten wir Anzeichen für die Verbreitung einer rassistischen und betont elitären Pseudo-Wissenschaft feststellen. Das bedingte Wiederaufkommen scheint weniger mit einer theoretischen Erneuerung zu tun zu haben als mit einer Zunahme *fremdenfeindlicher Ressentiments* verbunden zu sein, was einen fruchtbaren Nährboden für deren Verbreitung und einen Bedarf nach wissenschaftlicher Legitimation schafft. ... Ein neues Gespenst geht heute auf der politischen Bühne Europas um: die Xenophobophilie.«[18] Der Ausschuß hielt es für notwendig, Rassismus von Fremdenfeindlichkeit zu unterscheiden, weil beide Phänomene unterschiedliche Maßnahmen erfordern, und schlug folgende Definition der Fremdenfeindlichkeit vor: »... der Rassismus und die Rassendiskriminierung sind Verhaltensweisen gegenüber anderen, die in Gesetzen erfaßt und denen durch juristische Mechanismen

Schranken gesetzt werden können. *Für den Fremdenhaß trifft dies nicht zu. Es handelt sich dabei um ein Gefühl bzw. ein latentes "Ressentiment", um eine Einstellung, die noch vor Faschismus und Rassismus kommt und ihnen zwar den Weg bereiten, aber selbst nicht gerichtlich verfolgt und unterbunden werden kann.*«[19]

Die Bestandteile des mehr oder weniger diffusen Gefühls der Fremdenfeindlichkeit sowie das Ansteigen der Spannungen zwischen den verschiedenen Gemeinschaften und ihre Beziehung zu einem allgemeineren gesellschaftlichen Unbehagen, seien, so wird in dem Bericht argumentiert, nur schwer zu trennen; ein Faktor wäre jedoch »das herkömmliche Gefühl des Mißtrauens gegenüber allem Fremden, ... die Angst vor der Zukunft und ein gewisses Sicherheitsstreben...«.[20] Es wird aber nicht die Frage gestellt, ob die Angst vor der Zukunft und ein gewisses Sicherheitsstreben auch unter Staatsangehörigen Feindseligkeit hervorrufen kann. Stattdessen sind Ausländer das spezifische, aber nicht spezifizierte Ziel dieser Gefühle. Ebenso vage bleibt die vom Ausschuß formulierte Definition der Fremdenfeindlichkeit, die jedoch auf ein Phänomen von einer gewissen Allgemeinheit, wenn nicht gar Universalität verweist. Ohne einen weiteren Versuch, die Ambiguität des Begriffs zu beseitigen, wurde dieser in die Sprache des Europäischen Parlaments aufgenommen.

Ein Ergebnis der Arbeit des Ausschusses war eine 1986 veröffentlichte Erklärung gegen Rassismus und Ausländerfeindlichkeit.[21] 1989 rief das Europäische Parlament einen weiteren Untersuchungsausschuß ins Leben, diesmal zu Rassismus und Ausländerfeindlichkeit. Seine Aufgabe war, eine Bilanz der Verwirklichung der vorhergegangenen Erklärung zu erstellen und eine Aktualisierung der Informationen zur Einwanderung aus außereuropäischen Ländern angesichts der 1992/93 innerhalb der Europäischen Gemeinschaft einzuführenden Freizügigkeit vorzunehmen.[22] Dieser zweite Bericht beweist, daß die Ressentiments und Aggressionen gegenüber Einwanderern in den Jahren seit 1986 merklich zugenommen haben. Schwerwiegende politische Meinungsverschiedenheiten im Europäischen Parlament über den Inhalt und die im Bericht enthaltenen Empfehlungen verhinderten jedoch seine Abstimmung und gestatteten lediglich einen abgeschwächten Aufruf an die Mitgliedstaaten, ihm angemessene Aufmerksamkeit zu schenken – ein weiteres Zeichen für die zunehmende politische Polarisierung hinsichtlich der Einwanderung aus nicht zur EG gehörenden Ländern und der zur Lösung des »Problems« zu ergreifenden Maßnahmen.[23]

Im selben Jahr machte der Soziologe Touraine die Öffentlichkeit auf die Zunahme der Fremdenfeindlichkeit aufmerksam. Sie ist für ihn »nicht mit Rassismus gleichzusetzen. Sie ist etwas anderes, weil hier nicht eine Rasse, sondern eine Kultur in Frage gestellt wird. Fremdenfeindlichkeit ist Bestandteil von unterschiedlichen Einstellungen, die sogar im Gegensatz zueinander stehen und dennoch von der gleichen Art sein können«.[24] Diesem Autor zufolge ist Fremdenfeindlichkeit im Spiel, wenn bestimmte gesellschaftliche Gruppen Aufnahme in die breite Mittelschicht begehren, während Rassismus gegen diejenigen gerichtet ist, die »sich selbst (sic!) marginalisiert haben, ... die aufgrund ihres sozialen Verhaltens beurteilt und mißbilligt werden«. Je ähnlicher außerdem Europa dem nordamerikanischen Modell werde, um so stärker werde der Rassismus zunehmen.[25] Mit Ausnahme eines kurzen Verweises auf eine Art dialektischer Beziehung, die überall in Europa zwischen wachsender kultureller Beschränktheit und steigender Ablehnung von Ausländern bestehe, erklärt jedoch Touraine nicht, auf welche Weise Fremdenfeindlichkeit sich konzeptuell von Rassismus unterscheidet.

So etwas ähnliches wie eine Antwort finden wir in einer eher unerwarteten Quelle, unerwartet, weil es sich im allgemeinen um eine Einstellung der Rechten handelt. Vor ca. zwei Jahren führte Cohn-Bendit folgendes Argument für die Einführung von Einwanderungsquoten in Deutschland an: »Es geht nicht an, die Migration, die ja eine unausweichliche Folge der Moderne ist, als Ursache aller Übel und als etwas darzustellen, das mit entschlossenen staatlichen Maßnahmen zu stoppen wäre. Nicht minder unverantwortlich wäre es, die multikulturelle Gesellschaft als einen modernen Garten Eden harmonischer Vielfalt zu verklären ... Die Entrüstung über den Fremdenhaß, die als Gegenmittel eine Politik der schrankenlos offenen Grenzen empfiehlt, hat etwas scheinheiliges und gefährliches. *Denn wenn die Geschichte irgend etwas lehrt, dann dies: Keiner Gesellschaft war je der zivile Umgang mit den Fremden angeboren. Vieles spricht dafür, daß die Reserve ihm gegenüber zu den anthropologischen Konstanten der Gattung gehört*; und die Moderne hat mit ihrer steigenden Mobilität dieses Problem allgegenwärtiger gemacht als zuvor. Wer dies leugnet, arbeitet der Angst vor dem Fremden und den aggressiven Potentialen, die in ihr schlummern, nicht entgegen.«[26]

Und doch sind nicht irgendwelche »anderen«, sondern »andere« einer besonderen Art – nämlich Einwanderer aus den Ländern der zweiten und dritten Welt – Zielscheiben der Fremdenfeindlichkeit.

Weil eben in der Praxis Feindlichkeit gegen Einwanderer selektiv ist, hat Taguieff etwa in Bezug auf das französische Beispiel argumentiert, die fremdenfeindliche Haltung stelle letztlich »einen latenten Rassismus, einen aufkommenden Rassismus« dar und sei etwas, das die Neue Rechte in Reaktion auf die antirassistische Kritik am Rassismus erfunden habe, während andere Autoren fremdenfeindliche Äußerungen als eine zweite Ebene im rassistischen Diskurs identifizieren.[27]

Im Gegensatz hierzu möchte ich betonen, daß Rassismus und das, was ich den zeitgenössischen kulturellen Fundamentalismus der Rechten genannt habe, zwei politisch und konzeptuell verschiedene Ausgrenzungsideologien darstellen. Der Unterschied besteht in dem besonderen politischen Status, der denen zugeschrieben wird, die ihre Zielscheibe bilden – nämlich ob diese als, wenn auch »naturgemäß« minderwertige, Mitglieder des Staatswesens oder als Fremde, Nichtangehörige, d. h. Ausländer aufgefaßt werden.

Fremdenfeindlichkeit, als »anthropologische Konstante« gedeutet, liefert die ideologische Untermauerung des kulturellen Fundamentalismus als eine politische Rhetorik, in der die Ablehnung von Fremden »unter uns« und von potentiellen Neuankömmlingen zum Ausdruck kommt. In der Praxis ist die sogenannte Fremdenfeindlichkeit selektiv. Als Material aber, aus dem die Doktrin des kulturellen Fundamentalismus gebaut ist, wird sie als universalistische Eigenart dargestellt, denn sie beruht auf der Behauptung, Feindseligkeit gegen Fremde sei eine wissenschaftlich belegbare, dem Menschen eigentümliche Einstellung. Ausschlaggebend ist hierbei nicht, ob die eine Ideologie mehr oder wenig pervers als die andere ist, sondern allein, daß wir die Bestie kennen müssen, um sie bekämpfen zu können, d.h. dass wir verstehen müssen, wie eine Ideologie formuliert ist und auf welche Widersprüche sie reagiert, bevor wir dazu übergehen können, etwas hinsichtlich der politischen Tatsachen, die sie zu verschleiern versucht, zu unternehmen. Beide Doktrinen stellen ideologische Thematisierung dar, die – auf verschiedene Weise – bestimmte soziopolitische Spaltungen und Widersprüche, deren tatsächliche Ursachen ökonomischer und politischer Art sind, »naturalisieren« und somit neutralisieren.

Daß die Sprache des kulturellen Fundamentalismus dennoch manchmal auf »Rasse« Bezug nimmt, macht den Unterschied zum Rassismus nicht hinfällig. Im Falle des kulturellen Fundamentalismus dienen phänotypische Merkmale als Indizien bestimmten ausländischen und daher kulturellen Ursprungs. Schließlich ist der Rassismus eine geläufige westliche Ideologie zur Rechtfertigung soziopolitischer Disqualifizierung und kann neue begriffliche Konstrukte essentialistisch begründeter Ausgrenzung infizieren.[28] Analytisch betrachtet trägt die scheinbar selbstverständliche und gut begründete radikale Unterscheidung zwischen Natur und Kultur sicherlich dazu bei, neue Rhetoriken, in denen politisch-kulturelle Konflikte naturalisiert werden, ein Verfahren, das manchmal als »biologisches Kulturverständnis«[29] bezeichnet wurde, nicht als unterschiedliche Rechtfertigungen mit neuer Absicht, sondern als eine Form von Rassismus zu deuten. Sozial Unterlegene aufgrund von unterstellten minderwertigen, ihrer spezifischen rassischen Ausstattung zugeschriebenen kulturellen Merkmale zu verachten, ist jedoch etwas anderes als Volksgruppen mit unterschiedlichen Kulturen aufgrund von so etwas wie einer instinktiven, der menschlichen Natur vermeintlich eigenen Feindseligkeit gegenüber anderen Kulturen abzulehnen. Der kulturelle Fundamentalismus gibt – im Unterschied zum Rassismus – andere Erklärungen für andere politische Probleme, die von anders wahrgenommenen »anderen« aufgeworfen werden. Doch zeigt gerade die Debatte über den soziopolitischen Status von Einwanderern »unter uns«, daß sich selbst die Grenze zwischen Fremden und Staatsangehörigen im Fluß befindet, so daß es oft nicht ganz klar ist, ob beispielsweise Einwanderer der zweiten Generation aufgrund kultureller Unterschiede oder als ungleiche Bürger infolge ihrer »Rasse« diskriminiert werden. Und schließlich gibt es Hinweise dafür, daß Einwanderer je nach ihrer kolonialen Herkunft unterschiedlich behandelt werden.[30]

Wenn der Unterschied zwischen Rassismus und kulturellem Fundamentalismus auf dem unterschiedlichen politischen Status von Fremden begründet ist, so wirft das drei miteinander verknüpfte Fragen auf: Welcher soziopolitische Rahmen ist für diese verschiedenen Wahrnehmungen von »Andersheit« verantwortlich? Wie spiegeln sich diese verschiedenen Wahrnehmungen in den jeweiligen Ausgrenzungs-»Theorien« wider? Und allgemeiner noch, warum wird Ausgrenzung und Ungleichheit nach modernem westlichen Weltverständnis so oft ideologisch in naturalistische Begriffe gefaßt?

Kultureller Fundamentalismus versus Rassismus: wechselnde Ausgrenzungsstrukturen

Koselleck hat angezeigt, daß in der politischen Sprache Systeme der Selbst- und Fremdbezeichnung, der begrifflichen Unterscheidung zwischen »uns« und »anderen« enthalten sind, welche die Form historisch sich wandelnder Gegenbegriffe annehmen. Je nach den politischen Beziehungen, die sie synthetisieren, können diese Gegenbegriffe in dem Sinne symmetrisch sein, daß sie gegenseitige Anerkennung ermöglichen. Eine Vielzahl solcher Begriffe sind jedoch asymmetrisch und negieren somit gerade die Reziprozität gegenseitiger Anerkennung. Obwohl Gegenbegriffe dieser Art politischen Beziehungen Beständigkeit verleihen, indem sie deren Universalität behaupten, können sie gleichzeitig zutiefst polemisch sein, da sie auf partikularistischen historischen Annahmen beruhen.[31]

Ein begrifflicher Vergleich zwischen Rassismus und kulturellem Fundamentalismus im Sinne der Koselleck'schen Gegenbegriffe hilft vielleicht, die Unterschiedlichkeit dieser Ausgrenzungs-Doktrinen deutlicher werden zu lassen.

Der kulturelle Fundamentalismus geht von der Annahme aus, daß sich die Menschheit aus einer Vielzahl unterschiedlicher und unvereinbarer Kulturen zusammensetzt. Der totalisierende Anspruch der Vorstellung, alle Menschen seien Träger von Kultur, wird daher durch die partikularisierende Vorstellung von der Unvergleichbarkeit und Unvereinbarkeit verschiedener Kulturen negiert. Die Forderung nach dem Recht auf kulturelle Einzigartigkeit und Exklusivität, die sich auf diese Doktrin stützt, wird wieder mit einem vermeintlichen Wesensmerkmal des Menschen begründet - nämlich seinem Hang, eine Abneigung gegenüber Fremden zu empfinden. Auf diese Weise wird einer Universalie des Menschen, der Fremdenfeindlichkeit, eine Art essentieller Kulturpartikularismus unterschoben. Mit anderen Worten, der Widerspruch im modernen liberalen Ethos zwischen der Beschwörung eines universellen Menschseins, das generelle Gültigkeit beansprucht, so daß kein Mensch ausgeschlossen zu sein scheint, einerseits und der partikularistischen Exklusivität im kulturellen, in nationale Begriffe übersetzten Sinne andererseits, wird bis zu seiner logischen Konsequenz getrieben: ein wesentlicher »anderer«, der Einwanderer als Ausländer, Fremder und als solcher als potentieller »Feind«, der »unsere« nationale und kulturelle Einzigartigkeit und Integrität bedroht, wird aus einem Merkmal, das auch dem »Ich« eigen ist, konstruiert. Kulturelle Partikularität und folglich Diversität wird so zu einem unüberwindlichen Hindernis für das, was für Menschen im Grunde natürlich ist, nämlich sich zu verständigen. Der kulturelle Fundamentalismus trennt verschiedene Kulturen räumlich, statt sie hierarchisch zu ordnen, was bedeutet, daß örtlich festgelegte politische Gemeinschaften einschließlich des modernen Nationalstaates implizit als in sich homogen aufgefaßt werden. Jede Kultur an ihrem Ort, in ihrem Land! Und die Fremdenfeindlichkeit, die einerseits die angenommene territoriale Verwurzelung der Kulturen in Frage stellt, weil sie sich ja gegen Fremde »unter uns« richtet, wird andererseits von Staatsangehörigen gegenüber entwurzelten Ausländern zum Ausdruck gebracht, wodurch paradoxerweise Kulturen wieder territorialisiert werden. Im Sinne der Koselleckschen politische Semantik setzt daher der kulturelle Fundamentalismus eine Reihe symmetrischer Gegenbegriffe voraus, z. B. Fremde, Ausländer im Gegensatz zu Staatsangehörigen, Bürgern, die jedoch nicht als verschiedene Individuen, sondern als Angehörige nicht reduzierbarer kultureller Gemeinschaften verstanden werden. Ausländer werden als kulturell von Staatsangehörigen, denen innerhalb des Staatskörpers scheinbar eine organische kulturelle Identität eigen ist, verschieden aufgefaßt. Da diese Kategorien symmetrisch sind, sind sie logisch umkehrbar – in einer Welt der Nationalstaaten ist jeder Staatsangehörige im Prinzip für den Angehörigen eines anderen Staatswesens ein Ausländer – und ermöglichen so gegenseitige Anerkennung: Ich betrachte mich als Deutsche, das tun andere auch, die ich wiederum als das betrachte, wofür sie sich selbst halten, zum Beispiel als Türken. Diese Anerkennung impliziert, daß man die Tatsache akzeptiert, daß die »anderen« gerade in ihrem »Anderssein« existieren. Dieses formale Begriffspaar – Staatsangehörige im Gegensatz zu Ausländern – wird durch konkrete historische Verhältnisse mit einer spezifischen politischen Bedeutung aufgeladen. Die grundlegende Forderung des zeitgenössischen kulturellen Fundamentalismus besteht darin, Staatsangehörige und Ausländer getrennt zu halten. Indem der Begriff Fremdenfeindlichkeit die problematische, in der widersprüchlichen modernen Konzeption des Nationalstaates wurzelnde Verbindung zwischen nationaler Zugehörigkeit und kultureller Identität ideologisch manipuliert, gibt er der Beziehung zwischen den beiden Kategorien einen besonderen und wesentlichen politischen Inhalt. Die vermeintliche Neigung von Staatsangehörigen, Fremde, sprich Ausländer, nicht zu mögen, gibt nicht nur dem Ruf nach Ausgrenzung von Einwanderern aus dem armen Süden argumentative Kraft, sondern läßt auch, da diese Neigung von Ausländern geteilt wird, die Furcht begründet erscheinen, letztere könnten zurückschlagen und das »Gastland« untergraben, was es wiederum um so legitimer macht, entsprechende Maßnahmen zur Verhinderung einer solchen Möglichkeit zu ergreifen. Dies ist jedoch ein Subtext zweiter Ordnung. Gerade dadurch, daß das infolge der Einwanderung aus nicht zur EG gehörenden Ländern entstandene »Problem« im Sinne von selbstverständlicher kultureller Unvereinbarkeit und Unterschiedlichkeit und nicht als eine Konsequenz soziopolitischer Ungleichheitsbeziehungen konzeptualisiert wird, gerät der allgemeinere Zusammenhang, nämlich die sich verschärfende Nord-Süd-Ungleichheit, in Vergessenheit. Dadurch wird die Aufmerksamkeit sowohl der ausschlaggebenden Rolle, die der reiche Norden bei der Verursachung der Armut im Süden spielt, als auch von der sozioökonomischen Marginalisierung der Einwanderer, die ihren Weg in den Norden gefunden haben, abgelenkt und die Schuld der unterschiedlichen Kultur der Einwanderer zugeschoben.

Solange die Beziehungen der Weltmächte durch die offene, von gegensätzlichen Weltauffassungen beflügelte politische Konfrontation zwischen Ost und West hinsichtlich verschiedener sozioökonomischer Modelle strukturiert waren – eine Konfrontation, die auf eine stark militarisierte »Meinungsverschiedenheit« hinauslief –, war der Nord-Süd-Konflikt infolge seiner Unterordnung unter die jeweiligen Einflußsphären verdeckt. Nun, da der Nord-Süd-Konflikt mit dem Zusammenbruch des Sowjetblocks politisch sichtbar geworden ist, hat er zwar ein neues Gewicht bekommen, wird aber beinahe unverzüglich wegerklärt. Eines seiner Symptome, die Einwanderung aus nicht zur EG gehörenden Ländern, wird als ein Problem gedeutet, das auf einer »Wesensverschiedenheit«, das heißt einer wesensmäßigen kulturellen Differenz beruht, die angeblich noch durch die Bevölkerungsexplosion im Süden verschlimmert wird.

Kultureller Fundamentalismus ist demnach eine Ideologie der kollektiven Ausgrenzung, die eine Vorstellung vom »anderen« als Ausländer, als Fremden, wie der Begriff Fremdenfeindlichkeit selbst nahelegt, d. h. als Nicht-Staatsbürger, voraussetzt. Tatsächlich geht es bei der Debatte über Einwanderung von außerhalb der Europäischen Gemeinschaft um den Staatsbürgerstatus der Einwanderer im »Gast«-Land. Dem rechten Flügel angehörende Einwanderungsgegner haben nicht nur etwas dagegen, daß Einwanderern aus rein pragmatischen materiellen Gründen die in der Staatsbürgerschaft eingeschlossenen sozialen und politischen Rechte zuerkannt werden. Das sogenannte Einwanderungsproblem wird als ein politisches Problem aufgefaßt, das die nationale Einheit aufgrund der kulturellen Unterschiedlichkeit der Einwanderer in Frage stellt, da der Nationalstaat als etwas gedacht wird, das sich auf eine umgrenzte und abgesonderte Gemeinschaft stützt, die ein allen Angehörigen eigenes, durch gemeinsame Sprache, Ethnizität und/oder Religion symbolisiertes Zugehörigkeits- und Loyalitätsgefühl weckt. Weil Staatsbürgerschaft, Nationalität und Kulturgemeinschaft sich ideologisch decken,[32] wird die Integration von Einwanderern als eine Gefahr angesehen, die eine »Krise der Staatsbürgerschaft« entfesselt.[33] Der herausragende Platz, den die Frage der Staatsbürgerschaft in offiziellen Berichten und in der akademischen Literatur zur Einwanderung in den letzten Jahren einnimmt, verdeutlich diesen Sachverhalt.[34]

Die gedankliche Struktur des Rassismus und die Art und Weise, wie der »andere« in rassistischen Doktrinen verstanden wird, ist hiervon völlig verschieden.[35] Der Rassismus entwickelt einen partikularistischen Klassifikationsbegriff und operiert damit – nämlich das Kriterium »Rasse«, das die Menschheit angeblich in verschiedene, hierarchisch angeordnete Gruppen unterteilt, von denen eine für sich ausschließliche Höherwertigkeit in Anspruch nimmt. Der Rassismus baut aus einzelnen Merkmalen – »rassisch« begründeten Mängeln –, die Einzelpersonen oder Gruppen zugeschrieben werden, eine asymmetrische universelle Struktur auf. Rasse wird sowohl als notwendige wie auch als hinreichende Begründung für die Minderwertigkeit der »anderen« aufgefaßt. Auf diese Weise wird die soziopolitische Ungleichheit nicht einer allgemeinen, der menschlichen Natur eigentümlichen Diskriminierungsneigung, sondern dem Differenzierungskriterium selbst, der »Rasse«, zugeschrieben – »ihr« Mangel an Wert ist auf ihre Gene zurückzuführen. Als ein System asymmetrischer Klassifikation bringt der Rassismus daher Gegenbegriffe hervor, die den »anderen« auf eine Weise herabwürdigen, wie der »andere« das »Ich« nicht herabwürdigen könnte, so daß gegenseitige Anerkennung gerade deshalb negiert wird, weil der »rassische« Makel, da er nun einmal relativ ist, dem »Ich« nicht eigen ist. Und das genau ist der springende Punkt. Rassismus ist eine Doktrin, die zur Rechtfertigung sozioökonomischer Unterlegenheit dient, indem sie ungleiche Behandlung und ungleichen Status den angeborenen Mängeln ihrer Opfer anlastet und so den eigenen ideologischen Charakter leugnet. Sichtbare Unterscheidungsmerkmale wie ein besonderer Phänotyp kommen zur Begründung rassistischer Vorurteile und Diskriminierung sehr gelegen und können sogar in dem Sinne zu einer Art selbsterfüllender Prophezeiung werden, daß sie selbst dann noch einen Unterschied machen, wenn ein Angehöriger der diskriminierten Gruppe die soziale Leiter erfolgreich erklommen hat. Aber so, wie »Rasse« ein ideologisches Konstrukt ist, können es auch andere vermeintlich angeborene, doch unsichtbare Ursachen angeblicher Untauglichkeit sein, zum Beispiel die »Reinheit des Bluts«, eine frühneuzeitliche Vorstellung, die bis Anfang des 19. Jahrhunderts im spanischen Reich vorherrschte und danach in den ihm verbliebenen Kolonien fortexistierte.[36]

Die Ansicht, der Rassismus habe seinen Ursprung in der europäischen kolonialen Expansion und sei ein Residuum oder ein Anachronismus oder eine machiavellistische List des Kapitals zur Teilung der Arbeiterklasse, hat ein Verständnis der zentralen Rolle, die der Rassismus im liberalen Kapitalismus spielt, verhindert.[37]

Um zu verstehen, worum es beim Rassismus geht, ist folgende Frage wesentlich: Warum hat der Rassismus, verstanden als die Naturalisierung der sozialen Stellung, in der modernen Gesellschaft, von der man glaubt, daß sie sich aus frei und gleich geborenen sowie sich selbst bestimmenden Personen zusammensetzt, eine solche Bedeutung? Tatsächlich läßt sich zeigen, daß Rassismus eine liberale Ideologie zur Versöhnung des Unvereinbaren ist, nämlich des Ethos gleicher Möglichkeiten für alle, das die Verbreitung des Neoliberalismus in der vergangenen Dekade anfänglich mit neuer Energie erfüllt hat, einerseits und die national wie international real bestehende und wachsende sozioökonomische Ungleichheit andererseits. Wenn das sich selbst bestimmende Individuum nicht in der Lage zu sein scheint – anhaltende soziale Unterlegenheit deutet darauf hin –, etwas aus den von der Gesellschaft scheinbar gebotenen Möglichkeiten zu machen, so kann das nur auf irgendeinen wesentlichen, angeborenen Mangel zurückzuführen sein. Das heißt, nicht die vorherrschende sozioökonomische Ordnung, sondern die Person selbst oder besser noch ihre natürliche Ausstattung – ganz gleich, ob man diese als rassische oder genetische Anlage, als angeborenes Talent oder als Intelligenz bezeichnet – ist dafür verantwortlich. Erfolgreich propagiert, kann diese Erklärung äußerst wirksam soziale Unzufriedenheit entschärfen.

Die gedanklichen und politischen Voraussetzungen für das Auftreten dieser Doktrin können wahrscheinlich auf den zu Beginn des 18. Jahrhunderts einsetzenden Wandel im westlichen, Natur und Gesellschaft ordnenden Paradigma und die nun an Einfluß gewinnende universalistische Vorstellung vom sich selbst bestimmenden Individuum zurückgeführt werden. Zu diesem Zeitpunkt wurde die göttliche Vorsehung, das heißt das göttliche Gesetz, als letzte Erklärung für die in Natur und Gesellschaft herrschende Ordnung immer stärker von säkularen wissenschaftlichen Bemühungen verdrängt, die Vielfalt in der Natur, den Menschen eingeschlossen, begrifflich im Sinne des Naturgesetzes zu fassen. Die Versuche der Aufklärung, phänotypische und kulturelle Unterschiede sowie soziale Ungleichheit überall auf der Welt zu verstehen, waren von der ethnozentrischen Tendenz der Eliten zum hierarchischen Ordnen dieser Unterschiedlichkeit geprägt. Dieses Unterfangen war jedoch mit der Schwierigkeit verbunden, den Glauben an die universelle Perfektionierbarkeit und den universellen Fortschritt des Menschen mit all dieser Unterschiedlichkeit zu vereinbaren. Ohne der erste zu sein, der den Begriff Rasse benutzte, schlug der große Naturforscher Linné Anfang des 18. Jahrhunderts eine Unterteilung der Gattung Mensch in Rassen nach anatomischen, psychologischen und kulturellen Klassifikationskriterien vor.[38] Als sich im 19. Jahrhundert die Klassengesellschaft und in der Politik der wissenschaftliche Naturalismus in Form des Sozialamarckismus und Sozialdarwinismus festigte, lieferte die Eugenik die wissenschaftliche Untermauerung für die typisch liberale essentialistische, das heißt rassistische, Lehre von der sozialen Ungleichheit. Zur gleichen Zeit, in der sich der Mensch in seinem Bemühen, die Natur als frei Handelnder zu beherrschen, den menschlichen Willen losgelöst von natürlichen Zwängen vorstellte, wurde der soziale Mensch paradoxerweise naturalisiert.[39]

Wie Chevalier in seiner hervorragenden soziodemographischen Studie über die Entstehung und Wahrnehmung der Arbeiterklasse in Paris zu Beginn des 19. Jahrhunderts gezeigt hat, »non seulement la condition ouvrière et le genre de vie sont décrits par analogie avec la condition sauvage, mais les divers aspects de la révolte ouvrière et les conflicts de classes sont exposés en termes de races«.[40] Selbst der große Voltaire sah trotz seines Glaubens an die menschliche Vervollkommnungsfähigkeit keinen erwähnenswerten Unterschied zwischen dummen französischen Bauern und Wilden.

Was den kulturellen Fundamentalismus vom Rassismus, wie er hier definiert wurde, unterscheidet, ist die Art und Weise, wie man sich diejenigen vorstellt, die die besonderen soziopolitischen Konflikte, auf die sich die Lehren beziehen, angeblich verursachen. Kultureller Fundamentalismus beinhaltet die Rechtfertigung der Ausgrenzung von *Ausländern, Fremden*, von denen man glaubt, daß sie eine Gefahr für die nationale und kulturelle Identität darstellen, Rassismus dient zur Rechtfertigung der sozioökonomischen Unterlegenheit der *Unterprivilegierten*, sei es im eigenen Land oder im Ausland, um sie politisch unschädlich zu machen. Beiden Doktrinen ist jedoch gemeinsam, daß sie ihre argumentative Kraft aus derselben politischen Ausrede beziehen, nämlich daß sie die Folge bestimmter politökonomischer Interessenskonflikte – zum einen die angebliche Gefährdung »nationaler« Identität durch Einwanderer aus nicht zur EG gehörenden Ländern, zum anderen die sozioökonomische Ungleichheit – als natürliche und deshalb unbestreitbare Tatsachen darstellen, weil sie sich sozusagen »ganz natürlich ergeben«. Und diese »Naturalisierung« beruht auf einer Übersteigerung der unvergleichbaren Besonderheit – von Kulturen in der Anti-Einwanderungsrhetorik und von individuellen

»Talenten« in der Rhetorik der sozialen Ungleichheit. Gerade das Wiederaufleben des neo-liberalen, die Einzigartigkeit von Individuen und Gruppen betonenden Dogmas in den 80er Jahren hat ein besonders günstiges ideologisches Klima für derartige substantivistische Differenztheorien geschaffen.

(Übersetzt von *Sylvia M. Schomburg-Scherff*)

Anmerkungen

1 La Republica, Die Zeit und El País.
2 La Republica, 14. Februar 1992, S. 33.
3 Martin Barker, The New Racism, Junction Books, London 1981; Martin Barker, »Racism - the New Inheritors«, Radical Philosophy (21) 1984.
4 Pierre-André Taguieff, La force du préjuge. Essai sur le racisme et ses doubles, Éditions La Découverte, Paris 1987; unabhängig davon, aber beinahe gleichzeitig stellte Etienne Balibar die Frage: »Gibt es einen "Neorassismus"« - eine Frage, die er positiv beantwortete. Dem Autor zufolge ist Neorassismus ein »Rassismus ohne Rasse«, für die Zeit der Dekolonisierung und der massiven Einwanderung aus ehemaligen Kolonien charakteristisch und stützt sich auf die Annahme der Nichtreduzierbarkeit kultureller Differenz. Dennoch macht Balibar keinen Versuch zu erklären, warum diese neue Ausgrenzungs-Rhetorik, dessen Zielscheibe Einwanderer aus nicht zur EG gehörenden Ländern sind, in den Kategorien des kulturellen Fundamentalismus formuliert wird. Etienne Balibar, »Existe un neorealismo?«, Etienne Balibar & Immanuel Wallerstein (Hg.), Raza, Nación y Clase, Iepala, Madrid 1991 (Erstaufl. 1988) (dt.: Etienne Balibar, »Gibt es einen Neorassismus?«, in Balibar, Etienne/Wallerstein, Immanuel (Hg.), Rasse, Klasse, Nation. Ambivalente Identitäten, Argument 1990.
5 Pierre-André Taguieff, La force du préjugé. Essai sur le racisme et ses doubles. Éditions La Découverte, Paris 1989, S. 330-337.
6 In einer früheren Analyse der wachsenden Feindlichkeit gegen Einwanderer aus nicht zur EG gehörenden Ländern, bin auch ich einer Art rassistischem Reduktionismus erlegen. S. Verena Stolcke, »La Guerra del Golfo. El nuevo, viejo racismo«, Mientras Tanto (45) 1991.
7 Zit. n. E. Lawrence, »Just plain common sense: the "roots" of racism«, Centre for Contemporary Cultural Studies, University of Birmingham, The Empire Strikes Back: Race and Racism in 70s Britain, Hutchinson, London 1982, S. 82.
8 Martin Barker, The New Racism, Junction Books, 1981.

9 Zit. n. Martin Barker & Anne Beezer, »The language of racism - an examination of Lord Scarman's Report on the Brixton riots«, International Socialism 2:18, 1983, S. 124, Herv. von mir.
10 Pierre-André Taguieff, »La lutte contre le racisme, par delá illusions et désillusions«, Pierre-André Taguieff (Hg.) Face au racisme, Band I: Les moyens d'agir, Editions La Découverte, Paris, 1991, p. 23.
11 Pierre-André Taguieff, La force du préjuge, a.a.O.; John Solomos, »Les formes contemporaines de l'idéologie raciale dans la société britannique«, Les Temps Modernes, 46. Anneé (540-541), Juli/August 1991; Paul Gilroy, »La fin de l'antiracisme«, Les Temps Modernes, 46. Anneé (540-541), Juli/ August 1991.
12 Zit. n. Peter Fitzpatrick, »Racism and the Innocence of Law«, Peter Fitzpatrick und Alan Hunt (Hg.), Critical Legal Studies (21), Basil Blackwell, Oxford, 1987, pp. 1-17.
13 Interpretationen dieser politischen Beschwörungen der kulturellen Besonderheit als einer neuen Form von Rassismus finden sich in Martin Barker, »Racism - The New Inheritors«, Radical Philosophy (21) 1984, S. 2-17, Peter Fitzpatrick, »Racism and the Innocence of Law«, Peter Fitzpatrick & Alan Hunt (Hg.), Critical Legal Studies, loc.c.t., S. 119-131.
14 S. z.B. Pierre-André Taguieff (Hg.), Face au racisme, Bd. I: Les moyens d'agir, Éditions La Découverte/Essais, Paris 1991.
15 E. E. Cashmore, Dictionary of Race and Ethnic Relations, Routledge, London 1984, S. 314.
16 Vgl. Le Petit Robert, 1967.
17 Vgl. z.B. André Béjin, »Réflexions sur l'antiracisme«, in André Béjin & Julien Freund (Hg.), Racismes, antiracismes, Librairie des Méridiens, Paris 1986, S. 303-326.
18 Europäisches Parlament, Report drawn up on behalf of the Committee of Inquiry into the Rise of Fascism and Racism in Europe on the Findings of the Committee of Inquiry, M. Dimitrios Evregenis, PE DOC A 2-160/85, Brüssel, November 1985, S. 75, 82.
19 Europäisches Parlament, a.a.O., S. 107 (Herv. von mir).
20 Europäisches Parlament, a.a.O., S. 115.
21 Europäisches Parlament, Declaration against Racism and Xenophobia, Juni 1986; diese Erklärung verdammt die Anwendung von Gewalt gegenüber einer Person oder einer Gruppe von Personen aufgrund von rassischen, religiösen, kulturellen, sozialen oder nationalen Unterschieden, sie bekräftigt den Entschluß, die Individualität und Würde eines jeden Mitglieds der Gesellschaft zu schützen und jede Form der Ausgrenzung von Ausländern abzulehnen.
22 Europäisches Parlament, Bericht im Namen des Untersuchungsausschusses Rassismus und Ausländerfeindlichkeit, Brüssel, Luxemburg 1991, S. 12. Die Qualität der Berichte variiert - je nach Land - beträchtlich. Außerdem wird den extremen rechten Organisationen tendenziell größere Aufmerksamkeit geschenkt, was sich nachteilig auf eine angemessene Einschätzung

des Wesens, des Ausmaßes und der Intensität des diffusen Anti-Einwanderer-Gefühls auswirkt.
23 Europäisches Parlament, Bericht im Namen des Untersuchungsausschusses Rassismus und Ausländerfeindlichkeit, Brüssel, 1991; der Bericht enthält detaillierte Informationen über rassistische Diskriminierungen und Aggressionen in den einzelnen europäischen Ländern. Sein allgemeiner Tenor ist multikulturell, und die Empfehlungen konzentrieren sich auf die Rolle der Medien bei der Vermittlung negativer Stereotypen. Der Bericht schlägt sowohl Maßnahmen zur Bereitstellung von nicht-diskriminierenden Informationen in weit größerem Umfang als auch speziell für ethnische Minderheiten geplante Programme vor. El País, 10. und 11. Oktober 1990.
24 Alain Touraine, »Análisis de la xenophobia«, El País, 12. Juni 1990, S. 15.
25 Alain Touraine, »La immigratión, hacia el modelo norteamericano«, El País, 20. August 1990, S. 8.
26 Daniel Cohn-Bendit & Thomas Schmid, »Wenn der Westen unwiderstehlich wird«, Die Zeit, 48, 22. November 1991, S. 5. Diese Erklärung ist ebenso ungewöhnlich wie strittig, wie sie politisch gefährlich ist. Cohn-Bendit und Schmid berufen sich hier nicht nur auf eine weiterverbreitete, aber wissenschaftlich äußerst fragliche Rechtfertigung von Fremdenfeindlichkeit und legitimieren sie mit Unterstützung einer so angesehenen und liberalen Zeitung wie *Die Zeit*, sondern tun dies als Plädoyer für die Änderung der offenen grünen Einwanderungspolitik. Vgl. die vorsichtige Formulierung in Daniel Cohn-Bendit & Thomas Schmid, Heimat Babylon. Das Wagnis der multikulturellen Demokratie, Hoffmann und Campe, 1992. Hans Magnus Enzensberger argumentierte jedoch kürzlich ähnlich »Jede Migration führt zu Konflikten, unabhängig davon, wodurch sie ausgelöst wird, welche Absicht ihr zugrunde liegt, ob sie freiwillig oder unfreiwillig geschieht und welchen Umfang sie annimmt. Gruppenegoismus und Fremdenhass sind anthropologische Konstanten, die jeder Begründung vorausgehen. Ihre universelle Verbreitung spricht dafür, dass sie älter sind als alle bekannten Gesellschaftsformen. Um sie einzudämmen, um dauernde Blutbäder zu vermeiden, um überhaupt ein Minimum von Austausch und Verkehr zwischen verschiedenen Clans, Stämmen, Ethnien zu ermöglichen, haben altertümliche Gesellschaften die Tabus und Rituale der Gastfreundschaft erfunden. Diese Vorkehrungen heben den Status des Fremden aber nicht auf. Sie schreiben ihn ganz im Gegenteil fest. Der Gast ist heilig, aber er darf nicht bleiben.« Die Wanderung. 33 Markierungen, Suhrkamp, Frankfurt a. M., 1992, S. 13-14. Czarina Wilpert, eine andere westdeutsche Autorin, interpretiert die Verwendung des Begriffs Ausländerfeindlichkeit in Deutschland als einen Euphemismus zur Vermeidung des politisch stark beslasteten Begriffs »Rassismus«. Den Kern ihres Arguments bildet jedoch der genaue Hinweis auf die politisch-rechtliche Behandlung, die ausländischen Einwanderern im Gegensatz zu deutschstämmigen Umsiedlern aus dem Osten zuteil wird. Czarina Wilpert, »Migration

and ethnicity in a non-immigration country: Foreigners in a united Germany«, New Community 18 (1), Oktober 1991, S. 55.

27 Gavin I. Langmuir, »Qu'est-ce que "les Juifs" signifiaient pour la société médéviale?«, Léon Poliakov (Hg.), Ni Juif ni Grec. Entretiens sur le racisme, Mouton, Paris 1978, S. 182; Christian Delacampagne, L'invention du racisme. Antiquité et Moyen Age, Fayard, Paris 1983, S. 42-43, zit. n. Rierre-André Taguieff, La force du préjuge ..., S. 79-80 und 509. Beide Autoren beziehen sich auf die Vorstellung, Juden seien ein besonderes, mit vielen negativen Zügen ausgestattetes Volk. Zeitgenössische ideologische Verwendungen des Begriffs Fremdenfeindlichkeit begründen die Ausgrenzung von Ausländern mit der angeblichen Neigung von Gruppen, sich zur Sicherung ihrer Beständigkeit abzuschließen.

28 Die ambivalente Bedeutung des Begriffs »Ethnizität« - ein Wort zur Bezeichnung von kultureller Identität - ist ein aufschlußreiches Beispiel für einen solchen Bedeutungswandel, denn das Wort wird auch zur Bezeichnung einer Art substanzialisierter Identität benutzt. Vgl. Verena Stolcke, »Is gender to sex as race is to ethnicity?«, Teresa del Valle (Hg.), Gendered Anthropology, Routledge, London 1993.

29 E. Lawrence, »Just plain common sense: the "roots" of racism«, Centre for Contemporary Cultural Studies, University of Birmingham, The Empire Strikes Back: Race and Racism in the 70s Britain, Hutchinson, London 1982, S. 83.

30 Antonio Perotti, La lutte contre l'intolerance et la xenophobie dans les activités du Conseil de la Cooperation Culturelle du Conseil de l'Europe, 1969 - 1989, Conseil de la Cooperation Culturelle, Division de l'enseignement scolaire, Strasbourg 1989, S. 14-15.

31 Reinhart Koselleck, »Zur historisch-politischen Semantik asymmetrischer Gegenbegriffe«, Reinhart Koselleck, Vergangene Zukunft. Zur Semantik geschichtlicher Zeiten, Suhrkamp, Frankfurt a. M. 1979, S. 211-259.

32 Jean Leca, »La citoyenneté en question«, Pierre-André Taguieff (Hg.), Face au racisme, Bd. 2: Analyses, hypothèses, perspectives, Éditions La Découverte/essais, Paris 1992, S. 314. Bedauerlicherweise verfolgt Leca die politisch-ideologischen Konsequenzen der Frage nicht, ob Nationalität als Voraussetzung für Staatsbürgerschaft in "biologischen" oder "vertraglichen" Kategorien und entsprechenden Gesetzesänderungen definiert wird, obwohl er die beiden Modalitäten erwähnt.

33 Stéphane Beaud & Gérard Noriel, »Penser l'integration des immigrés«, Pierre-André Taguieff (Hg.), Face au racisme, Bd. 2: Analyses, hypothèses, perspectives, Éditions La Découverte/ essais, Paris 1992, S. 276.

34 Vgl. Catherine Wihtol de Wenden, Citoyenneté, nationalité et immigration, Arcantére Éditions, Paris 1987; Catherine Wihtol de Wenden (Hg.), La Citoyenneté, Edilig/Fondation Diderot, Paris 1988; Smain Laacher (Hg.), Questions de nationalité. Histoire et enjeux d'un code, Éditions, l'Harmattan, Paris 1987; Maurice Genty, Paris 1789-1795. L'apprentissage de la citoyenneté, Messidor/Éditions sociales, Paris 1987; Ann Dummett &

Andrew Nicol, Subjects, Citizens, Aliens and Others. Nationality and Immigration Law, Weidenfeld and Nicolson, London 1990; Gérard Noiriel, Le dreuset francais. Histoire de l'immigration XIXe-XXe siècles, Éditions du Seuil, Paris 1988; Pierre-André Taguieff (Hg.), Face au racisme, Bd. 2: Analyses, hypothèses, perspectives, Éditions La Découverte/essais, Paris 1990.

35 Der kürzlich erschienene Artikel von Michel Wieviorka, »L' expansion du racisme populaire«, Pierre-André Taguieff (Hg.), Face au racisme, Bd. 2, S. 73-82, ließe sich beispielsweise angemessener als eine Beschreibung kulturellen Differenzierungsbemühens verstehen.

36 Verena Martinez-Alier, Marriage, Class and Colour in Nineteenth Century Cuba. A Study of Racial Attitudes and Sexual Values in a Slave Society, The University of Michigan Press, 1989 (2. Aufl.).

37 S. z.B. Peter Fitzpatrick, »Racism and the innocence of law«, a.a.O., der einen meiner Auffassung ähnlichen Ansatz vertritt und im zeitgenössischen Rassismus eine für den liberalen Kapitalismus typische Ideologie sieht. Eine frühere Darstellung der Rolle, die der Rassismus in der Klassengesellschaft spielt, findet sich auch in Verena Stolcke, »Women's labours: the naturalisation of social inequality and women's subordination«, in Kate Young, Carol Wolkowitz & Roselyn McCullagh (Hg.), Of Marriage and the Market, Routledge & Kegan Paul, London 1981.

38 Arthur O. Lovejoy, The Great Chain of Being. A Study of the History of an Idea, New York 1936.

39 Richard Hofstadter, Social Darwinism in American Thought, Beacon Press, Boston 1955; Robert Young, »The historiographic and ideological contexts of the nineteenth Century debate on man's place in nature«, in M. Teich & Robert Young (Hg.), Changing Perspectives in the History of Science, Kluwer, Boston 1973; Anthony Leeds, »Darwinian and "Darwinian" evolutionism in the study of society and culture«, in Thomas F. Glick (Hg.), The Comparative Reception of Darwinism, University of Texas Press, Austin 1972.

40 Louis Chevalier, Classes laborieuses et classes dangereuses á Paris, pendant la premiére moitié du XIX siécle, Hachette, Paris 1984, S. 595.

RÜDIGER GANS UND DETLEF BRIESEN

Das Siegerland zwischen ländlicher Beschränkung und nationaler Entgrenzung: Enge und Weite als Elemente regionaler Identität

Vor etwa zwei Jahren ereignete sich in Siegen ein Vorfall, der zu einigen Überlegungen über das Verständnis von regionaler Identität in dieser Stadt Anlaß gibt. In einer lauen Sommernacht im Juli des Jahres 1991 erwählten Unbekannte eine von drei Kühen aus dem mit insgesamt vier Paarhufern, einem Schäfer mit Schäferhund plus Kuhfladen bestückten Monument gegenwärtiger Siegerländer Selbstdarstellung in der Fußgängerzone »Alte Poststraße« und verwandelten den metallenen, unifarbigen Wiederkäuer mittels Spraydose in die uns allen bekannte »zarteste Versuchung seit es Schokolade gibt«. Das solchermaßen alpenländisch geadelte, jedoch lilafarbene statt purpurne Hornvieh erfreute sich tags darauf in der entlegenen Bergstadt regen Zulaufs. Alt und besonders jung sahen sich durch das Objekt zu allerlei witzigen Bemerkungen inspiriert und kreativen Taten veranlaßt, die dem gewohnten sonntäglichen Familienspaziergang eine wohltuende Abwechslung bereiteten. Kurz: das sonst eher spröde Tier wurde durch die spontanen Einfälle der Vorbeiziehenden zum Mittelpunkt des Geschehens. Allerdings währte die Freude nicht lange. Einige Tage später wurde die Kuh durch die städtische Reinigung wieder in den urprünglichen Zustand zurückversetzt. Das zuvor farblich gesonderte Tier mußte nun wieder sein vereinheitlichtes Herdendasein führen.

Die Säuberung war, wie man nun vermuten könnte, nicht nur ein Akt bürokratischer Pedanterie. Vielmehr fand das Verfahren bei Teilen der Siegener Bevölkerung Zuspruch und Unterstützung. Jene hatten den farblichen Tupfer schlichtweg als Denkmalsschändung und darüber hinaus als Verhöhnung der Region empfunden. Solche sich offenbarende Verbissenheit beim Umgang mit der regionalen Selbstdarstellung konnte jedoch nur diejenigen verwundern, denen die Initiativen um die Errichtung bzw. Erweiterung des »Denkmals« nicht mehr im Gedächtnis präsent waren. Die Figurengruppe erreichte von Beginn an bei den eher traditionalistisch eingestellten Bewohnern der Stadt hohe Sympathiewerte. Schon bald nachdem ihre ursprüngliche Gestaltung mit einer Kuh verwirklicht worden war, entstand eine Art Bürgerinitiative, die das Aufstellen weiterer Kühe bzw. die Komplettierung zur Herde mit Erfolg betrieb.

Was ist an dieser Geschichte aufschlußreich? Sie verweist, wie wir meinen, auf einen noch vorhandenen und einen verlorengegangenen Modus regionaler Selbstdarstellung als Identitätsbezeugung, die beide im letzten Drittel des 19. Jahrhunderts noch miteinander in Beziehung standen. Sie sollen im folgenden mit den Attributen »abschließend« bzw. »ausgreifend« bezeichnet werden. Wir möchten diesen konstatierbaren Beziehungsverlust zunächst begrifflich theoretisch entfalten und anschließend am Beispiel des Siegerlandes, verdeutlichen. Einige Aspekte der vergangenen Einheit von Symbolsprache und Funktion werden mit dem Blick auf das deutsche Kaiserreich ausgeleuchtet und mit der gegenwärtigen Verlustsituation kontrastiert.

1. Über die Beziehungen zwischen National- und Regionalbewußtsein in Deutschland

Regionalbewußtsein läßt sich - synchron und diachron - vor allem aus zwei Perspektiven untersuchen: Zum einen als »alltägliches« menschliches Orientierungswissen und zum anderen als symbolische Konstruktion zur Herstellung von Gruppenkohärenz. In den letzten Jahren war es üblich, regionale Identitäten oder Regionalbewußtsein im ersten Sinne als Bestandteil von allgemein verbreitetem Alltagswissen zu untersuchen. Dabei interessierten einerseits die »endogenen« Potentiale eines Regionalbewußtseins »der Bevölkerung«. Andererseits glaubte man im Regionalismus das entscheidende Medium zur endgültigen Überwindung der nationalen Identitäten zu sehen. Dabei wurde die zweite oben umrissene Perspektive vor allem in den letzten Jahren weniger beachtet. Daher sind einige der hier nur grob skizzierten, verdienstvollen Studien über Regionalbewußtsein als Alltagswissen nach unserer Ansicht doch von der Vorstellung geprägt, als ob sich das Regionalbewußtsein gleichsam als Folge komplexer werdender Kognitionen in einer Stufenfolge aufbaue. Diese reiche von viertelsbezogener, lokaler, regionaler, nationaler und europäischer schließlich zu weltbürgerlicher Identität. So richtig diese These auch sein mag, was den Erwerb oder Gebrauch solcher Identitätskonzepte betrifft, so sind doch bezogen auf die historische Genese und innere Ordnung dieser Schemata Zweifel angebracht. Nach unserer Auffassung erschwert die sogenannte »bottom-up«-Theorie ein tieferes Verständnis wichtiger Aspekte von Regionalbewußtsein. In der symbolbezogenen Betrachtungsweise – die hier im Vordergrund stehen soll – bauen sich die diversen, »territorialen« Identitäten nicht »von unten nach oben« auf. Im Gegenteil, allgemeinere Identitätskonzepte mit »höherer Reichweite« gingen und gehen den »niedrigeren« voran. Historische Genese und interne Ordnung regionaler Identitäten vollziehen sich eher »top-down«: Historisch ältere, »universalistischere« Identitätsschemata haben nach unserer Auffassung die jüngeren, partikularistischen Konzepte überhaupt erst angestoßen und entscheidend geprägt. Die innere Struktur und Ordnung von territorialen Identitätskonzepten bauen sich daher eher »von oben nach unten« auf.

Ohne am Sinn und an der Bedeutung der skizzierten soziologischen und geographischen Studien und Intentionen zweifeln zu wollen, wird daher im folgenden von deren impliziten »bottom-up« Theorie abgewichen und eine andere Betrachtungsweise gewählt: Die Perspektive wird gleichsam – um nochmals das vielleicht nicht ganz passende Bild aufzugreifen – wieder von »unten« nach »oben« gewendet; eine Vorgehensweise, die zahlreiche Vorläufer in den älteren, vor allem geschichtswissenschaftlichen Studien zum deutschen Regionalismus und Partikularismus besitzt.[1] Des weiteren interessiert daher der Zusammenhang des Regional- mit dem Nationalbewußtsein.

Von letzterem hat Norbert Elias sicherlich zurecht konstatiert, daß es »in latenter oder manifester Form... eines der mächtigsten, wenn nicht das mächtigste soziale Glaubenssystem des 19. und 20. Jahrhunderts«[2] geworden sei.

Dieses Glaubenssystem Nationalismus – so unsere These – war so erfolgreich, daß die heute noch in Deutschland feststellbaren regionalen Identitäten vor allem als ursprüngliche Anpassungsleistungen an das hegemoniale Konzept Nation gesehen werden sollten. Nationalismus hat die vielfältigen Regionalismen überhaupt erst hervorgerufen, so wie die Nationalismen ihrerseits eine spezifische Antwort auf den Universalismus der Aufklärung sind. Aus dieser Perspektive ist das empirisch konstatierbare populäre Regionalbewußtsein weniger ein »Alltagswissen«, das sich tagtäglich in sogenannten »lebensweltlichen« Lebensweisen, Handlungen, Diskursen usw. zu bewähren hat. Vielmehr ist Regionalbewußtsein eher als eine Reaktion auf den Nationalismus anzusehen, eine Reaktion auf und ein Korrektiv für den spätestens seit der Reichsgründung alle anderen Gruppenidentitäten mehr und mehr an den Rand drängenden Nationalismus. Dabei – so des weiteren unsere These – erfolgte die Anpassung der Region an die Nation in Deutschland keineswegs im Sinne der westeuropäischen »Mininationalismen«, also polarisierend; Regionalbewußtsein ist zumindest in Deutschland ein eher integratives, harmonisierendes Konzept denn eine Konfliktstrategie.

Diese These soll im folgenden an der historischen Entwicklung der oben bereits kurz charakterisierten Region, des Siegerlandes, getestet werden. Wie schon aus dem Titel hervorgeht, verweisen »ländliche Beschränkung« bzw. »nationale Entgrenzung« dabei auf zwei wichtige Problemfelder von regionaler Identität, die wir gleichfalls wesentlich durch den Anpassungsdruck und die Vorbildfunktion der (deutschen) Nation bestimmt sehen: Zum einen wirkte sich der nationale Anpassungsdruck auf die Formen und Ausdrucksweisen, auf die spezifische innere Struktur des jeweiligen Regionalbewußtseins aus. Konzeption und Inhalte des Regionalbewußtseins mußten – um ein modisches Wort zu verwenden – kompatibel zum nationalen Standard sein. Auf dieser Ebene war regionale Identität mithin strukturanalog zum Nationalbewußtsein, die Nation war das Vorbild für die Region. Zum anderen: Regional- und Nationalbewußtsein boten und bieten Leistungen an, die funktional analog und außerdem konvergent konzipiert sind. In der von uns vertretenen Sichtweise sind Regional- und Nationalbewußtsein aufeinander zulaufende Konzepte, die sich gegenseitig stützen und ergänzen.

2. Über die analogen Bildungsmuster und über die Konvergenz von Regional- und Nationalbewußtsein

Bevor diese beiden Thesen am empirischen Beispiel geprüft werden, sind allerdings zuvor noch einige weitere theoretisierende Bemerkungen erforderlich. Ihren Ausgangspunkt bilden – wie aus unserer oben skizzierten These hervorgehen dürfte – geschichts- und sozialwissenschaftliche Studien zum Nationalismus.

Die Blutspur, die der Nationalismus in der Geschichte Europas hinterlassen hat, hat diesen seit längerem zu einem zentralen, vor allem geschichtswissenschaftlichen Forschungsfeld werden lassen. Innerhalb dessen hat sich inzwischen ein relativ verfestigter Forschungsstand herauskristallisiert. Nach diesem wird die Nation heute als eine spezifische Wahrnehmungsweise von Realität begriffen, die mit bestimmten politischen Handlungsoptionen verknüpft und die bei ihrer Entstehung von zunächst genau angebbaren sozialen Gruppen getragen wird: »Der moderne Nationalismus... wird im folgenden als eine Ideologie und zugleich als politische Bewegung verstanden, die sich auf die Nation und den souveränen Nationalstaat als zentrale innerweltliche Werte beziehen und die in der Lage sind, ein Volk oder eine größere Bevölkerungsgruppe politisch zu mobilisieren. Nationalismus verkörpert also in hohem Maße ein dynamisches Prinzip, das Hoffnungen, Emotionen und Handlungen auszulösen vermag. Er ist ein Instrument zur politischen Solidarisierung und Aktivierung von Menschen, um ein gemeinsames Ziel zu erreichen.«[3]

Nach unserer Auffassung hat dieser Nationalismus nun in zweifacher Hinsicht Regionalbewußtsein inauguriert und geprägt: Nationalismus diente zum einen als Vorbild für die Konstitution von Regionalbewußtsein. Daher lassen sich die spezifischen Konstruktionspläne nationaler Bewußtheit – bei allen dann zu beachtenden Unterschieden – auch bei regionaler Identität nachweisen. Zum anderen boten und bieten Regional- und Nationalbewußtsein ähnliche Leistungen an, die zumindest im deutschen Falle konvergieren.

2.1. Regionale Identität als Miniaturisierung von Nationalbewußtsein

Nach dem einschlägigen Forschungsstand scheinen drei Faktorenbündel für die Konstitution von Nationalbewußtsein besonders bedeutsam zu sein. Erstens werden nationale Identitäten durch eine jeweils spezifische Kombination von modernen, d.h. säkularen, primordialen Identitätskriterien »unverwechselbar« gemacht: Beispiele sind Sprache, Kultur, Lebensraum, Geschichte, Volkstum. Diese Kombination von Kriterien der Einmaligkeit macht also die Gruppe, die sich durch diese konstituieren soll, überhaupt erst kenntlich und unverwechselbar. Die Identitätskriterien wirken aus- und eingrenzend, sie bestimmen und verweigern Zugehörigkeit zu einer Gruppe, die solche Konzepte tragen und artikulieren soll. Die Identitätskriterien haben noch eine weitere Funktion, denn sie transportieren allgemeine Werte und Überzeugungen.[4] Das Konzept Nation bietet also Wissen, Emotionen und darüber hinaus auch Anleitungen zum Handeln an.

Zweitens werden diese »primordialen« Elemente auf bereits bestehende oder noch zu schaffende politische Grenzen fixiert. Die Nation wird dadurch in Beziehung zu Räumlichkeit gesetzt. Auch hier zeigt sich, daß die Nation ein Konstrukt der Moderne ist: Denn in der europäischen Vormoderne war der Absolutheitsanspruch der terminatorischen Grenze unbekannt,[5] es existierten lediglich äußerst komplexe Grenzräume für die stark diversifizierten Herrschaftsansprüche. Das Konzept der Nation bedient sich also einer modernen Vorstellung eines real existenten »Container-Raumes«.[6] Das sichert zugleich den Anschluß an die Bestrebungen neuzeitlicher Staatlichkeit, einen solchen Raum politisch, sozial, kulturell und militärisch auch tatsächlich homogen auf eine »endgültige«, terminierende Grenze hin herzustellen. Diese Verräumlichung wird man sogar als den eigentlichen »Trick« des Nationalismus anzusehen haben: den Entwurf von Gruppenidentitäten auf ein definitiv abgrenzbares Territorium und deren Kombination mit politischen Interessen. Erst durch diese Verräumlichung erhält Nationalismus seine spezifische Dynamik und zugleich seine hohe Erklärungskraft, er bekommt das erforderliche Gegenüber, welches dann den Gebrauch dieses nationalen Konzepts fortlaufend bestätigt, ja verstärkt.[7]

Drittens handelt es sich bei Nationalbewußtsein um ein pädagogisierbares Konstrukt bestimmter sozialer Gruppen, die es inaugurieren und prägen. Mit den Worten von Eisenstadt: »Im Fall der Moderne... setzt sich die Gruppe der Konstrukteure zusammen aus der kulturellen »Intelligenzia« und politischen »entrepreneurs«, die - natürlich in ununterbrochener Auseinandersetzung mit ihrem kulturellen und sozialen Umfeld - an der Ausdifferenzierung nationaler Identität in hervorragender Weise beteiligt sind.«[8]

Es existieren nun eine Reihe von Entsprechungen zwischen regionalen und nationalen Identitätskonzepten. Zum einen ist das Repertoire der säkularen Elemente, mit denen Nationalbewußtsein »unverwechselbar« gemacht wird, deckungsgleich mit den primordialen Elementen regionaler Identitätskonstitution: Geschichte, Sprache, Landschaft, Ethnie, also sowohl menschliche als auch »räumliche« Kriterien. Die Landschaft, die Geschichte, das Brauchtum, der Dialekt, sie grenzen die Region genauso ab wie - dann allerdings in einer erweiterten Fassung - die Nation. Weiterhin sprechen beide Konzepte bestimmte Wertehierarchien an, die im Falle eines extremen nationalen Konformitätsdrucks sogar (beinahe) identisch sein können. Nation wie Region bieten einen emotionalen Orientierungsrahmen aus Liebe, Treue, Glauben, Gewißheit usw. Außerdem spielt die Vorstellung eines Raumes für beide Identitätskonstruktionen eine zentrale Rolle: auf symbolische Weise über die primordialen Elemente – Landschaftsästhetik bzw. Natur – und über einen tatsächlich als Container-Raum definierten Gültigkeitsbereich der Konzepte. Die Region benötigt genauso wie die Nation eine partielle Entsprechung in der »Realität«, die sie auf Grenzen im Raum bezieht, eine fiktionale »Reichweite« im sogenannten euklidischen Raum. Nur auf diese Weise kann das Konzept Region überhaupt Erklärungskraft beanspruchen. Durch die Grenze wird es jedenfalls möglich, den Blick des Betrachters durch die Region scheinbar zu spiegeln und somit ein Territorium emotional aufzuladen, so wie dies im nationalen Rahmen ebenfalls geschieht. Schließlich werden beide Konzepte von bestimmten Gruppen erfunden, propagiert und durchgesetzt. Regionalbewußtsein wird – jedenfalls nachdem was bisher bekannt ist – ebenso wie nationale Identität von bestimmten sozialen und kulturellen Gruppen ins Leben gerufen und konstruiert, vorzugsweise von solchen, die über politische Macht oder kulturelle Definitionsmonopole verfügen.[9]

2.2. Über die Konvergenz von Regional- und Nationalbewußtsein

Regionen sind allerdings nicht nur, was deren distinktive Elemente betrifft, verkleinerte Kopien von Nationen: National- und Regionalbewußtsein sind offensichtlich auch funktional verschränkt; beide Konzepte dienen dazu, für ihre Benutzer ähnliche oder analoge Leistungen anzubieten. Ausgangspunkt für diese spezifische Verschränkung von Nation und Region ist die Entstehung der modernen Nationalstaaten, die hier nur kurz am deutschen Beispiel erörtert wird. Die Reichsgründung von 1871 und die nachfolgende »Innere Reichsgründung« spielten sich unter »verpreußenden«, unitarisierenden Vorzeichen ab. Das bisher noch weit verbreitete Konzept eines lockeren deutschen Staatenbundes wurde zugunsten eines – zumindest dem Anspruch nach – »preußisch möblierten Einheitsstaates« (Langewiesche) aufgegeben. Die Zusammenfassung eines Gebietes, das in dieser Form noch nie zusammengehört hatte, führte zu neuen Formen von Zentrum-Peripherie-Konflikten, die artikuliert und partiell gelöst werden mußten.¹⁰ Regionale Identitäten sind in diesem Rahmen also Angebote, diese Konflikte so zu verstehen, daß die realen Divergenzen nicht zu Auflösungserscheinungen des Nationalstaates führen. Diesen Angebotscharakter der Region kann man auch im Rahmen der sogenannten Konvergenzthese thematisieren.¹¹ Vereinfachend formuliert besagt die Konvergenz-These: Bei der massenhaften Konstituierung regionaler Identitäten, wie sie etwa seit der »Inneren Reichsgründung« im Deutschen Reich beobachtet werden kann, handelte es sich nicht um die Artikulation älterer, partikularer, vornationaler Identitätskonstrukte, sondern um die Funktionalisierung von partikularen Konzepten für die nationale Integration. Dabei haben die »alten Identitäten«¹² eine entschiedene Neukonstitution erfahren.¹³

Der eigentliche Anknüpfungspunkt für die Konvergenz zwischen Nation und Region ergibt sich daraus, daß sich Nationalismus als soziale Bewegung in zwei deutlich unterscheidbare Phasen unterteilen läßt: als Nationalismus vor und nach der Errichtung eines Nationalstaates. Zwar gelten hier die berechtigten Einschränkungen von Langewiesche: »Es wäre unzulässig vergröbert, den Nationalismus vor der Gründung des Nationalstaates als durchweg demokratisch, egalitär und progressiv zu bezeichnen, um vor dieser hellen Folie scharf eine zweite Phase mit einem nach außen und innen aggressiven Nationalismus abzuheben.«¹⁴ Aber mit Recht weist Langewiesche ebenfalls darauf hin, daß sich zwischen Einigungskriegen und Innerer Reichsgründung eine wesentliche Transformation des deutschen Nationalismus vollzogen hat. Denn mit der Gründung des Deutschen Reiches hatte die deutsche, nationale Bewegung zunächst ihr wichtigstes Ziel erreicht. Das führte zu einer grundlegenden Veränderung des symbolischen Konstruktes Nation. Nation wurde vom »symbolic link« einer politischen Bewegung zum Medium einer staatlichen Herrschafts- und Integrationsstrategie transformiert; die vielzitierte Verschiebung vom »linken« zum »rechten« Nationalismus fand daher in dieser Zeit ihren Abschluß.¹⁵ Das anscheinend saturierte Kaiserreich verlangte nun nicht nur nach einer Abgrenzung nach außen, sondern nach einer »Absicherung nach unten«. Im

Jahre 1871 lebten noch viele Menschen im neugegründeten Deutschen Reich außerhalb der Nation: Der Nationalstaat war zwar jetzt vorhanden, doch entdeckte man nun vielfältige soziale und wirtschaftliche Antagonismen in seinem Inneren. War die Nation bisher sozial exklusiv gewesen, so sollte sie nun inklusiv, tatsächlich auf alle »Deutschen« ausgedehnt werden. Dazu entwickelten vor allem die herrschenden Eliten eine Doppelstrategie von gleichzeitiger Desintegration und Integration: Zum einen wurden nun bestimmte Gruppen – Katholiken, Arbeiter, Polen – als innere Reichsfeinde ausgemacht und ausgegrenzt. Zum anderen wurden als Integrationsangebote positive Leitbilder entworfen und angeboten.

Dies machte sich die bald aufblühende Regionalbewegung zur Aufgabe. Sie definierte Region im zeitgenössischen Sinne als »Heimat«. Die aufblühende Heimatbewegung lieferte die zur Absicherung des Nationalen »nach unten« erforderlichen, pädagogisierbaren Leitbilder. Daher verwundert es kaum, wenn an ihrer Spitze »Bildungsbürger« oder professionelle Erzieher standen.[16] Ganz im Sinne des »pädagogischen Zeitalters der Identitätskonstitution«[17] entwarf die Regional- und Heimatbewegung nationale Leitbilder in einen »Meso-Raum« hinein: Über diese Regionalisierung wurde das Nationale nun auch für Mitglieder von Gruppen lehr- und lernbar, die bisher außerhalb der Nation gestanden hatten, wie etwa Katholiken und Sozialdemokraten. Damit bediente sich die nationalistische Pädagogik des »Nutzens räumlicher Identität in ihrem Beitrag zur Entwicklung und Aufrechterhaltung der personalen Einheit menschlicher Individuen«[18], sie verwandelte die das Nationale bedrohenden Divergenzen in Bestätigungen und Absicherungen der Nationalität. Die bisher bestehenden kulturellen oder sozialen Divergenzen wurden dadurch nicht zum Verschwinden gebracht, sie wurden jetzt nur neu interpretiert. Ältere, »partikulare« Identitätskonzepte wurden dabei teilweise benutzt, aber gleichzeitig entscheidend umformuliert. Solche spezifische Aufladung des Regionalen durch das Nationale nationalisierte regionale Identitätskonstrukte so stark, daß der ältere »Sinn« der partikularen Elemente weitgehend in den Hintergrund gedrängt wurde. Entweder bedeutete Bayer-, Kölner- oder Siegerländersein nun etwas völlig anderes als vor ihrer »Nationalisierung« oder die älteren Konzepte wurden nun ganz von der neuen Dichotomie »natürliche, organische Nation bzw. Region« ersetzt.[19]

Dies erlaubt zwei Schlüsse: Zum einen werden nochmals die strukturellen Analogien von National- und Regionalbewußtsein offensichtlich. Auch regionale Identifikation konstituiert sich als Wahrnehmungsweise, wird von bestimmten sozialen und kulturellen Gruppen initiiert, transportiert allgemeine Werte und mitunter auch politische Handlungsoptionen. Überspitzt formuliert: Die Region ist - zumindest in Deutschland - die Nation im kleinen. Unter dieser Perspektive ist regionale Identität, zumindest in diesem Zeitraum der massenhaften Konstruktion von regionalen Leitbildern[20], eine Analogiebildung zu nationaler Identifikation, ja sogar Transmissionsriemen der Erziehung zum Nationalen, der sich lediglich bestimmter primordialer Elemente älterer Identitätskonzepte bedient. Zum anderen ist die regionale ebenso wie die nationale Identität kein aus der Vorzeit überkommenes Relikt, sondern eine Errungenschaft der Moderne:[21] Sowohl National- wie auch Regionalbewußtsein konnten erst dann konstituiert werden, als bereits moderne Formen der abstrakten, abstrahierenden Zuweisung von Eigenschaften, Abgrenzungen und Rollen bekannt waren. Vor allem benötigten sie die Vorstellung von einem »absoluten«, genau abgrenzbaren Raum, der sich nicht in einzelnen Begrenztheiten erschöpfte.

3. Das Siegerland zwischen Enge und Weite im Deutschen Kaiserreich

Wie löste nun die Region Siegerland das doppelte Problem, sich einerseits in der Abgrenzung nach innen und Kenntlichkeit nach außen nationalisierender Symbole zu bedienen und so anererseits zugleich konvergent zum hegemonialen Nationalismus zu sein?

Die zu Beginn erzählte kleine Geschichte ist natürlich nicht alleine für die Stadt Siegen symptomatisch. Es ließen sich genügend kleinere oder auch größere Städte in der Bundesrepublik finden, wo ähnliche Figurengruppen anzutreffen sind. Sicherlich muß man auch zugeben, daß der vor ungefähr zehn Jahren sich durchgesetzt habende Trend, in Fußgängerzonen bronzene Kuh- oder Schweineherden aufzustellen, besonders bei Kindern gut ankommt. Sicher ist aber auch, daß zumindest in den meisten Fällen dies nicht die ausschlaggebende Motivation für die Errichtung der Figurengruppen gewesen ist. Es verwundert zudem, daß Städte in Zeiten der Wiederentdeckung des Urbanen mittels agrarischer Symboliken emotionale Zustimmung bei ihren Bewohnern zu erzeugen versuchen, und dies offensichtlich mit Erfolg. Damit wird eine Vorstellung von regionaler Identität in der Form von Heimat signalisiert, deren inhaltliche Ausfüllung bereits durch die Heimatbewegung am Ende des 19. Jahrhunderts erfolgte war: Heimat, das sollte identisch sein mit dem ländlich-dörflichen Lebensraum. Daß heute z.B. eine Stadt wie Siegen mit immerhin 110.000 Einwohnern, Zentrum einer Industrieregion und Hochschulstandort, sich Zeichen auswählt, deren Semantik nicht nur auf Agrarromantik, sondern – negativ gewendet – auch auf antiurbane Traditionen einer Kultur- und Zivilisationskritik in Deutschland zurückverweist, verdeutlicht die dem Konzept innewohnende Problematik. Diese Form der Selbstdarstellung tendiert zum Ab- und Ausschluß, versucht Heimat unter der »Käseglocke« zu konservieren.[22] Aus der Sicht dieser »inneren Emigration« erscheinen die zeitlichen Veränderungen, »der Lauf der Welt« als etwas Äußerliches, zu dem man sich nicht in Beziehung setzen muß.

Das war nicht immer so, womit der ausgreifende Modus regionaler Identitätsbildung näher beleuchtet werden soll. Die zu Beginn des 20. Jahrhunderts in Siegen errichteten Denkmäler, die die Region und den Charakter ihrer Menschen widerspiegeln sollten, stellten in eindeutiger Weise die Montan- und die Schwerindustrie in den Mittelpunkt. Die Statuen des Siegerländer Bergmanns und Hüttenmanns, von der Bevölkerung liebevoll »Henner und Frieder« genannt, fungierten sogar als

Repräsentationsstücke des Siegerlandes auf der großen Industrieausstellung 1902 in Düsseldorf.[23] Obwohl beide Statuen in ihrer äußeren Ausformung und den ihnen zugedachten Attributen sozialromantische Züge trugen, blieb immer deutlich, daß sich das Siegerland als Industrieregion definierte. Damit wurde eine Verbindung zum die Zeit beherrschenden technischen Fortschrittsparadigma hergestellt. Man wollte also über sich selbst hinausweisen und reihte sich in einen allgemeinen Entwicklungsprozeß ein, so daß der Wert des regionalen Selbstbildes erhöht wurde.

Diese Einordnung in übergreifende Zusammenhänge, um den Stellenwert in der Rangliste der Regionen zu dokumentieren, zu sichern und wenn möglich zu verbessern, erfolgte jedoch noch auf eine andere Weise, nämlich durch die Verknüpfung mit dem Konzept Nation. Dies am Beispiel nationaler Denkmalsaktivitäten in Siegen zwischen 1877 und 1900 zu erläutern soll im folgenden den eigentlichen Schwerpunkt der Ausführungen darstellen.

Regionale Identifikationen bzw. regionale Identifikationsangebote haben im Verlauf des 19. Jahrhunderts ihre zeitliche Tiefendimension durch die Beschäftigung mit der »heimatlichen« Geschichte erhalten.[24] Diese diachrone Achse wurde von einer synchronen Achse geschnitten. Sie betont das konkurrierende Nebeneinander oder ergänzende und bedingende Ineinander, also die nicht isolierte Gleichzeitigkeit originär moderner Identifikationskonzepte. Nation und Region verschränkten sich demnach im 19. Jahrhundert ineinander, so daß daraus für die interdisziplinäre Forschung die Konsequenz gezogen werden muß, beide Identifikationsangebote und -muster in ihren gegenseitigen Beeinflussungen zu analysieren. Wenn beide Konzepte eine Struktur wechselseitiger Bezüge bilden, dann müßten sich nicht nur in den Äußerungen zur »Heimat« nationale, sondern analog in den Verlautbaren zur Nation auch regionale Aspekte entdecken lassen.[25]

Denkmäler sollen nicht nur an diejenigen Personen oder Ereignisse erinnern, die sie darstellen bzw. vergegenwärtigen. Sie stellen darüber hinaus, wenn das nicht sogar ihr eigentlicher Zweck ist, zwischen dem Erinnerten und dem Stifter einen

Sinnzusammenhang her. Dieser muß, wenn er nicht in offensichtlicher Weise im Monument verkörpert ist, durch »Begleitmaßnahmen« hergestellt und gestützt werden. Das geschieht im allgemeinen auf zwei Wegen. Einerseits durch symbolische Handlungen wie Feiern zur Grundsteinlegung und Enthüllungsfestakte mit den dazugehörigen offiziellen Reden, andererseits durch deren publizistisch propagandistische Einbindung in der Presse. Für eine historische Untersuchung geben demnach die Verlautbarungen der Regionalpresse und insbesondere auch Festschriften einen geeigneten Quellenbestand ab.

Denkmäler als Teile »objektivierter Kultur«[26] liefern demnach Interpretationsanlässe, mehr noch, sie stellen Interpretationsanforderungen. Sie werden also wiederum mittels Kultur, d.h. durch »organisierte bzw. zeremonialisierte Kommunikation«[27], symbolische Handlungen und Diskurse gedeutet. Die jeweilige Deutungsleistung offenbart eine »identitätskonkrete Wissensstruktur«[28], ein Wissen, das die Identität einer Gruppe, in der Regel die Stifter und die sich mit ihnen Identifizierenden, durch Distinktion und Individualisierung produziert, sichert und modifiziert. Nun besitzen Symbole, zu welchen Denkmäler zu zählen sind, in Abhängigkeit davon, welche soziale Stiftergruppe sich mit ihnen identifiziert, verschiedene Grade von Verbindlichkeit. »Es gibt wichtige und unwichtige, zentrale und periphere, lokale und interlokale Symbole, je nach der Funktion, die ihnen in der Produktion, Repräsentation und Reproduktion dieses Selbstbildes zukommt.«[29] Welche Verbindlichkeit für wen haben also nationale Denkmäler in der Provinz?

Zur Zeit herrscht in der Forschung Übereinstimmung darüber, daß das nationale Bürgertum als Stifter- bzw. maßgebliche Resonanzgruppe nationaler Denkmäler anzusehen sei. Mit ihnen feierte es sich selbst und setzte sich als soziale Formation in Beziehung zur Nation.[30] Wenn man den Blick auf die großen Nationaldenkmäler richtet, für die national übergreifende Initiativen und Sammlungen veranstaltet wurden, so ist dem in der Grundaussage sicherlich zuzustimmen.[31] Betrachtet man jedoch Denkmäler in der Region, die dort von einem bestimmten Teil ihrer Bewohner nicht zuletzt zum Zweck der kollektiven Selbstvergewisserung errichtet wurden, so sind andere Rückkopplungseffekte zu erwarten. Es ist ja nicht unwichtig, wenn ein Denkmal durch die Initiative der Bevölkerung einer Stadt oder einer Region in Berlin, Hamburg, München oder Siegen errichtet wird. Es ist dann nicht das nationale Bürgertum als Gesamtheit, sondern es bildet in diesem Fall z.B. die Bürgerschaft der Stadt Siegen oder das Siegerland in Abgrenzung zu anderen Städten und Gegenden das Stifterkollektiv, das neben und in Verbindung mit seiner sozialen auch seine regionale Identität in der Beziehung zur Nation symbolhaft ausdrücken, demonstrieren und nach Möglichkeit über sich hinaus als verbindlich durchsetzen möchte.

Während die Produzentenseite von Identifikationsangeboten bei Denkmalaktivitäten bezüglich der Quellen (s.o.) relativ problemlos zu untersuchen ist, stellt die Klärung der Frage, wieweit diese Angebote von welcher Gruppe überhaupt rezipiert oder aufgenommen worden sind, immer noch ein sowohl quellenmäßiges als auch methodisches Problem dar.[32] Konkret gefragt: Waren die für eine Provinzstadt wie Siegen zahlenmäßig recht ansehnlichen Besucher bei den Denkmalfeierlichkeiten »nur« an den damit verbundenen Vergnügungen interessiert? Wollten sie sich nicht lieber am Bier statt an nationalen Sprüchen berauschen? Es wäre unredlich, dies kategorisch zu verneinen, aber einiges spricht doch für eine Einschränkung.

Denkmalfeiern und -enthüllungen im 19. Jahrhundert waren durch das neuartige Phänomen der Masse gekennzeichnet. Masse wird hier nicht in schlechter deutscher Tradition pejorativ begriffen, sondern als historisches Faktum aufgefaßt, das eine neue Form von öffentlicher politischer Kommunikation bestimmte.[33] Es ist schwerlich vorzustellen, daß die sinnliche Qualität der Feiern, die weihevolle, pathetische Zeremonie verbunden mit Gottesdienst, Gesang und Reden, die bunte, schmuckvolle äußere Festumgebung, Illuminationen und Fackelzüge, die Inszenierung von Gemeinsamkeitserlebnissen überhaupt, kurz: der ganze emotional ansprechende Gehalt dieser Veranstaltungen, ohne Einfluß auf die Wahrnehmung der damit transportierten Inhalte gewesen sein sollen.[34] Auf die jeweils genaue Beschreibung des Zeremonieverlaufs muß im folgenden nicht besonders eingegangen werden. Die Enthüllungsfeiern folgten dem stereotypen Ablauf des nationalen Festes im 19. Jahrhundert, wie er durch die Feste von 1814 zum Andenken an die Leipziger Völkerschlacht begründet und wiederum, bezogen auf das Nationaldenkmal, bei der Enthüllungsfeier des Hermann-Denkmals 1875 aufgefrischt worden war.[35] Dazu gehörten patriotische Reden der Honoratioren, der Gesang vaterländischer und religiöser Lieder, nationale Predigten eines Pfarrers, Umzüge der anwesenden Vereine mit Musik, meistens Kirchenläuten und Böllerschüsse, also die typische »Mischung von Deutschtum und Protestantismus«[36].

Zwischen 1877 und 1900 wurden in Siegen drei nationale Denkmäler errichtet: 1877 das Kriegerdenkmal in Gestalt einer Germania, 1892 das Kaiser Wilhelm I.-Denkmal und schließlich 1900 das Bismarck-Denkmal. Die ersten beiden hatten ihren Standort auf dem Marktplatz gegenüber dem Rathaus bzw. gegenüber der evangelischen Nikolaikirche. Das Bismarck-Denkmal befand sich auf dem Schloßhof des Unteren Schlosses. 1892 mußte das Kriegerdenkmal von seinem ursprünglichen Platz auf dem unteren Marktplatz dem Kaiser Wilhelm I.-Denkmal weichen und auf den oberen Marktplatz, den Bismarck-Platz, verlegt werden. Bis auf die aus Sandstein gefertigte Germania existiert heute keins der Denkmäler mehr. Die beiden Bronzestatuen Wilhelms I. und Bismarcks sind im Zweiten Weltkrieg zu ihrer eigentlichen Vollendung gelangt, zu dem, was sie der späteren Propaganda nach schon immer sein sollten, nämlich Kanonenrohre.

Entwurf und Ausführung aller Denkmäler stammten von dem in Siegen geborenen Königsberger Kunstprofessor Friedrich Reusch (1843-1906).[37] Reusch war ein Schüler Albert Wolffs und hatte diesen schon beim Friedrich Wilhelm III.-Denkmal im Berliner Lustgarten unterstützt. Zwischen 1876 und 1900 wurden von ihm insgesamt zehn nationale Denkmäler in verschiedenen größeren Städten Deutschlands errichtet.[38] Reusch war demnach ein anerkannter, den Geschmack der Zeit treffender Künstler.[39] Bei den Denkmalenthüllungen in Siegen wurde daher auch immer wieder auf den »berühmten Sohn unserer hiesigen Bergstadt« hingewiesen.

Im folgenden werden die Denkmalaktivitäten in der Entwicklung von der Idee bis zur Enthüllung nicht umfassend einzeln behandelt. Vielmehr greifen wir einige markante Ereignisse heraus, um daran unsere These zu erläutern.

Hinsichtlich des Germania-Denkmals erweist sich die Grundsteinlegung mit der dazugehörigen Feier als besonders aufschlußreich. Sie fand am 15. Mai 1877 in Anwesenheit der Mitglieder des Denkmalkomittees – also des Initiatorenkreises –, des Bürgermeisters, Repräsentanten des Magistrats, der Stadtverordnetenversammlung, des Kriegervereins und des Lehrerstandes statt.[40] Man hatte sich dahingehend geeinigt, »eine Anzahl für unsere Nachkommen interessanter Gegenstände in ein Glasgefäß zu geben und nebst einer Urkunde in den Grundstein des Sockels zu vermauern«. Dazu gehörten die Schriften über die Siegesfeste von 1866 und 1871, ein Exemplar der Siegener »Riemscher«[41], die Liste der Bürgerschaft aufgrund der letzten Stadtverordnetenwahlen, der städtische Haushaltsetat von 1876, die neuesten Nummern der in Siegen erscheinenden Zeitungen, einige Münzen sowie Proben von Eisenerz. Der Inhalt der Urkunde beschrieb noch einmal die Geschichte der Denkmalinitiative, betonte ihr doppeltes Motiv – Erinnerung an die Reichseinheit und Ehrung der dafür aus dem hiesigen Bezirk Gefallenen – und die Tatsache, daß der gesamte Betrag aus freiwilligen Spenden der Bürgerschaft zusammengetragen worden war.

An den Einzelheiten der Grundsteinlegung wird deutlich, daß sich anläßlich dieses symbolischen Aktes alle wichtigen Gruppen und Institutionen der Stadt Siegen hinter die Errichtung des Denkmals stellten. Darüber hinaus wird ersichtlich, wie diese Personen als Repräsentanten einer Stadt oder einer Region sich zur Nation in Beziehung setzten. Zunächst mußte die Region definiert werden, indem festgelegt wurde, was von ihr überlieferungswert und von Dauer sein sollte. Das geschah über Mundartdichtung und Eisenerz, also über Sprache und Boden und damit auch über Arbeit. Hier griffen die Protagonisten der Stadt also auf schon bewährte und verfestigte, inhaltlich verschieden ausfüllbare Distinktionsmuster regionaler Identifikation zurück, die für die Region nicht typisch waren, sondern geradezu als romantischer Überhang ein Kennzeichen des 19. Jahrhunderts darstellten.[42] Hinzu kam nun, daß durch die Reichsgründung die Notwendigkeit entstanden war, die Eigentümlichkeit der lokalen und regionalen Lebenswelt neu zu verorten, um einem gewandelten Orientierungsbedürfnis zu genügen. Symbolisch wurde dies dadurch gelöst, daß die individualisierte Region als tragendes Fundament die Nation sicherte und stabilisierte. Die damit vollzogene Wertsteigerung der Nahwelt beruhte demnach auf einer schon anerkannten absoluten Würde des Nationalen.

Ganz anders verhielt es sich mit dem Kaiser Wilhelm-Denkmal von 1892. Hierbei trat besonders ein obrigkeitlich-etatistischer Charakter an den Tag, der beim der Denkmalenthüllung folgenden Festmahl noch einmal seinen verbalen Niederschlag fand. Auf die ostentative Lobpreisung des mit der Nation als identisch vorgestellten Monarchen bei der Enthüllungsfeier durch die Vertreter der Stadt erfolgte deren ebenso ostentative Belohnung durch die Vertreter der Staatsmacht. Für ihre gute nationale Gesinnung erhielt die Siegener Bürgerschaft ihre regionale Eigenart »von oben« bestätigt. Deutlich kommt dies in der Ansprache des Arnsberger Regierungspräsidenten zum Ausdruck.

Er habe die Überzeugung gewonnen, daß in Siegen »warmer Patriotismus und Anhänglichkeit an das Herrscherhaus« zu finden sei. Anschließend sprach er das aus, was alle Anwesenden der städtischen Körperschaften hören wollten. »Wer das Andenken großer Männer ehrt, der ehrt sich selber. ... Auf, Ihr Söhne des Siegerlandes, bewahrt die Treue und haltet fest das Errungene, – das eine nicht ohne das andere! Bewahrt die Treue dem deutschen Vaterlande, dem Kaiser wie dem Reich, bewahrt den alten rechten Sinn der Siegerländer dem allgeliebten Sprossen des Hohenzollernstammes, bewahrt auch treu und fest die gute Sitte, Eure Tradition, wie sie Euch von den Vätern überkommen ist ... «[43] Die Rede endete mit einem Trinkspruch auf die Stadt Siegen und fand »allseitig jubelnden Widerhall«.

Auch die übrigen Ansprachen verdeutlichen, daß die Vertreter der Staatsmacht die Klaviatur der regionalen Topoi beherrschten und bei offiziellen Anlässen als loyalitätssichernde

Mittel »spielen« konnten. Die Stereotypen des Siegerländer Charakters waren demnach schon allgemein geläufig. In einer Art »Strategie der Herablassung«[44], die darin bestand, daß die Vertreter der als höherwertig angesehenen und akzeptierten Identifikation Nation die niedere Ebene der Heimat betraten, wurde diese mit jener verknüpft. Das war die symbolische Belohnung, die sich die Initiatoren der Denkmalinitiative erhofft hatten. Kraft der Autorität ihres Amtes bestätigten Oberpräsident und Regierungspräsident den Siegerländern ihre Eigenart, so, wie diese sich selbst sahen oder sehen wollten, und wiesen ihnen damit zugleich einen besonderen Platz innerhalb der Nation zu. Dabei waren die benutzten heimatlichen Stereotypen durchaus nicht nur auf das Siegerland anwendbar. Es fällt auf, daß sie inhaltlich den Attributen entsprachen, die man auch dem verstorbenen Kaiser zugesprochen hatte. Mit den Leitmotiven Treue, Ehrlichkeit und Biederkeit wurde also ein semantischer Bogen geschlagen, durch den jeder Siegerländer mit der Person des Kaisers in Verbindung gebracht werden konnte. In der Rede des Regierungspräsidenten zeigte sich eine starke Tendenz, den Siegerländer Charakter auf die Pflege der Tradition, auf die Wahrung des Bestehenden festzulegen. Das entsprach sicherlich auch dem gängigen Empfinden und dem Selbstbild, das in der Region vorherrschte und immer wieder insbesondere in zahlreichen ökonomischen Abwehrkämpfen und Defensivstrategien bestätigt wurde.

Als letztes Beispiel erwähnen wir das Bismarckdenkmal von 1900. Für dessen Errichtung konnten breite Bevölkerungsschichten mobilisiert werden, was im Zusammenhang der allgemeinen Verherrlichung des verstorbenen Reichskanzlers in Deutschland nicht ungewöhnlich war.[45] Die Teilnehmerzahl an der Enthüllungsfeier muß sich auf ca. 1300 - 1500 Personen belaufen haben. Der Festplatz war mit »deutschen und Siegener Farben« geschmückt. Das ganze Ambiente zeigte einen Hang zum Monumentalen, da zu beiden Seiten des Denkmals »sich mächtige, sechs Meter hohe viereckige Säulen« erhoben, »die mit weißem und rothem Tuch, letzteres mit goldenen Reichsadlern bemalt«, drapiert waren. Überhaupt waren die umliegenden Häuser und öffentlichen Gebäude vor allem mit den

Stadtfarben behangen. Wie die äußerliche Präsentation so waren auch die gedruckten Lobpreisungen Bismarcks in der Lokalpresse offensichtlich auf die Beförderung des Zusammenhangs zwischen nationaler Huldigung und regionaler Wertsteigerung ausgerichtet. In den in Gedichtform abgedruckten Festgrüßen wird dies deutlich: »Welch' reicher Dank ward Deutschlands großem Schmiede/ Nicht schon aus allen Gauen dargebracht! −/ Wie sollte da ihn nicht vor allen preisen!/ Das Land, in dessen Bergen wächst das Eisen!«, oder: »Jubelnd laß es weithin melden,/ Sieglands bergerhab'ne Stadt,/ Daß Du heut verklärst den Helden/ Urgewaltg'er Kraft und That.« Die Festreden selbst verklärten noch einmal die Leistungen Bismarcks und bezogen sich dabei streng auf die machtstaatliche Ausrichtung seiner Politik.

Die Figur Bismarck bot breiten Schichten der Siegerländer Bevölkerung einen idealen Kristallisationspunkt für die symbolische und kollektive Vergegenwärtigung und Verortung regionaler Identität. Es war nicht nur die Tatsache, daß die Bismarcksche Schutzzollpolitik der Siegerländer Industrie zu realen Vorteilen gereicht hatte. Darüber hinaus ließen sich bestimmte regionale Besonderheiten wie der Bergbau durchaus mit der gängigen nationalen Kollektivsymbolik in Einklang bringen. Der Bergbau taugte zur Symbolisierung eines nationalen Habitus, z.B durch die Hervorhebung von deutscher Gründlichkeit und militärischem Durchmarsch.[46] Die realistische Wende der deutschen Politik durch Bismarck, gebündelt in seinen berühmten Worten, daß nicht Reden und Majoritätsbeschlüsse, sondern Blut und Eisen die Geschicke der Welt verändern würden, ließ sich natürlich mit dem im Siegerland geförderten Material symbolisch hervorragend verbinden. Durch die Art der Arbeit und die Beschaffenheit des Bodens war der Siegerländer demnach von Natur dazu bestimmt, alle deutschen Tugenden doppelt in sich zu vereinen. Diese dynamische, sich mit Stärke und Macht verbindende Komponente der Bismarckverehrung war das offensive Gegenstück zu den defensiven und sozialkonservativen Attributen, mit denen die Schutzzollpolitik konnotiert war. Bismarck stellte also für die Siegerländer eine Symbolfigur dar, mit der sich sowohl die Sicherung, Einhegung überlieferter Strukturen als auch eine nationalistische, machtpolitische Entgrenzung ohne Widersprüche verbinden ließ.

Die Zelebrierung der Nation durch die Denkmalaktivitäten in der Stadt Siegen besaß also offensichtlich die Aufgabe, Verlust- und Krisenerfahrungen innerhalb der Region zu kompensieren, vielleicht sogar zu eskamotieren. Diese Art der Kompensation unterschied sich allerdings von derjenigen, die über die historische und folkloristische Selbstbestimmung lief. Diese stellte den Eigenwert eines regionalen Gebildes, die unverwechselbare Identität einer Region im Vergleich zu anderen heraus und begründete sie historisch. Jene hingegen definierte regionale Identität im Verhältnis zu einem übergeordneten Konzept, dem der Nation. Sie rückte die Nahwelt in »das große Ganze« ein und setzte das Siegerland dem auch mit Symbolen geführten Konkurrenzkampf der Regionen um die Gunst der Nation aus. Die dabei entstandene Dynamik war allerdings im 19. Jahrhundert und insbesondere nach 1871 den spezifischen Bedingungen der deutschen Nationalstaatsentwicklung unterworfen. So sollte die Nation seit der Reichsgründung vor allem eine mächtige und wehrhafte sein. Die Verbindung mit der Macht erzeugte gegenüber der in ökonomische, soziale und auch kulturelle Bedrängnis geratenen Honoratiorenschicht Siegens einen Sog, dem diese sich willig auslieferte. Vorgeprägt war die Option, sich über die Staatsmacht zu definieren, durch das affirmative Verhältnis, das die Siegerländer schon vor 1871 gegenüber dem preußischen Staat eingenommen hatten. Da Bismarck gleichermaßen sozialkonservative und machtstaatliche Attribute in sich vereinigte, kam besonders seine Person einer Sinnbestimmung entgegen, die regionales Selbstverständnis aus der Huldigung des Nationalstaats zog. Der Anpassungsdruck, den das herrschende Nationenkonzept erzeugte, führte schließlich zu einer Verflüssigung der Grenzen im Verhältnis zum Siegerländer Regionalkonzept. Das wird in der Angleichung der Metaphern und Symbole sichtbar, die schließlich qualitativ nicht mehr zu unterscheiden waren, sondern nur noch in einer quantitativen Vermehrung Differenzen erkennen ließen. So sei der Siegerländer von Natur aus schon immer besonders treu, wehrhaft etc. gewesen und habe damit angeblich ein

Vorbild an deutscher Tugend verkörpert. Mit der Anpassung der Region an die höheren Weihen der Nation versuchte man also, dem Provinzialismus zu entkommen, dem Zentralisierungseffekt seit der Reichsgründung zumindest symbolisch zu entgehen. Es galt zu demonstrieren, daß nicht nur in Berlin, sondern auch und vor allem im Siegerland gute Deutsche lebten. Die Faszination, sich symbolisch der nationalen Macht nicht nur anbiedern, sondern sogar angliedern zu können, schloß den öffentlichen Diskurs über alternative Formen regionaler Selbstvergewisserung aus.

Schluß

Alternative Deutungen, Sichtweisen, Handlungen ausschließen, das wurde auch in den Reaktionen auf die lila Kuh deutlich. Der Unterschied zum 19. Jahrhundert liegt also nicht darin, daß die Empfindlichkeiten regionalen Selbstbewußtseins bei den Teilen der Siegener Bevölkerung mit Definitionsmacht nachgelassen hätten. Die Differenz liegt woanders.

Die im letzten Jahrhundert erfolgte Engführung von nationaler und regionaler Identität besaß in der totalen Anpassung letzterer an erste ohne Zweifel problematische Züge, und wir wissen, welche Folgen die Ubiquität des Nationalen gerade für die deutsche Geschichte besessen hat. Allerdings wurde der Versuch deutlich, die Region zu allgemeinen Entwicklungen der Gesellschaft in Beziehung zu setzen und dies sowohl in der regionalen als auch in der nationalen Symbolik zum Ausdruck kommen zu lassen.

Was in Siegen und vielleicht auch in anderen Städten dieses Typs heute passiert, ist nicht mehr die Vermittlung, sondern die Trennung zwischen regionalem Selbstverständnis und übergreifenden Zusammenhängen: Die Symbolsprache der Regionalität hat sich aus ihrem ursprünglichen Kontext gelöst, ohne ihre Funktion, ein konvergentes Konzept zum Nationalbewußtsein zu ermöglichen, eingebüßt zu haben. Funktion und Form sind – teilweise – auseinandergefallen. Diese Kluft war in der Phase der »klassischen« Moderne nach 1945 besonders offensichtlich. Im Siegerland als einer verspäteten Region ist daher das »Allgemeine«, so scheint es, heute noch immer mit einer bestimmten Vorstellung von Modernität verknüpft. Siegen gehört offenbar zu den Städten, für die Moderne immer noch mit Stadtautobahn, Parkhäusern und autogerechter Anbindung an das Umland identisch ist.

Der nicht nur symbolisch zu verstehende Unterschied zwischen Stadtautobahn und bronzener Kuhherde könnte wohl nicht größer sein. Regionale Symbolik fungiert hier nur noch als Kompensation einer, wie uns heute bewußt ist, falsch verstandenen Modernität.

Siegen und die Region Siegerland machen für sich Werbung mit dem Slogan: »Siegen. Provinz voll Leben«. Spötter haben daraus »Siegen: Vollprovinz« oder »Provinz voll« gemacht. Die letzten beiden Sprüche sind sicherlich realitätsgesättigt, hinter dem ersten steht hingegen ein Anspruch. Mit Leben, das scheint klar, kann nicht die Verkehrshektik gemeint sein; mit Leben ist das »gute Leben« gemeint, woran die Bestimmungen von Modernität sich zu messen hätten. Eine so verstandene, an normativen Maßstäben orientierte Integration von Konzepten der Nähe und der Ferne müßte schließlich auch ihren städtebaulichen und symbolischen Ausdruck finden können. Das Sekuritätsverständnis von Heimat müßte entgrenzt, der imperialistische Ausgriff der Moderne dort, wo sie gegen ihre selbstgesetzten normativen Prinzipien verstößt, begrenzt werden. Statt eines kompensatorischen wäre also ein komplementäres Verhältnis zwischen »Heimatbindung und Weltverantwortung« anzustreben.[47] Dazu gehört zumindest auch die Ermöglichung offener Kommunikationen über Identität.

Anmerkungen

1 Vgl. dazu Heinz Gollwitzer: Zum deutschen politischen Regionalismus im 19. und 20. Jahrhundert. In: »Landschaft« als interdisziplinäres Forschungsproblem. Hg. von Hartlieb von Wallthor und Heinz Quirin. Münster 1977. S.54-58. Sowie vor allem - mit einer frühen Fassung der Konver-

genzthese - Heinz Gollwitzer: Die politische Landschaft in der deutschen Geschichte des 19./20. Jahrhunderts. Eine Skizze zum deutschen Regionalismus. In: Zeitschrift für Bayerische Landesgeschichte 27, 1964. S.523-552. Vgl. auch mit weiterer Literatur: Bernd Schönemann: Nationale Identität als Aufgabe des Geschichtsunterrichts nach der Reichsgründung. In: Internationale Schulbuchforschung 11, 1989. S.107-128.

2 Norbert Elias: Studien über die Deutschen. Machtkämpfe und Habitusentwicklung im 19. und 20. Jahrhundert. Hg. von Michael Schröder. Frankfurt 1990. S.194.

3 Peter Alter: Nationalismus. Frankfurt 1985. S.14. Die aktuelle weiterführende Literatur: Thomas Nipperdey: Deutsche Geschichte 1866-1918. München 1992. John Breuilly: Nationalism and the State. Manchester 1982. Nationalismus. Hg. von Heinrich August Winkler. Königstein 1978. Mommsen, Hans: Nation und Nationalstaat in sozialgeschichtlicher Perspektive. In: Sozialgeschichte in Deutschland. Band 2. Hg. von Wolfgang Schieder und Volker Sellin. Göttingen 1986. Lemberg, Eugen: Nationalismus. 2 Bände. Reinbek 1964. Willms, Bernard: Die Deutsche Nation. Köln 1982.

4 Vgl. hierzu besonders den Vortrag von Shmuel Noah Eisenstadt »The Construction of Collective Identities in a Comparative Perspective«, gehalten am 1.10.1992 auf dem deutschen Soziologentag in Düsseldorf. Eisenstadt verwies in diesem Rahmen darauf, daß partikulare und universalistische Identitätskriterien mitunter nur einen scheinbaren Gegensatz bilden. Sie sind unterschiedliche Medien, mit denen dieselben Werte transportiert werden können.

5 Vgl. Deutschlands Grenzen in der Geschichte. Hg. von Alexander Demandt. München 1990.

6 Diese Homogenisierung des Raumes findet nach unserer Auffassung eine Parallele in der gleichzeitigen Inauguration von objektivierbarer Zeitlichkeit. Vgl. Wolfgang Schivelbusch: Geschichte der Eisenbahnreise. Zur Industrialisierung von Raum und Zeit im 19. Jahrhundert. Frankfurt a.M. 1989.

7 Das führte dann zur Verselbstständigung des Faktors Raum in der politischen Geographie. »Nicht die Nationalität, nicht Bluts- oder Sprachverwandtschaft machen die Nation, sondern der Raum.« Alfred Kirchhoff: Was ist national? Halle 1902. S.38.

8 Shmuel Noah Eisenstadt: Die Konstruktion nationaler Identitäten in vergleichender Perspektive. In: Nationale und kulturelle Identität. Studien zur Entwicklung des kollektiven Bewußtseins in der Neuzeit. Hg. von Bernhard Giesen. Frankfurt 1991. S.21-38. S.21f.

9 Vgl. dazu Celia Stewart Applegate: A Nation of Provincials: The German Idea of Homeland in the Rhenish Pfalz, 1870-1955. Ann Arbor 1987. S.24ff. Silke Götsch: Die Probstei- zur Konstituierung einer regionalen Identität im 19. Jahrhundert. In: Kieler Blätter zur Volkskunde 22, 1990. S.41-64.

10 Vgl. Eisenstadt, S.31ff.

11 Richard Pieper: Region und Regionalismus. Zur Wiederentdeckung einer räumlichen Kategorie in der soziologischen Theorie. In: Geographische Rundschau 10, 1987. S.534-539.
12 Die - nebenbei bemerkt - so »alt« wiederum auch nicht waren, sondern größtenteils auf Integrationsbemühungen der Staaten des Deutschen Bundes zurückzuführen sind. Das Beispiel Bayern: Manfred Hanisch: Für Fürst und Vaterland. Legitimitätsstiftung in Bayern zwischen Revolution 1848 und deutscher Einheit. München 1991. Heinz Gollwitzer: Ludwig I. von Bayern. Königtum im Vormärz. Eine politische Biographie. München 1986.
13 Dies ist eine sehr wichtige These, weil sie auf die grundsätzlichen Strukturbrüche zwischen Deutschem Bund, Deutschem Reich und Bundesrepublik verweist. Regionen als interdependente Konzepte zur Nation oder zum »Ganzen« haben dabei jeweils entscheidende Neufassungen erfahren.
14 Dieter Langewiesche: Reich, Nation und Staat in der jüngeren deutschen Geschichte. In: HZ 254, 1992. S.341-381. S.370.
15 Dazu die Standardwerke mit den bekannten Unterschieden der Perspektive: Nipperdey sowie: Hans-Ulrich Wehler: Das Deutsche Kaiserreich 1871-1918. Göttingen 1983. S.105ff. Heinrich August Winkler: Vom linken zum rechten Nationalismus. Der deutsche Liberalismus in der Krise von 1878/79. In: Geschichte und Gesellschaft 4, 1978. S.5-28.
16 Vgl. dazu Applegate, Hartung und Briesen/Gans.
17 Vgl. dazu die Äußerungen von Aleida Assmann in diesem Band.
18 Peter Weichhart: Raumbezogene Identität. Bausteine zu einer Theorie räumlich-sozialer Kognition und Identifikation. Stuttgart 1990. S.94.
19 Zu Recht verweist Nipperdey darauf, daß die Konzepte bayerischer, preußischer, württembergischer usw. Identität in der ersten Hälfte des 19. Jahrhunderts noch wirkliche Alternativen zum deutschen Nationalbewußtsein waren. Vgl. Nipperdey 1983, S.306-307.
20 Hier bestehen Parallelen zur Blütezeit der Erfindung von Traditionen, wie sie Hobsbawm konstatiert. Vgl. Eric Hobsbawm: Mass-Producing Traditions: Europe, 1870-1914. In: The Invention of Tradition. Ed. by Eric Hobsbawm and Terence Ranger. Cambridge 1983. S.263-307.
21 Hier wird also in gewisser Weise gegen die sogenannte Persistenztheorie vom reliktischen Charakter regionaler Identität argumentiert. Pieper, S.536.
22 Antimodernismus und Reform. Beiträge zur Geschichte der deutschen Heimatbewegung. Hg. von Edeltraud Klueting. Darmstadt 1991.
23 Vgl. Alfred Lück: Der Bergmann und der Hüttenmann. In: Siegerland. Blätter des Siegerländer Heimatvereins e.V. 50, 1973. S.63-69.
24 Vgl. dazu Detlef Briesen und Rüdiger Gans: Regionale Identifikation als »Invention of Tradition«. Wer hat und warum wurde eigentlich im 19. Jahrhundert das Siegerland erfunden? In: Berichte zur deutschen Landeskunde 66, 1, 1992. S.61-73. Harm Klueting; Rückwärtigkeit des Örtlichen - Individualisierung des Allgemeinen. Heimatgeschichtsschreibung (Histori-

sche Heimatkunde) als unprofessionelle Lokalgeschichtsschreibung neben der professionellen Geschichtswissenschaft. In: Klueting, S.50-89.
25 Vgl. zum Verhältnis der beiden Konzepte aus der zuerst genannten Perspektive die Untersuchung von Applegate.
26 Jan Assmann: Kollektives Gedächtnis und kulturelle Identität. In: Kultur und Gedächtnis. Hg. von Jan Assmann und Tonio Hölscher. Frankfurt a.M. 1988. S.9-19. S.11.
27 Jan Assmann, S.11.
28 Ebd., S.13.
29 Ebd., S.14.
30 Damit wird zugleich die oben angesprochene Bedeutung der Eliten als Erfinder und Verbreiter von Identitätskonzepten deutlich.
31 Grundlegend für die Untersuchung von Nationaldenkmälern immer noch Thomas Nipperdey: Nationalidee und Nationaldenkmal in Deutschland im 19. Jahrhundert. In: Historische Zeitschrift 206, 1968. S.529-585. Wolfgang Hardtwig: Nationsbildung und politische Mentalität. Denkmal und Fest im Kaiserreich. In: Ders.: Geschichtskultur und Wissenschaft. München 1990. S.264-301. Ders.: Bürgertum, Staatssymbolik und Staatsbewußtsein im Deutschen Kaiserreich 1871-1914. In: Geschichte und Gesellschaft 16, 1990. S.269-295. Ders.: Erinnerung, Wissenschaft, Mythos. Nationale Geschichtsbilder und politische Symbole in der Reichsgründungsära und im Kaiserreich. In: Ders.: Geschichtskultur und Wissenschaft. S.224-263.
32 Vgl. dazu Hardtwig, S.266 und Hartmut Boockmann: Denkmäler und ihre Bedeutung für das Geschichtsbewußtsein. In: Geschichte und Geschichtsbewußtsein. Hg. von Oswald Hauser. Göttingen 1981. S.231-245, S. 241/242.
33 Klassisch zum Problem Masse und Politik George L. Mosse: Die Nationalisierung der Massen. Politische Symbolik und Massenbewegungen in Deutschland von den Napoleonischen Kriegen bis zum Dritten Reich. Frankfurt a.M. 1976.
34 Vgl. dazu Gerhard Brunn: Germania und die Entstehung des deutschen Nationalstaates. Zum Zusammenhang von Symbolen und Wir-Gefühl. In: Symbole der Politik - Politik der Symbole. Hg. von Rüdiger Voigt. Opladen 1989. S.101-122. Hier besonders S.102/103 und Hardtwig, S.265/266.
35 Zur Tradition der Nationalfeste vgl. Dieter Düding: Das deutsche Nationalfest von 1814: Matrix der deutschen Nationalfeste im 19. Jahrhundert. In: Ders.: Öffentliche Festkultur. Politische Feste in Deutschland von der Aufklärung bis zum Ersten Weltkrieg. Reinbeck 1988. S.67-88. und Mosse, S.77-79.
36 Ebd., S.78.
37 Vgl. Gustav Eskuche: Friedrich Reusch - ein deutscher Bildhauer. Siegen 1913.
38 Kriegerdenkmäler in Elberfeld, Hannover, Siegen, Bensberg; Kaiserdenkmäler in Königsberg, Siegen, Münster, Duisburg; Bismarck-Denkmäler in

Siegen und Königsberg und das Herzog Albrecht-Denkmal in Königsberg. Angaben bei Eskuche, S.20-25.
39 Eskuche, S.11: »Der einstige Tischlerlehrling verdient den Namen eines deutschen Bildhauers nicht, weil er nationale Krieger- und Kaiserdenkmäler geschaffen hat, sondern weil er, gleich den besten seiner Schule, mit griechischem Schönheitsgefühl deutschen Wirklichkeitssinn und deutsches Gemüt vereinigt.«
40 Zur Grundsteinlegung vgl. im folgenden Buchholz, Die Feier der Enthüllung des Kriegerdenkmals in Siegen, S.12-15.
41 Die »Riemcher uss dem Seegerland, vanm Seegerländer« sind mundartliche Reime (Riemcher), die 1867 von Jakob Heinrich Schmick, einem seit 1851 in Köln lebenden Oberlehrer aus dem Siegerländer Dorf Unglinghausen bei Netphen, veröffentlicht wurden. Vgl. dazu Kruse, Das Siegerland unter preußischer Herrschaft, S.214.
42 Vgl. dazu auch, das Gewicht von Tracht und Brauchtum betonend, Götsch, S.41.
43 Siegener Zeitung, Nr.170, 20. Oktober 1892, S.2-3, Sp.3 bzw. 1.
44 Vgl. Pierre Bourdieu: Was heißt sprechen? Die Ökonomie des sprachlichen Tausches. Wien 1990. (Originalausgabe Paris, 1982), S.46-51. Bei Bourdieu bezieht sich diese Strategie auf die objektiven, in der sozialen Einschätzung und Bewertung von Sprachen bzw. Sprachvarietäten (Standardsprache/Dialekt) sich niederschlagenden Machtverhältnisse. Insofern ist die Art, wie der Terminus hier benutzt wird, als Übertragung auf sprachliche Inhalte oder Diskursgegenstände aufzufassen.
45 Vgl. im folgenden Siegener Zeitung, Nr.243, 17. Oktober 1900 und Siegener Zeitung, Nr.245, 19. Oktober 1900
46 Vgl. dazu Gerhard/Link, S.27.
47 Peter Weichhart: Heimatbindung und Weltverantwortung. Widersprüchliche oder komplementäre Motivkonstellationen menschlichen Handelns? In: Geographie heute 100, 1992. S.30-33 u.43-44.

Region Ostfriesland?
Zum Verhältnis von Alltag, Regionalbewußtsein und Entwicklungsperspektiven in einem strukturschwachen Raum

1. Ostfriesland:
Aspekte der Fremd- und Selbstwahrnehmung

Ostfriesland gehört zu jenen Regionen, die bundesweit bekannt sind und mit denen bestimmte Imageaspekte verbunden werden. Zu dieser Bekanntheit haben in den letzten 20 Jahren v.a. die Ostfriesenwitze beigetragen, die die Menschen in dieser Region als etwas dumm und einer prämodernen Alltagslogik verhaftet, aber dennoch liebenswert und sympathisch schildern. Auch die durch etwas seriösere Quellen vermittelten Eindrücke bestätigen das Bild der Eigenarten von Land und Leuten.[1] Die darin gegebenen Beschreibungen vermitteln neben Bildern der landschaftlichen und kulturellen Spezifika der Region einen weiteren Aspekt, der mit Ostfriesland in der Außenwahrnehmung häufig assoziiert wird: die Strukturschwäche einer ländlich-peripheren Region.

Exkurs: Sozioökonomische Situation Ostfrieslands

Die zur Bewältigung dieser Strukturschwäche in den sechziger und siebziger Jahren initiierte Politik der »nachholenden Industrialisierung« hat zu keiner durchgreifenden Verbesserung der regionalökonomischen Situation geführt. Nicht zuletzt die Schließung von in dieser Phase angesiedelten industriellen Zweigwerken hat dazu beigetragen, daß Ostfriesland in den achtziger Jahren zu den bundesdeutschen Regionen mit den höchsten Arbeitslosenquoten zählte. Die gute Konjunktur der letzten Jahre hat die Strukturprobleme etwas verdeckt, sie bestehen aber weiter: So z.B. die überdurchschnittliche Bedeutung von gefährdeten Bereichen wie Landwirtschaft, Schiffbau, Militär und die extreme, durch die Ansiedlung von Zulieferbetrieben eher noch wachsende Dominanz des VW-Werkes in Emden, das allein die Hälfte aller Industriearbeitsplätze in Ostfriesland stellt. Hinzu kommt, daß die bisher wegen der Strukturschwäche der Region besonders umfangreich vorhandenen Fördermittel (Wirtschaftsförderung, Arbeitsmarktförderung usw.) durch die Veränderung der politischen Rahmenbedingungen (deutsche und europäische Integration) erheblich reduziert werden dürften.

Neben den oben geschilderten Elementen der Außenwahrnehmung Ostfrieslands gibt es einen weiteren Grund, Untersuchungen zu regionalen Bewußtseinsformen gerade in dieser Region durchzuführen: die Förderung der regionalen Kultur und der regionalen Identität sind erklärtermaßen Hauptziele der Tätigkeit der Ostfriesischen Landschaft. Diese bundesweit wohl einmalige, ca. 400 Jahre alte und aus einem ständischen Landtag hervorgegangene Institution wird seit Mitte der 70er Jahre finanziell besonders unterstützt, um die Regionalkultur durch dezentrale Verbundförderung zu stärken. Beispiele sind die Qualifizierung lokaler Museumsaktivitäten, die Pflege der Regionalsprache und des plattdeutschen Theaters, die Erarbeitung regionsbezogener Schulmaterialien und eine »Regionalagentur für Kulturtourismus«.[2]

Da bisher skizziert wurde, wie Ostfriesland von außen wahrgenommen wird und welche offiziellen Bemühungen um die Förderung regionaler Kultur und Identität es gibt, stellt sich unmittelbar die Frage, wie sich die Menschen, die in der Region leben, selbst sehen[3]. In dreifacher Hinsicht wurden daher in einer ersten Annäherung an die Gesamtthematik offenkundige »Manifestationsformen von OstfrieslandBewußtsein« erhoben:[4]

- durch die Analyse einer Leserbriefdebatte in einer Regionalzeitung zum Zusammenhang von mentalen Eigenschaften und ökonomischer Strukturschwäche in Ostfriesland;[5]

- durch eine Gruppendiskussion mit ostfriesischen Heimatschriftstellerinnen und Schriftstellern über regionale Identität und Besonderheiten;[6]
- durch eine schriftliche Befragung der Teilnehmerinnen und Teilnehmer von VHS-Kursen in verschiedenen Teilen Ostfrieslands zum gleichen Thema.[7]

Wenn man die Einzelergebnisse dieser drei Annäherungsschritte vergleichend betrachtet, lassen sich unter Absehung von allen Details folgende Zwischenergebnisse festhalten:

- Es gibt eine hohe Identifikationsbereitschaft in fast allen Bevölkerungsgruppen, insbesondere aber bei den gebürtigen »Ostfriesen«, mit der Region »Ostfriesland«.
- Es gibt ebenso eine hohe Bereitschaft, regionsspezifische Besonderheiten zu definieren: zum einen in mentaler Hinsicht (»bodenständig«, »eigenbrötlerisch«), zum anderen im Hinblick auf spezifische Alltagspraktiken: Tee trinken, Boßeln und Klootschießen, Gebrauch der plattdeutschen Sprache.
- Bei näherer Betrachtung verlieren die Eigenschaftszuschreibungen kultureller und mentaler Art erheblich an Substanz. Hinter häufig verwendeten Begriffen verbergen sich divergierende Sinngehalte.

Man könnte die bisher skizzierten Bilder und Untersuchungsergebnisse im Hinblick auf regionsbezogene Bewußtseinsformen, Chancen künftiger Regionalentwicklung und das Verhältnis beider zueinander pointiert etwa so zusammenfassen: Ostfriesland ist eine historisch gewachsene Region, die durch ihre Strukturschwäche, die Landschaft und vor allem die scheinbar ungebrochene Geltung traditionaler Sitten und Werte wie eine vormoderne Insel in einer sich rasch verändernden Welt wirkt, auf der die Menschen unter dem wachsenden Außendruck enger zusammenrücken, wo Schwarzarbeit und Fernpendeln den Lebensunterhalt sichern und die täglich mehrfachen Teezeremonien den Lebensrhythmus bestimmen.

Diese Charakterisierung, in der Selbst- und Fremdbilder ohne große Brüche zusammenzufinden scheinen, enthält zweifellos vorhandene Grundzüge »sozialer Realität«. Die Hauptfrage der Forschungsarbeit war jedoch, ob dieses scheinbar eindeutige Bild mit der Alltagspraxis und dem Alltagsbewußtsein der Menschen in der Region übereinstimmt. Dabei ging es nicht nur um die präzisere Darstellung dieses Verhältnisses, sondern auch um die Frage, was die diesbezüglich ermittelten Ergebnisse für die künftige Entwicklung der Region bedeuten können.

2. Exemplarische Studien zum Verhältnis von Alltagsbewußtsein und Regionalentwicklung in Ostfriesland

2.1. Untersuchungsansatz

Zur Strukturierung dieses komplexen Untersuchungsfeldes hat unser Untersuchungsansatz drei Komponenten (vgl. Abb. 1):[8]

1) Erforschung typischer Muster des Alltagsbewußtseins der Bevölkerung in der Region mit Schwerpunkten auf a) der räumlichen Orientierung und b) der Wahrnehmung und Verarbeitung des sozioökonomischen Wandels;
2) Analyse der sozioökonomischen Situation der Region;
3) Untersuchung der die Regionalentwicklung betreffenden Politik in der Region, dabei v.a. a) der Wahrnehmungsformen und perspektivischen Vorstellungen von Experten für Regionalentwicklung in Ostfriesland und b) der regionalpolitischen Organisationsformen.

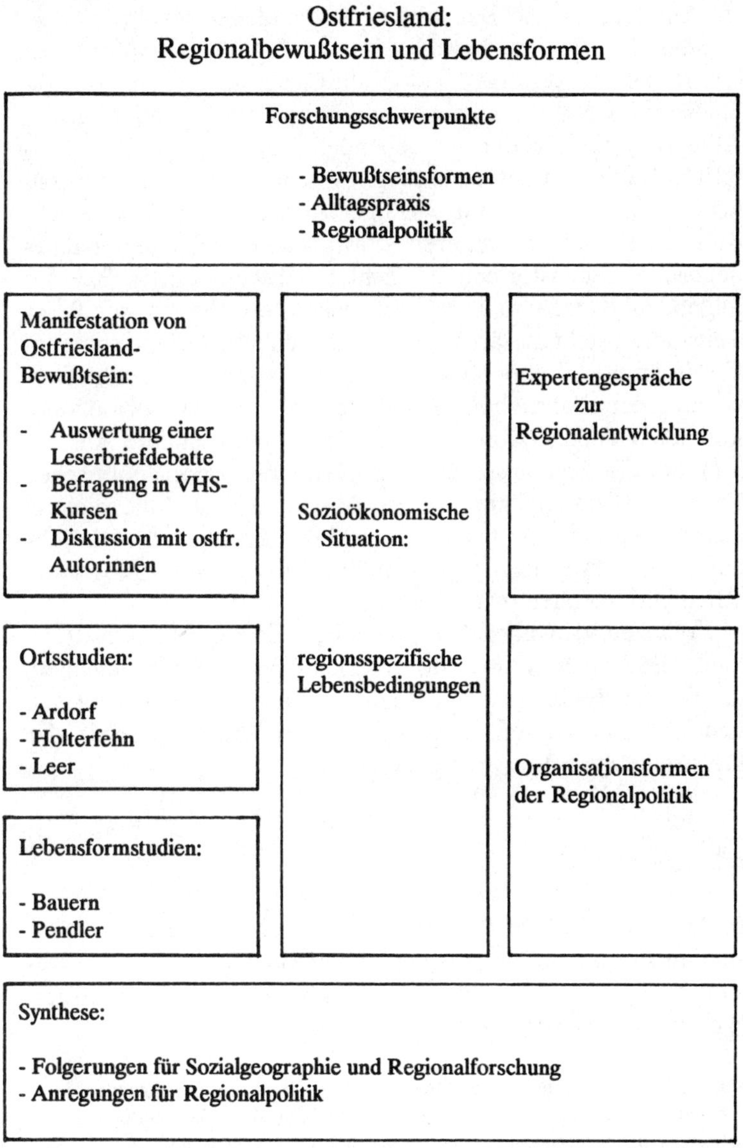

Ostfriesland:
Regionalbewußtsein und Lebensformen

Forschungsschwerpunkte

- Bewußtseinsformen
- Alltagspraxis
- Regionalpolitik

Manifestation von Ostfriesland-Bewußtsein: - Auswertung einer Leserbriefdebatte - Befragung in VHS-Kursen - Diskussion mit ostfr. Autorinnen	Sozioökonomische Situation:	Expertengespräche zur Regionalentwicklung
Ortsstudien: - Ardorf - Holterfehn - Leer	regionsspezifische Lebensbedingungen	Organisationsformen der Regionalpolitik
Lebensformstudien: - Bauern - Pendler		

Synthese:

- Folgerungen für Sozialgeographie und Regionalforschung
- Anregungen für Regionalpolitik

Abb. 1: Ostfriesland: Regionalbewußtsein und Lebensformen

Im Anschluß an die Betrachtung vorhandener Manifestationsformen des Regionalbewußtseins wurden in exemplarischen Ortsstudien in verschiedenen Kulturlandschaftstypen Ostfrieslands umfassend die lokale Situation und die Orientierung des Alltagsbewußtseins der dort lebenden Menschen v.a. mit qualitativen Methoden untersucht (vgl. Abschn. 2.2.).[9] Um die räumliche Verortung nicht für wichtiger zu halten, als sie vielleicht ist, wurden in einem weiteren Schritt auch einzelne regional bedeutsame Lebensformen betrachtet (Abschn. 2.3.)[10]. Bei der folgenden Kurzdarstellung der wichtigsten Ergebnisse dieser Teilstudien steht zunächst die sozialräumliche Orientierung im Vordergrund (Komponente 1a). Die zusammenfassende Darstellung der Wahrnehmung und Verarbeitung des sozioökonomischen Wandels (Komponente 1b); vgl. insbesondere Abschn. 3.1) und die Ergebnisse der Gespräche mit regionalpolitischen Experten (Komponente 3a); vgl. Abschn. 3.2) sind die wichtigsten Ausgangspunkte für unsere Schlußfolgerungen im Hinblick auf die gegenwärtigen regionalpolitischen und sozialgeographischen Diskussionen (vgl. Abschn. 3.3 und 4).[11]

Ergänzend sei noch hervorgehoben, daß wir als »Ostfriesland« die Region in ihrer historischen Abgrenzung bezeichnen: das Gebiet des ehemaligen Regierungsbezirks Aurich (mit den heutigen Landkreisen Aurich, Leer und Wittmund sowie der kreisfreien Stadt Emden; vgl. Abb. 2).

2.2. Ortsstudien

In den folgenden Darstellungen von Ergebnissen unserer Teilstudien soll die Alltagsperspektive der Bevölkerung in der Region zur Geltung kommen. Zu Beginn sei einer unserer zahlreichen Interviewpartner zitiert:

»Hier lebt man mit der sogenannten Arbeitslosigkeit, mit der Strukturschwäche dieses Raumes, mit dem miesen Bruttosozialprodukt, das sind ja alles statistische Zahlen, lebt man hier phantastisch in Ostfriesland, und da leidet keiner oder kaum einer. Das spricht aber vielleicht auch noch für das Funktionieren der Gemeinschaften, daß man hier mit diesen Problemen, die in andern

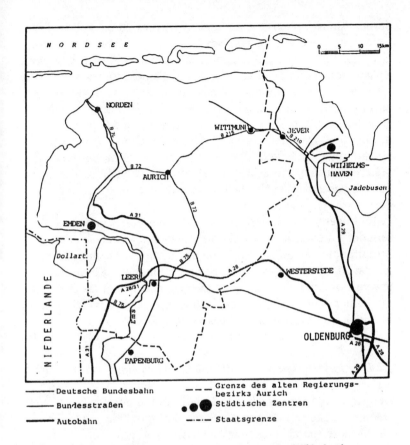

*Abb. 2: Wichtige Grenzen, Zentren und Verkehrswege in Ostfriesland
(Quelle: Generalkarte, Bl. 3/4, 1990/91, eigener Entwurf)
Kartogr.: B. Zaube*

Regionen in Ballungszentren, zu kleinen Katastrophen führen, da lebt man hier gut mit. Das ist vielleicht auch, um das noch mal zu sagen, vielleicht auch 'nen Stück funktionierendes Zusammenleben in der Gemeinschaft des Dorfes und auch innerhalb der Familie.« (9 A, S. 24)[12]

Viele der Gesprächspartnerinnen und Gesprächspartner haben sich in diesem Sinne geäußert. So könnte man schlußfolgern, daß »die Ostfriesen« Ostfriesland als sozial »funktionierende« Heimat, als Kompensations- und Schutzraum im Zeitalter moderner Katastrophen erleben und so auch erhalten wollen. Ein genauerer Blick zeigt aber, daß der zitierte Mann von einem durchaus nicht eindeutig eingrenzbaren »Hier« spricht und das Zusammenleben in »Gemeinschaften« als besonderes und typisches Merkmal *ostfriesischer* Lebensqualität hervorhebt. Selbst erfahren hat er den daraus resultierenden Rückhalt in subregionalen Kontexten: in der Familie und in »der Gemeinschaft des Dorfes«. Das heißt: der Begriff »Ostfriesland« verweist häufig auf unterschiedliche Bedeutungsgehalte, zum Beispiel ein »Hier«, mit dem die zentralen sozialräumlichen Bezugsebenen des Alltags und/oder der Selbstidentifikation umschrieben werden.

Im folgenden wird darlegt, daß in Alltagspraxis und -bewußtsein der untersuchten Bevölkerungssegmente unterschiedlichen Sozialräumen eine Schlüsselfunktion zukommt. Doch unabhängig davon, durch welche sozialen und räumlichen Konturen die jeweils dominierende Bezugsebene gekennzeichnet ist, sind mit ihr immer Vorstellungen und Wünsche von einer »Geborgenheit in der Modernisierung« verknüpft.

2.2.1. Ardorf: Dorfgemeinschaft – Sicherheit in einer »heilen Welt«

Bei der ersten Untersuchungsgemeinde, dem auf der Geest gelegenen und unfreiwillig in die Stadt Wittmund eingemeindeten Ort Ardorf, handelt es sich um ein »richtiges Dorf«. Unter »materiellen« Gesichtspunkten bedeutet das, daß das Erscheinungsbild des namensgebenden der zehn zugehörigen Ortsteile als »typisch dörflich« zu charakterisieren ist, zumal kürzlich im Rahmen eines Dorferneuerungsprogramms der Dorf- bzw. Kirchplatz als gestalterischer und funktionaler Mittelpunkt aufgewertet wurde. Ferner weist Ardorf (1.300 Einwohner) einige wenige Infrastruktur- und Versorgungseinrichtungen auf, die aber nicht zuletzt aufgrund externer ökonomischer und politischer Einflußfaktoren einerseits und der funktionalen Außenorientierung der Bevölkerung andererseits in ihrer Substanz gefährdet sind. Zudem sind die baulichen Entwicklungsmöglichkeiten durch einen benachbarten Militärflughafen erheblich beschränkt.

Unter »immateriellen« Gesichtspunkten ist hingegen sogar eine Wiederbelebung »des Dorfes« festzustellen, die ein örtlicher Funktionsträger folgendermaßen erklärt:

»Es ist ja oft so, wenn man von außen (von der Stadt Wittmund; d.Verf.) aufdiktiert bekommt: das und das, und man hat Ardorf praktisch so als Randlage gesehen, dann entwickelt sich in der Nachbarschaft und in der Dorfgemeinschaft ein sehr gutes Zusammengehörigkeitsgefühl, und dieses Zusammengehörigkeitsgefühl, was das Vereinsleben anbetrifft und was das Feiern anbelangt, das ist sehr groß in Ardorf.« (1 A/e, S. 12)

Das Zitat gibt einen treffenden Eindruck von der Bedeutung, die »die Dorfgemeinschaft« für die Ardorfer hat, wenn sich auch lediglich der vor sechs Jahren gegründete Heimatverein explizit um den Zusammenhalt des ganzen Dorfes bzw. aller Ortsteile bemüht. Die Wertschätzung der Dorfbewohner ist Ausdruck für die Sehnsucht nach »der heilen Welt«, mit deren Hilfe sich die Anforderungen gesellschaftlicher Modernisierungsprozesse verdrängen bzw. individuell gewinnbringend bewältigen lassen.

2.2.2. Holterfehn: Bipolare Orientierung: Wohnumfeld als individuelles Refugium – »auf dem Fehn« als historischer Anker und Öffnung zu moderner Lebensgestaltung

Die zweite Untersuchungsgemeinde, eine Fehnsiedlung im Landkreis Leer, die schon 1970 freiwillig ihre politische Selbständigkeit aufgegeben hat und jetzt zu Ostrhauderfehn gehört, wird nicht als »richtiges Dorf« charakterisiert.

»Das sind ja Flächengemeinden hier und auch so von der Art der Zusammensetzung. Es ist wenig Landwirtschaft, also es ist nicht so'n typisches Dorf. Aber trotzdem ist es wichtig zu sagen: wir sind hier ein Dorf, und daß man sich als Gemeinschaft darauf versteht.« (8 H, S. 17).

Das Zitat verweist auf zwei wichtige Rahmenbedingungen des Alltags: Zum einen handelt es sich nach historischen und strukturellen Merkmalen um eine typische Fehnsiedlung, die sich durch den Verlust von Arbeitsplätzen und Versorgungseinrichtungen sowie das Entstehen neuer Einfamilienhäuser zu einer reinen »Wohngemeinde« entwickelt hat. Zum anderen plädiert die zitierte Person für eine »Dorfgemeinschaft« deshalb, weil es keine gibt. Zwar ist man im Rahmen des Vereinslebens (noch) relativ rigide auf Abgrenzung gegenüber den benachbarten Ortschaften bedacht. Doch alltagspraktische und identitätsstiftende Zugehörigkeit bezieht sich vor allem auf Familie und Nachbarschaft einerseits sowie auf das »Hier auf dem Fehn« andererseits.

Während in dem sozialräumlichen Eingebundensein in Familie und Nachbarschaft Konventionen und Traditionen eine erhebliche Rolle spielen, kommen im Bezug »zum Fehn« nicht nur ein kollektives Geschichtsbewußtsein, sondern auch Bedürfnisse nach individuellen, modernen Lebensweisen zum Tragen:

»Man hat ja heute viel mehr Gelegenheit und auch diese kulturellen Sachen und was sonst so an Freizeit geboten wird, das ist ja heute dermaßen groß, auch hier bei uns auf dem Fehn, daß man der Stadtbevölkerung eigentlich ja nicht mehr viel nachsteht.« (3 H, S. 1).

Ein vollständiges Bild von diesem polaren Orientierungsrahmen ergibt sich erst, wenn man folgende typische Aussage hinzunimmt:

»Ich möchte Holterfehn lieber so'n bißchen diese Ruhe und das so'n bißchen erhalten in der Art, wie es so gewesen ist.« (2 H/e, S. 23; Hervorh. i. Orig.).

So wie die Lebensbedingungen heute wahrgenommen werden, werden sie auch für die Zukunft gewünscht: Leben in einem Eigenheim im vertrauten, ländlichen Umfeld, von dem aus ein selektiver Zugang zu den Annehmlichkeiten moderner Entwicklungen ohne weiteres möglich ist.

2.2.3. Leer: kompensatorische Lebensmuster in einer ostfriesischen Kleinstadt – zwischen städtischem Ambiente und ländlicher Idylle

Für die dritte Ortsstudie haben wir Leer ausgesucht, eine verkehrsgünstig am Unterlauf der Ems gelegene Kreisstadt (31.000 Einwohner). Einerseits ist Leer ein bundesweit bekanntes Synonym für Arbeitslosigkeit und Strukturschwäche in Ostfriesland. Andererseits ist es notwendig – in Abgrenzung zu den Klischees von der ländlichen Idylle in Ostfriesland –, auch städtische Lebensbedingungen und -muster in der Region zu berücksichtigen.

Tatsächlich weisen die Befunde aus dieser Teilstudie bezüglich Alltagspraxis und -bewußtsein erhebliche Unterschiede zu den beiden anderen Ortsstudien auf. Für die alltägliche soziale Interaktion spielen Arbeitskollegen, Bekannte und organisierte Interessengruppen die größte Rolle. Die Bedeutung von Nachbarschaften oder anderen sozialräumlich bestimmten »Gemeinschaften« tritt deutlich dahinter zurück.

Das heißt auch, daß – anders als in Großstädten – Viertelsbindungen und -abgrenzungen kaum eine Rolle spielen. Lediglich der Alt- bzw. Innenstadt wird einvernehmlich eine Sonderstellung zugewiesen, indem sie im Hinblick auf »Bummeln« und Einkaufen konkret und darüberhinaus stellvertretend für Leer als »die Stadt« identifiziert wird. Die weitgehend abgeschlossene Sanierung der Altstadt sowie andere Maßnahmen, die Attraktivität und Umfang konsumierbarer städtischer Angebote steigern, werden überwiegend begrüßt. »Verstädterungsprozesse« hingegen, die über den skizzierten Bereich hinausgehen, werden zumindest mit Unbehagen registriert:

»Dann gibt es so diese ganzen Neubaukisten. Wo früher noch 'nen Bauernhof war mit richtig schön Land 'drumrum, das wird jetzt alles zum Neubaugebiet erklärt und wird also kurz und klein und platt gemacht. (...) Vorher reichte der Wohnraum auch noch aus, aber dann wurde immer expandiert, und es fehlt immer noch Wohnraum in Leer.« (1 L, S. 15).

In dieser Sichtweise kommt zum Tragen, daß sich die Leeraner selbst in einer Wohnsituation sehen, von der aus sie ihre Fußgängerzone erfreulicherweise schnell erreichen können, ohne auf die Vorteile ostfriesicher Lebensqualität (gute Luft, beruhigende Weite u.ä.m.) verzichten zu müssen. Der Erhalt dieser privilegierten Situation ist ihr unbedingter Wunsch, zumal eventuelle Defizite in puncto städtischer Qualitäten über die gute Autobahnanbindung (nach Oldenburg und Bremen) unproblematisch zu kompensieren sind.

Die Polarität von konsumierbarer Innenstadt und vertrautem ländlichen Milieu spiegelt sich auch in den dichotomen Verwendungen des Ortsnamens: Der Name Leer bezeichnet einmal die Stadt (die Innenstadt) wird aber ebenso als Synonym für die ostfriesische »Heimat« verwendet, die weniger räumlich als vielmehr über besondere Ausprägungen von Landschaft und Mentalität definiert wird.

Die Ortsstudien zeigen, daß die vorherrschenden alltagsrelevanten und identitätsstiftenden Bezugsebenen keineswegs immer deckungsgleich mit von außen definierbaren sozialräumlichen Einheiten sind. Wie stellen sich diese Bezüge aus der Sicht regional verbreiteter Lebensformen dar?

2.3. Lebensformstudien

Bei den Lebensformstudien geht es nicht darum, die Dichte des alltagsweltlichen »Geflechtes« einzelner Orte einzufangen. Vielmehr soll die Spezifik und Vielfalt regionaler Lebensbedingungen aus der Alltagsperspektive ausgeprägter, für Ostfriesland charakteristischer »sozialer Einheiten« gedeutet werden. Diese »Lebensformen« werden nicht nach Dimensionen wie Klasse oder Schicht gegliedert, sondern sollen – ähnlich wie die Begriffe Habitus, Lebensstil, Lebensweise – die fortschreitende soziale Ausdifferenzierung oder »Individualisierung« des gesellschaftlichen Lebens im Rahmen des sozialen Wandels berücksichtigen. Angehörige einer Lebensform zeigen, indem sie objektive Lebensbedingungen individuell zu je eigenen subjektiven Lebensentwürfen verarbeiten, einen Kernbereich gemeinsamer, aber auch eine Variationsbreite unterscheidbarer Einstellungen, Erfahrungen und Handlungen. Die jeweilige Lebensform umschließt deshalb sowohl gemeinsam getragene

Grundorientierungen (übergreifendes Lebensprinzip) als auch die Teilhabe an unterschiedlichen Facetten individueller Lebensgestaltung (»kleine Lebenswelten«).[13] Das zentrale Thema, inwieweit sich der soziale Wandel regional und sozial differenziert im Alltag der Bevölkerung niederschlägt, läßt sich also mit dem Lebensformansatz in einer den konkreten Verhältnissen offen und sensibel nachspürenden Weise empirisch bearbeiten.

2.3.1. Bauern: Eine regionale Lebensform in der Krise – Refugium in bäuerlichen Werten – individuelle Modernisierung in Ostfriesland

Ausgehend von der immer noch großen sozioökonomischen und soziokulturellen Bedeutung der Landwirtschaft in Ostfriesland (vgl. Tab. 2) wurde diese Teiluntersuchung unter dem Titel »Lebensform Landwirtschaft« begonnen. Schnell stellte sich heraus, daß sich die Befragten viel eher als »Bauern« verstehen, weshalb von der »Lebensform Bauer« zu sprechen ist.

In diesem ersten Befund kommt eine zentrale Wahrnehmungsorientierung zum Ausdruck, nämlich ein »Standesbewußtsein«. Die Bauern sehen sich als Angehörige eines eigentlich lebensnotwendigen Berufsstandes, der traditionell durch besondere Lebens- und Arbeitsbedingungen und zunehmend durch eine extern induzierte existenzielle Krise gekennzeichnet ist. Indem die Krise der Landwirtschaft aber gleichzeitig als Krise der Region verstanden wird, ergeben sich für die Bauern mehrere Reaktionsmuster. Die einen versuchen, auf ihren Hof konzentriert oder in Kooperation mit anderen Bauern zu landwirtschaftlichen Produktionsverfahren zu kommen, die die eigene Existenz als Bauer in Ostfriesland sichern. Andere suchen nach individuellen Strategien oder politischen Konzepten, die durch die Zusammenführung von landwirtschaftlicher Arbeit mit anderen regionalen Potentialen zu integrativen Lösungen führen. Während die Kombination von landwirtschaftlicher Arbeit und der Betätigung im Fremdenverkehr (v.a. durch eigene Vermietung) kaum außergewöhnlich ist, ist die Verbindung von Nebenerwerbslandwirtschaft und Industriearbeit in Emden (v.a.

auf Werften und im VW-Werk) ebenso regionstypisch wie die Produktion von Windenergie für die allgemeine Stromversorgung auf dem eigenen Bauernhof.[14]

Die Bauern in Ostfriesland sind also »ostfriesische Bauern«. Identität und Wahrnehmung werden zum einen wesentlich durch bäuerliche Werte geprägt. Zum anderen liegt es im Extremfall näher, den Hof aufzugeben, als außerhalb Ostfrieslands als Bauer sein Glück zu versuchen.

2.3.2. Fernpendler: Erwerbsarbeit außerhalb – »Mehrwert« in Ostfriesland – die Idylle des Eigenheims

Mitte der 80er Jahre haben insbesondere »die ostfriesischen Gastarbeiter« bei Daimler Benz in Stuttgart mehrfach bundesweite Aufmerksamkeit in den Medien gefunden[15]. Wegen verbesserter Konjunkturlage haben viele inzwischen wieder einen Arbeitsplatz in Norddeutschland gefunden, einige sind an den süddeutschen Arbeitsort übergesiedelt. Doch immer noch fahren mehrere tausend ostfriesische Arbeitnehmer einzeln oder in Gruppen (z.B. als Montagearbeiter) Sonntag für Sonntag bis zu 800 Kilometer zu ihrem Arbeitsplatz, um zum nächsten Wochenende wiederzukommen. Die damit verbundenen Strapazen und Entbehrungen werden als unumgänglich in Kauf genommen. Aber nicht, so die weitgehend einhellige Meinung, weil man in Ostfriesland keinen Arbeitsplatz finden könnte, sondern weil dieser nach Anforderungen und Bezahlung nicht den eigenen Vorstellungen entspräche.

Tatsächlich dominiert in den Selbstdarstellungen der Fernpendler eine ausgeprägte ökonomische Rationalität: das Geld wird da verdient, wo man besonders viel bekommt und da ausgegeben, wo es besonders viel wert ist, nämlich in Ostfriesland. Dabei denken die Pendler vor allem an ihr Eigenheim, um das sie »umzu laufen« können, und das sie sich so woanders nicht leisten könnten:

»Ich kann zu Hause jetzt tun und lassen, was ich will, ob wir grillen oder sonst irgendwie da 'ne Fete feiern, wir haben uns einen Swimmingpool eingegraben direkt an der Terrasse, also im Sommer kann ich leben wie im Urlaub. In der Stadt müßte ich in einem Block wohnen, da könnte ich das nicht machen.« (FP 9, S. 14).

Welche Bedeutung sozialen Kontakten außerhalb der Familie für die Bindung an Ostfriesland zukommt, läßt sich schwer sagen. Zwar äußerten die meisten Befragten, daß ihnen das vertraute soziale Umfeld am Wohnort und gegebenenfalls die Mitgliedschaft in örtlichen Vereinen wichtig sei, doch läßt sich der Eindruck nicht von der Hand weisen, daß weder besonders viel Zeit noch Interesse in diesbezügliche Aktivitäten investiert wird. Vereinzelt wurde sogar deutlich, daß ein willkommener Nebeneffekt der wöchentlichen Abwesenheit in der Möglichkeit gesehen wird, sich begründet nachbarschaftlichen Ansprüchen und Zwängen zu entziehen.[16]

3. Die Zukunft Ostfrieslands: Entwicklungshemmnisse und -potentiale in gegenwärtigen Formen des Alltags, des Bewußtseins und der Regionalpolitik

Die einzelnen Fallstudien haben gezeigt, daß die Ostfriesinnen und Ostfriesen ganz unterschiedliche sozialräumliche Bedeutungszuweisungen im Umgang mit dem sozialen Wandel vollziehen. Diese Vielfalt von Bewußtseinslagen und Alltagspraktiken äußert sich auch in den Ergebnissen, die die Einstellungen der Bevölkerung, aber auch regionaler Eliten zur Zukunftsperspektive Ostfrieslands betreffen. Zunächst sei auf das Bewußtsein der Bevölkerung hinsichtlich sozialem Wandel und regionaler Entwicklungsmöglichkeiten eingegangen.

3.1. Die Vielfalt der Bewußtseinslagen und Alltagsformen als Ausgangspunkt und Chance für eine prospektive Regionalentwicklung

Bereits bei der Betrachtung der beiden Lebensformstudien werden ganz unterschiedliche Dispositionen der Bauern und Fernpendler im Hinblick auf zukünftige Entwicklungschancen Ostfrieslands deutlich. Aufgrund ihres existentiellen Handlungsdrucks und ihrer Identität sowohl als »Bauern« als auch als Bauern im strukturschwachen Ostfriesland dürften sich Angehörige dieser Lebensform durch sensibel abgestimmte Beratungs- und Unterstützungsangebote für innovative Modifizierungen ihres Arbeitsbereiches gewinnen lassen. Interessant ist dabei, daß für Zukunftsentwicklungen nutzbare Orientierungen eher von berufsspezifischen Werten und Krisenerfahrungen als von der Zugehörigkeit zu lokalen Milieus oder gar der Aktivierung eines Regionalbewußtseins stimuliert werden. Letztlich ist es der bäuerliche Konservatismus als transformierendes Band zwischen Tradition und Fortschritt, der Keimzelle für angepaßte, aber auch für ressourcenzerstörende Modernisierung sein kann.

Die Gruppe der Fernpendler läßt trotz ihrer zwangsläufig gegebenen Mobilität und den damit verbundenen Wahrnehmungsmustern nicht ohne weiteres Anknüpfungspunkte für die Aktivierung zugunsten zukunftsträchtiger Entwicklungsschritte erkennen. Sie scheinen sich eher statisch in einer für sie erträglichen Doppelexistenz als Arbeiter in der Fremde und Eigentumsbesitzer im heimischen Ostfriesland eingerichtet zu haben.

Über die lebensformspezifischen Einblicke in positive Einstellungen und Handlungsdispositionen hinaus wurde versucht, alle Interviewten – d.h. auch die der Ortsstudien – unter der Frage nach dem Umgang mit Veränderungen bzw. nach der Wahrnehmung gesellschaftlicher Modernisierung zu vergleichen. Dabei gerät die Problematik in den Vordergrund, daß man einerseits deutlich eine Vielfalt von Bewußtseinslagen und Alltagsformen findet, die auch Potentiale für aktive Regionalentwicklung enthalten können, daß es aber andererseits schwierig wird, eine solche Heterogenität auf regionale Entwicklungskonzepte für die gesamte Region zu beziehen. Immerhin war es möglich, die angesprochene Vielfalt im Bewußtsein der Bevölkerung vergleichend auf vier Grundmuster gleichgültig-passiv bis reflektiert-aktiver Disponiertheit zu verdichten:

- Der *Nostalgiker* beurteilt die heutigen Lebensumstände aus der Perspektive früherer Zeiten. Die zunehmende Anonymität und Vereinzelung, die Beschleunigung und Technisierung des Alltags werden bedauert. Man zieht sich vom »besseren Früher« träumend ins Privatleben zurück, da in Nachbarschaft bzw. Dorf die vertraute Selbstverständlichkeit alltäglicher Begegnungen nicht mehr gegeben sei. Dennoch sind diesem Typ zuzurechnende Personen unverbrüchlich mit ihrem Wohnort verbunden.
- Der *Beschöniger* steht den Anforderungen und Folgen des modernen Lebens ebenfalls skeptisch bis ablehnend gegenüber. Doch sieht er das eigene Lebensumfeld davon nicht betroffen. Vielmehr betont er, daß in Statistiken und Zeitungen beschriebene wirtschaftliche und soziale Probleme ein verzerrtes Bild der Lebenswirklichkeit abgeben würden. Denn: »Mit diesen Problemen, die in anderen Regionen, in Ballungszentren zu kleinen Katastrophen führen, da lebt man hier gut mit, weil das Zusammenleben in der Gemeinschaft des Dorfes und auch innerhalb der Familie funktioniert« (9 A, S. 24).
- Während die ersten beiden Typen das Leben in ihrem Umfeld gewissermaßen am Stück betrachten, ist der dritte, der *bedürfnisorientierte Pragmatiker*, auf die Wahrnehmung von Ausschnitten spezialisiert. Dabei wird seine Aufmerksamkeit vornehmlich von individuellen Bedürfnissen bestimmt, ganz nach dem Motto: »also man muß schon selbst irgendwas so unternehmen, wenn man merkt, ich möchte jetzt, daß es einen Schwimmkurs gibt, an dem mein Kind teilnehmen kann« (8 A, S. 5). Dieser Typ betrachtet »funktionierendes« Leben am Ort also weniger als Eigenwert denn als Basis für die Gestaltung eines individuellen Lebens.

– Der *Reformer* zeichnet sich gegenüber den drei anderen dadurch aus, daß sein Bild des eigenen Lebensraumes nicht nur konkrete Ereignisse und Atmosphären, sondern auch Handlungsmuster und Machtstrukturen widerspiegelt. Ferner hat er klare Vorstellungen von den Wechselbeziehungen zwischen eigenem Leben, näherem sozialen Umfeld und Gesellschaft. Vor diesem Hintergrund ist es ihm möglich, gezielt Handlungsspielräume auszunutzen. Die Leitmotive ergeben sich dabei aus persönlichen Bedürfnissen und/oder übergeordneten politischen Vorstellungen. Auch dieser Typ ist an einer funktionierenden sozialen Gemeinschaft in der Nachbarschaft bzw. im Dorf interessiert, allerdings im Gegensatz zu den meisten anderen nicht einfach an deren Bewahrung, sondern an deren Fortentwicklung.

3.2. Regionalentwicklung Ostfrieslands aus Expertensicht

Schlußfolgerungen für die künftige Regionalpolitik und Regionalentwicklung können sich selbstverständlich nicht allein auf die Untersuchung des Alltagsbewußtseins und Alltagshandelns verschiedener Bevölkerungsgruppen stützen. Auch die planerische und politische Handlungsebene ist von Bedeutung. Deshalb sind Intensivinterviews mit Experten für Regionalentwicklung in Ostfriesland durchgeführt worden, auf deren Ergebnisse hier eingegangen werden soll. Die Wahrnehmungsmuster und Handlungsorientierungen der ostfriesischen Experten zur Regionalentwicklung lassen sich in zwei deutlich unterscheidbare Gruppen einteilen:

1. Eine sehr kleine Gruppe mit klaren, insgesamt deutlich modernisierungsorientierten Perspektiven;
2. eine sehr große Gruppe mit höchst diffusen und widersprüchlichen Vorstellungen, in denen die Hoffnung auf neue Autobahnen und die Realisierung einer »postindustriellen« Lebensqualität unverbunden nebeneinander stehen.

Ein größerer Teil der letzteren Gruppe stellt die ökonomische, insbesondere aber auch die kulturelle »Besonderheit« Ostfrieslands heraus, ohne das präzise benennen zu können. Allen diesen Experten ist die umbruchartige Veränderung der politischen und ökonomischen Rahmenbedingungen sehr bewußt, ohne daß die Auswirkungen auf eine periphere, strukturschwache Region wie Ostfriesland klar benannt werden könnten. Am offenkundigsten sind Sorgen um einen Rückgang der – bisher sehr umfangreichen – Fördermittel und die Befürchtung einer Verschärfung der räumlichen wie der politischen »Randlage«.

Die Beurteilung dieser Ergebnisse muß ambivalent ausfallen. Höchst problematisch ist angesichts der Strukturschwäche, deren Auswirkungen schon in Kürze dramatische Formen annehmen können (Reduzierung der VW-Belegschaft, Militärabbau, Rückgang der Landwirtschaft usw.), die extreme Konzeptionslosigkeit der regionalpolitischen Experten. Dabei besteht nicht einmal Einigkeit darüber, ob Ostfriesland ein geeigneter Handlungsraum für Regionalpolitik angesichts der kommenden Herausforderungen ist. Auf der anderen Seite gibt es zunächst zwei übergreifende positive Aspekte: Viele Experten haben die Lektion gelernt, daß die Hoffnung auf neue Ansiedlungswellen sehr trügerisch ist. Außerdem machen sich überraschend viele Gedanken darüber, ob »Gleichwertigkeit der Lebensbedingungen« wirklich an quantitativen Standards zu messen ist. Niedrige Lebenshaltungskosten, eine ausgedehnte informelle Ökonomie und gute Umweltqualität werden als kaum quantifizierbare Vorteile des Lebens in Ostfriesland angeführt. Ein Experte bringt das auf die Formel, Ostfriesland sei »eine maßstäbliche Region, in der Leben und Arbeiten eine Einheit bilden« (RE 9, S. 10). Allerdings bleibt offen, ob diese und ähnliche Formulierungen eher Ausdruck von Ratlosigkeit oder doch schon reflektierte Ansatzpunkte für neue Entwicklungskonzepte sind.

3.3. Regionalpolitische Schlußfolgerungen

Wenn man die Ergebnisse unserer verschiedenen Teilstudien im Hinblick auf Folgerungen für die Regionalpolitik vergleichend betrachtet, muß man nüchtern feststellen, daß eine endogen orientierte Politik, gar im Sinne einer »Raumplanung von unten«[17], keinesfalls umstandslos realisierbar ist. Zu deutlich zeigen die Ergebnisse der Orts- und Lebensformstudien (Abschn. 3.1.) und der Experteninterviews (Abschn. 3.2), daß Alltagsbewußtsein bzw. professionelle Denkmuster von sich aus überwiegend nicht auf eine aktive, Zukunft antizipierende und gestaltende Handlungsstrategie angelegt sind. Daher kann hier – wie allgemein – eine reflektierte Strategie der Aktivierung endogener Potentiale nicht auf externe Anregungen (durch Wissenschaft, Politikberatung usw.) verzichten.[18] In diesem Sinne sind die folgenden Überlegungen, die aus den Erfahrungen im Rahmen unserer empirischen Arbeit in Ostfriesland resultieren, als Diskussionsimpulse zu verstehen.

Als regionalpolitischer Bezugsraum erscheint die Region Ostfriesland in ihrer historischen Abgrenzung (ehemaliger Regierungsbezirk Aurich; vgl. Abb.2) als ungeeignet. Es sollte vielmehr aus strukturellen Gründen die gesamte »Ostfriesische Halbinsel« zwischen Dollart und Jadebusen als Handlungsraum zugrundegelegt werden.[19] Für diese Region sollte eine perspektivisch arbeitende Regionalkonferenz eingerichtet werden, in der die wichtigsten regionalen »Akteure« aus Politik und Verwaltung der kommunalen Gebietskörperschaften, aus den Hochschulen, Kammern und einem breiten Spektrum gesellschaftlicher Gruppen beteiligt sein sollten und die durch ein professionell arbeitendes Regionalbüro unterstützt werden sollte.[20] Wichtigste Aufgabe der Regionalkonferenz wäre es, in einer breiten, offenen Diskussion außerhalb planungsrechtlich normierter Verfahren ein Regionales Entwicklungskonzept zu erarbeiten, auf dessen Umsetzung sich sowohl die Beteiligten als auch die niedersächsische Landesregierung - unter der Voraussetzung, daß es ihren landespolitischen Kriterien entspricht - verpflichten sollten.

Gegenwärtig sind – idealtypisch – zwei Varianten für die grundlegende Orientierung eines derartigen Entwicklungskonzeptes denkbar: (1.) eine »konzentrierte Wachstumsstrategie« und (2.) eine »Strategie optimaler Lebensqualität in dezentralen Strukturen«. Die erste Variante zu verfolgen, würde – im Sinne einer »Modernisierung des Bestandes« – bedeuten, die bestehenden, aber erheblich gefährdeten industriellen Kerne in Wilhelmshaven und Emden in den Mittelpunkt der Förderanstrengungen zu rücken. Mit Hilfe fein abgestimmter Maßnahmen könnte es gelingen, zum einen Automobilproduktion, Schiffbau, Maschinenbau usw. zu modernisieren und ihre regionale Wertschöpfung durch gezielte Förderung von Zulieferbetrieben zu verbessern, zum anderen daraus aber auch neue Produktionslinien zu entwickeln. Außerdem könnte es durch spezielle Sondermaßnahmen (z.B. Ausweisung eines »Freihafens«, Förderung des Fährverkehrs in andere Nordsee-Anrainerstaaten) gelingen, die hafenbezogene Wirtschaft in den beiden Standorten zu stärken. Mit erheblichen Anstrengungen, insbesondere mit hohem finanziellen Einsatz, könnten diese beiden Zentren als Industrieschwerpunkte weiter ausgebaut werden. Damit könnte vor allem die Bedrohung der traditionellen industriellen Arbeitsplätze aufgefangen werden. Darüber hinaus wäre allenfalls noch ein weiterer Ausbau des Fremdenverkehrs in den traditionellen Schwerpunkten denkbar.

Grundlegender Unterschied der zweiten Variante zu dem gerade skizzierten Industrialisierungstyp wäre ein anderes Verständnis von »Entwicklung«. Quantitativ schwer faßbare Aspekte der Lebensqualität, die von allen Seiten übereinstimmend der Region zugeschrieben werden, würden höher gewichtet werden.[21] Im Mittelpunkt der strukturpolitischen Anstrengungen sollte die Suche danach stehen, wie die vorhandenen Potentiale in der Region besser miteinander »vernetzt« werden könnten. Die immer noch bedeutende Landwirtschaft und Nahrungs- und Genußmittelindustrie sollte z.B. für die Produktion hochwertiger Nahrungsmittel gewonnen werden, die immer stärker von zahlungskräftigen Käufergruppen nachgefragt werden. Im Dienstleistungsbereich wäre die schon ansatzweise vorhandene Verknüpfung von Einrichtungen für die Grund- und

Spitzenversorgung der ansässigen Bevölkerung mit Angeboten für spezifische Touristengruppen zu verstärken (z.B. im Rahmen von Gesundheitszentren, »Kulturhäusern«). Im Fremdenverkehr sollte angestrebt werden, zahlungskräftige Dauergäste, insbesondere im kulturell und landschaftlich attraktiven Binnenland, zu gewinnen, um die Wertschöpfung je Gast zu erhöhen. Zu überlegen wäre, inwieweit vorhandene Tendenzen, Ostfriesland als Zielgebiet der Ruhestandswanderung zu nutzen, verstärkt werden könnten und sollten. Diese knappe Skizzierung zeigt, daß dieser Entwicklungsoption dezentralere Raumstrukturen entsprechen als im erstgenannten Fall. Ihre Realisierung setzt allerdings ein fein abgestimmtes System von Maßnahmen voraus, die etwa auch die Förderung von Job-Kombinationen, produktiver Aspekte der informellen Ökonomie usw., beinhalten müßten. Außerdem wäre sie nur realisierbar, wenn ein weitgehender Konsens in der Region über ein Verständnis von »Entwicklung« im Sinne der zweiten Variante erreichbar wäre. Unsere empirischen Studien zeigen, daß es allenfalls Ansätze für eine derartige normative Richtungsentscheidung gibt, die aber weit davon entfernt sind, sich in individuellen und kollektiven Wahrnehmungen und Überzeugungen durchgesetzt zu haben.

Ergänzend sei noch angefügt, daß die Rolle der Regionalpolitik und der regionalen Politikberatung in der zweiten Variante zum einen darin bestände, Austausch und Kommunikation zwischen den »Akteuren« in der Region zu moderieren. Zum andern aber wäre es notwendig, den Austausch zwischen den regionalen »Akteuren« (dem internen Potential) und externen Anregungen aus fachpolitischen und wissenschaftlichen Diskussionen zu organisieren, da ein Vertrauen auf die endogenen Kräfte allein nicht ausreichend sein dürfte (s.o.).

4. Der theoretische Rückbezug der empirischen Ergebnisse: Ist das Thema »Regionalbewußtsein« eine relevante Erkenntnisdimension zum Verständnis des sozialen Wandels?

Die einzelnen Teilstudien haben deutlich werden lassen, daß Identifikationspotentiale mit Ostfriesland zum einen in lokalteilräumlichen Raumbezügen liegen, daß es zum anderen aber auch gesamtregionale Orientierungen gibt, die bisher als eher oberflächliche Manifestationen eines »Ostfrieslandbewußtseins« verstanden worden sind. Diese Spannbreite soll hier noch einmal theoretisch reflektiert werden, wobei – wie sich zeigen wird – auch den bisher als »diffus« eingeschätzten gesamträumlichen Bewußtseinsbezügen ein höherer Wert für Identifikationsprozesse beigemessen werden kann.

Die folgenden beiden theoretischen Erkenntnisse scheinen fruchtbar für das Verständnis der empirischen Ergebnisse zu sein, weil sie das Thema »Regionalbewußtsein« grundsätzlicher beleuchten:

1. Das Bezugssystem Raum – systemtheoretisch gewendet: der räumliche Code – hat eine verhaltenssichernde Relevanz im gesellschaftlichen Umbruch: räumliche Identität hat Anteil an personaler wie sozialer Identität.
2. Neben der lokal gelebten Alltagskultur haben auch regional verbreitete Attribute von Sozialkultur (Regionalsprache, Teetrinken) und ihre symbolische Bedeutung eine Relevanz für Alltagspraxis und Identitätsbildung. Insofern kann der regionalen Dimension von Raumbewußtsein – lebensweltlich betrachtet – eine verhaltenssichernde Funktion im Rahmen »natürlicher Alltagseinstellung« zukommen.

4.1. »Geborgenheit« in Ostfriesland: Identifizierungen über lokale Aneignung oder vermittelte Regionalität

Im Spannungsfeld von Systemfunktionalität und Sozialintegration spielt auf den ersten Blick der »Raum« keine Rolle für personale und gesellschaftliche Identitätsbildung, da nach Luhmann[22] alle Sinnfindungen ausschließlich Produkte sozialer – lokaler wie weltweiter – Kommunikation sind. Auch in Anlehnung an Verhaltenstheorie und Handlungstheorie[23] werden vermeintlich räumliche Identifikationsprozesse auf soziale Interaktionen zurückgeführt, was übrigens die Relevanz der lokalen Bezugsebene zu Lasten der regionalen besonders hervorhebt. Nach Weichhart wird

»... das engere Zentrum unserer unmittelbaren und direkten Welterfahrung gleichsam zum Maßstab und Modell von Wirklichkeit, zum Interpretationsmuster, von dem aus andere räumliche Identifikationsobjekte beurteilt werden. Es kann also ein Transfer von Einstellungen und emotionalen Bindungen von der lokalen Ebene auf höherrangige Maßstabsbereiche stattfinden«.[24]

Ohne Zweifel zeigen die eigenen Untersuchungsergebnisse in einer Reihe von Fällen, daß es eine enge Koppelung von Alltagspraxis und lokalem Raumkontext gibt, die sich als Bewußtseinsgehalte in unseren Studien niederschlagen. Es zeigt sich jedoch auch, daß das Alltagsbewußtsein nicht ausschließlich an lokale Handlungskontexte gebunden ist.

Nach Pohl[25] läßt sich nämlich Luhmann dergestalt interpretieren, daß die Stabilität der funktionalen Weltgesellschaft der komplementären regionalistischen Bezugnahme bedarf. Der Code Raum/Regionalität ist Mittel zur Reduktion von Komplexität. Er schafft die Möglichkeit der Identitätsvergewisserung im überschaubaren Maßstab miterlebbarer Erfahrungsbestände. Eine Identitätsbildung im Gesamtsystem kann sich also auch regional darstellen, da gerade auf dieser Ebene Sozialintegration kompensatorisch zur Systemfunktionalität wirkt.

Die eigenen Untersuchungsergebnisse, die in ihrer sprunghaften Varianz von lokalen, teilräumlichen bis gesamtregionalen Identifikationen zunächst irritieren, werden so eher erklärbar. Es sind »eigensinnige« Antworten einer regionalen Bevölkerung auf die bedrängenden Systemstrukturen von außen - entweder als sozialintegrative alltagsweltliche Identifikationsleistungen oder als medial vermittelte Regionalität. Da die Menschen in Ostfriesland den sozialen Wandel eher als Krisenerfahrung wahrnehmen, suchen sie in ihren Lebensstrategien Verhaltenssicherung in »Räumen der Geborgenheit«: Gemeint sind damit fraglos aneignungsfähige und längerfristig das eigene Lebenskonzept stabilisierende Identifikationen mit Sozialräumen unterschiedlicher Maßstabsgröße. Der Rückzug in den mentalen Rahmen eines »Geborgenheitsraumes« bedient sich jedoch nicht nur der sozialintegrativen Interaktionsmöglichkeiten und alltagsweltlichen Aneignungsmöglichkeiten des individuellen Erfahrungsraumes. Er stellt sich gleichzeitig als Orientierung und Bindung an kollektiv geteilte Elemente der Regionalkultur dar. Der Zugang über Interaktionen kann nur Teile des Sozialgeschehens thematisieren, denn »...etwas wie die kollektive Identität, die Regionalkultur oder das Regionalbewußtsein kann nicht unter der strikten Forderung der Kopräsenz existieren«.[26]

Eine Brücke zwischen einer ausschließlich interaktionistischen und einer auf mediale Vermittlung abhebenden Begründung von Regionalbewußtsein formuliert Pohl[27] unter dem Begriff »Gemeinsamkeitsglaube« auf territorialer Grundlage und der Vorstellung von »Regionalbewußtsein als Habitus«. Beide Interpretamente sind für die theoretische Erklärung der eigenen Untersuchungsergebnisse nützlich.

Der erstgenannte Begriff meint, daß Gemeinsamkeitsglaube ein der individuellen Verbundenheit mit der Region vorausgehendes Phänomen einer kollektiven offeneren Identifikation mit derselben darstellt. Sie läßt sich dann nachweisen, wenn in der Region ein Kranz von Symbolen als kollektiv anerkannte Repräsentationen einer Bindung an den Raum aufzuspüren ist. In Ostfriesland könnte man die zunächst als relativ oberflächlich und für das Regionalbewußtsein wenig bedeutend angesehenen Manifestationsformen (plattdeutsche Sprache, »Bodenständigkeit«, Teetrinken) als wichtige Ausdrucksformen des Gemeinsamkeitsglaubens ansehen. Der zweite Vorschlag Pohls, Regionalbewußtsein als »Habitus« zu begreifen, führt die bisherige Argumentation noch einen Schritt weiter. Danach wäre der Prozeß der Herausbildung von Regionalbewußtsein an der Schnittstelle von kollektiven Makrostrukturen und ihrer individuellen Bewußtwerdung anzusiedeln. Somit wird verständlich, daß Regionalbewußtsein nicht nur als verinnerlichte Erfahrung des personalen Interaktions- und materiellen Aneignungsraumes gelten sollte, sondern bereits gedeutete Regionalität als Bewußtseinsinhalt übernehmen kann. Demnach sind die in der Untersuchung nachgewiesenen Manifestationsformen einerseits Teil der täglich neu erlebten Sozialkultur und haben als solche eine in den Alltagsroutinen bewährte Akzeptanz und Selbstverständlichkeit. Sie sind aber andererseits für die regionale Gemeinschaft tradiertes, kulturelles Sediment, das medial oder über Kulturarbeit stetig im Bewußtsein gehalten wird. In der Gesamtwirkung können also auch regional verbreitete Symbole territorialer Zugehörigkeit Identifikationskraft entfalten, nicht nur die im lokalen Erfahrungsraum verinnerlichten kommunikativen und materiell-dinghaften Binnenstrukturen. Beiden kann eine verhaltenssichernde Funktion innewohnen: »Geborgenheit« gegenüber Modernisierung von außen beruht demnach auf verschiedenen Entstehungsmustern.

4.2. »Geborgenheit« versus prospektive Identifikationsmuster in Ostfriesland

Nicht alle in den Orts- und Lebensformstudien entdeckten Identifikationen mit Ostfriesland passen in den Deutungszusammenhang »Rückzug in die Geborgenheit«. Dies gilt beispielsweise für den als »pragmatischer Reformer« bezeichneten Typ. Er identifiziert sich einerseits mit einem lokal-kleinräumigen Kern, in dem seine Alltagserfahrung mit dem Impetus zu konkretem politischen Handeln unter dem Anspruch ökologischer, sozialer und ästhetischer Lebensqualität zusammenfällt. Andererseits sieht er »von unten nach oben«, d.h. von seinem bewußten lokalen Handlungskontext auf ein »größeres Ganzes«, die Region. Der Bezug zu gesellschaftlichen Modernisierungsprozessen »von oben« wird gleichsam gekappt. »Von unten« wird neu angefangen.

Einen Sonderfall stellt auch die Lebensform »Bauern« dar. Da sie wegen der Strukturschwäche Ostfrieslands kaum Ausweichmöglichkeiten in andere berufliche Perspektiven besitzen und die Schuld an der Agrarkrise auf konkrete externe Verursacher (EG-Politik) schieben können, vermittelt der räumliche Code »Ostfriesland« eine besondere gruppenspezifische Identifikation. Diese Identifikation als ostfriesische Bauern führt sie zu gemeinsamer Interessenswahrnehmung nach außen. Solche Situationen werden von der Presse aufgegriffen (»150 ostfriesische Trecker« auf einer Demonstration gegen die EG-Agrarpolitik) und an die regionale Bezugsgruppe zurückvermittelt. Die spezifische Lebenssituation der Bauern in Ostfriesland führt so zu einer stark am externen Krisenverursacher wie an der medialen Vermittlung geschärften regionalen Identifikation, die gleichwohl über ein landwirtschaftsspezifisches Engagement hinaus nicht zu politischem Regionalismus (Eintreten für die Region Ostfriesland als Ganzes) reicht.

Für die Mehrzahl der befragten Personen in den Ortsstudien sowie die Pendler gilt jedoch das Deutungsmuster vom »Rückzug aus der Modernisierung« in unterschiedliche mentale »Geborgenheitsräume«. Für sie ist der ökonomische Umbruch und der soziale Wandel in der wirtschaftsschwachen Region vor allem deshalb nicht erklärbar, weil kein deutlich fixierbarer Verursacher auszumachen ist. Dies ist beispielsweise ganz anders bei ausgeprägtem Ethniebewußtsein regionaler Minderheiten, die immerhin in der zentralistischen Bevormundung ihren systemischen Widerpart identifizieren können. Im Falle Ostfrieslands wird hingegen die Krise selbst verdrängt, indem sie ins diffuse Außen (»woanders«) hingeschoben wird, in einen undurchschaubaren Wirtschaftsprozeß und ferne politische Zuständigkeiten. Damit wird der eigene Lebensraum bewußtseinsmäßig »frei«, um in unterschiedlicher symbolischer und räumlicher Fixierung zum Rückzugsraum zu werden, mit dem sich die verunsicherten Menschen identifizieren können.

Verhaltenssichernde Identifikationspotentiale sind zum einen die o.g. Stereotype von Ostfriesland, die medial abgestützt werden – z.B. über Lokalzeitungen, das monatlich erscheinende Ostfriesland-Magazin und einen Teil der Aktivitäten der Ostfriesischen Landschaft. Zum anderen belegen die Ortsstudien durchaus unterschiedliche lokale bis teilräumliche Varianten des Leitmotivs »Geborgenheit«: Dorf und Dorfgemeinschaft (Ardorf); zwei sozialräumliche Felder – Nachbarschaft und »auf dem Fehn« (Holterfehn); ein komplexes sozialräumliches Gefüge – innerstädtischer Erfahrungsraum, freizeitgenutzter Nahraum und ostfrieslandtypische »Weite« (Stadt Leer).

Das Raumbewußtsein schließlich, das die befragten Experten aufweisen, ist ebenfalls mehrperspektivisch bestimmt. Es hat einen Bezugspunkt in der dinglich-materiellen und sozialkulturellen Ausstattung der Region, die unter dem Kriterium der Lebensqualität positiv wahrgenommen wird. Allerdings ist der angemessene Raumbezug (Teile von Ostfriesland, Region Ostfriesland, über die Grenzen Ostfrieslands hinausweisend) ungeklärt, wodurch die Experten selbst hinsichtlich der für ihre Berufstätigkeit gegebenen Handlungsspielräume verunsichert sind. Ähnlich wie die Mehrheit der Bevölkerung beziehen sie sich auf Stereotype eines Ostfrieslandbildes, metaphorisch u.a. der Bezug zur »Weite«. Diese auch medial abgestützte Regionalität ist alltagspraktisch eine wertvolle stabilisierende Lebenshilfe, jedoch zu undeutlich und unkonkret strukturiert, um in perspektivisch geklärte Handlungsstrategien regionalpolitisch umgesetzt zu werden.

Die theoretischen Überlegungen sollten zweierlei zeigen. Zum einen dürfte die Erkenntniskategorie »Raumbewußtsein« (weniger: Regionalbewußtsein) durchaus angemessen sein, um das Verhältnis zwischen allgemeinem gesellschaftlichen Wandel und der Regionalentwicklung Ostfrieslands zu thematisieren. Zum anderen zeigt sich, daß es nicht die eine Bezugstheorie gibt, durch die sich die vielfältigen empirischen Ergebnisse stimmig einordnen und interpretieren lassen. So sind sowohl der interaktionistische Erklärungsansatz (Weichhart) als auch der phänomenologische Zugang (Pohl) zur Interpretation der empirisch ermittelten Phänomene von Nutzen gewesen.

Anmerkungen

1 »Jeder ernsthafte Teetrinker wird daher die Ankunft in Ostfriesland wie eine langersehnte Heimkehr empfinden. Das Land wirkt angenehm flach und übersichtlich, ein frischer Wind kommt vom Meer, die Menschen sind zurückhaltend und fröhlich. Zwischen Jadebusen und Dollart sitzen sie beisammen, in niedrigen Moorkaten und backsteinroten Ortschaften, einst ein reiches Volk, heute unter den ärmsten der Bundesbürger.« (J. GROSCHUPF: Wenn der Kandis in der Tasse klimpert. Eine Wallfahrt durchs Gelobte Land der Teetrinker. In: Die Zeit Nr. 7, 8.2.1991, S. 65).

2 Vgl. allgemein zum Thema Regionalkultur in Ostfriesland: Kulturpolitische Gesellschaft e.V. (Hrsg.): Ferne Nähe. Zur Intensivierung ländlicher Kulturarbeit. Hagen 1992 (= Dokumentation 41); R. RIZZARDO: East Frisia - from culture to development. Strasbourg 1988 (= Council of Europe, project no. 10, culture and region, no. 7); R. WILKE: Staat und Kulturförderung. 10 Jahre regionale Kulturpolitik des Landes Niedersachsen. Sögel 1985.

3 Vgl. dazu auch: INSTITUT FÜR WIRTSCHAFT UND GESELLSCHAFT BONN e.V. (IWG): Der Einfluß außerökonomischer Faktoren auf die Beschäftigung. Dargestellt an den Arbeitsamtsbezirken Leer und Balingen (verf. von K.D. GRÜSKE/J. LOHMEYER). Bonn 1989; R. MEISSNER: Lebensqualität und Regionalbewußtsein. Objektive Lebensbedingungen und subjektive Raumbewertung im Kreis Leer (Ostfriesland). In: Berichte zur deutschen Landeskunde 60, 1986, S. 227-245.

4 Die empirischen Untersuchungen, die den in diesem Beitrag dargestellten Ergebnissen zugrundeliegen, fanden im Rahmen des sozialgeographischen Forschungsprojektes »Ostfriesland: Regionalbewußtsein und Lebensformen« im Fach Geographie an der Universität Oldenburg statt. (Zum Konzept vgl. Abschn. 2.1). Gedankt wird der Deutschen Forschungsgemeinschaft für finanzielle Unterstützung von 1989-1992 und zahlreichen Personen in Ostfriesland für ihre Gesprächs- und Hilfsbereitschaft.

5 Materialbasis ist eine umfangreiche Leserbriefdebatte im »General-Anzeiger« (Rhauderfehn, Landkreis Leer) im Jahre 1987, mit der auf eine ZDF-Sendung zum Themenfeld »Regionale Strukturschwäche und Heimatbewußtsein in Ostfriesland« reagiert wurde.

6 Auswertungsgrundlage ist die Transkription eines dreistündigen Gesprächs mit sechs Mitgliedern des Arbeitskreises Ostfriesischer Autorinnen und Autoren im Dezember 1989.

7 Die Materialbasis resultiert aus einer Befragung von Teilnehmerinnen und Teilnehmern verschiedener Kurse der Kreisvolkshochschule Aurich Ende 1989 (Fragebogen mit weitgehend offenen Fragen, 66 Fragebögen ausgewertet).

8 Zur umfassenden Herleitung des Untersuchungsansatzes aus den allgemeinen sozialwissenschaftlichen und insbesondere den sozialgeographischen Diskussionen zu »Regionalbewußtsein«, »Regionalkultur« und

»Regionalentwicklung« vgl. R. DANIELZYK / R. KRÜGER: Ostfriesland: Regionalbewußtsein und Lebensformen. Ein Forschungskonzept und seine Begründung. Oldenburg 1990 (= Wahrnehmungsgeographische Studien zur Regionalentwicklung H. 9). In die Interpretation der Ergebnisse gehen darüber hinaus folgende jüngere Arbeiten ein: H. HÄUSSERMAN / W. SIEBEL: Die Kulturalisierung der Regionalpolitik. In: Geographische Rundschau 45, 1993, S. 218-223; J. POHL,: Regionalbewußtsein als Thema der Sozialgeographie. Theoretische Überlegungen und empirische Untersuchungen am Beispiel Friaul. Habilitationsschrift, TU München 1992; P. WEICHHART: Heimatbindung und Weltverantwortung: Widersprüche oder komplementäre Motivkonstellationen menschlichen Handelns. In: Geographie heute, H. 100/1992, S. 30-44; ders.: Raumbezogene Identität. Bausteine zu einer Theorie räumlich-sozialer Kognition und Identifikation. Stuttgart 1990 (= Erdkundliches Wissen H. 102); B. WERLEN: Regionale oder kulturelle Identität? Eine Problemskizze. In: Berichte zur deutschen Landeskunde 66, 1992, S. 9-32.

9 Im Rahmen der drei Ortsstudien (Fehnsiedlung, Geestdorf, Kreisstadt) wurden mit jeweils ca. 15 Bewohnerinnen und Bewohnern sowie jeweils ca. drei »exponierten örtlichen Informanten« (aus Heimatvereinen, Kirchengemeinden, Lokalpolitik usw.) Intensivinterviews geführt. Weitere Quellen sind umfangreiche »Graue Literatur«, Artikel aus der jeweils bedeutendsten Lokalzeitung sowie »teilnehmende Beobachtung« (Veranstaltungsbesuche etc.). Zur Begründung des Einsatzes qualitativer Methoden bei empirischen sozialgeographischen Studien vgl. P. SEDLACEK (Hrsg.): Programm und Praxis qualitativer Sozialgeographie. Oldenburg 1989 (= Wahrnehmungsgeographische Studien zur Regionalentwicklung H. 6).

10 Wichtigste Materialgrundlage sind Intensivinterviews mit 8 Bauern bzw. 13 Pendlern sowie je drei »exponierten lebensformbezogenen Informanten«. Darüber hinaus wurden zahlreiche Informationsgespräche geführt und umfangreiche »Graue Literatur« ausgewertet.

11 In diesem Rahmen kann auf die auch in die Schlußfolgerungen eingehenden Ergebnisse zu den Komponenten 2) und 3b) nicht näher eingegangen werden.

12 Die Angaben in Klammern bezeichnen die Fundstellen in den Interviewtexten.

13 Ausführlich u.m.w.N. dazu: R. DANIELZYK / R. KRÜGER, wie Anm. 8, S. 77ff; R. KRÜGER: Perspektiven differenzierter Raumentwicklungen. Eine Herausforderung an die Sozialgeographie. In: Geographische Zeitschrift 79, 1991, S. 138-152, insbes. S. 141ff.

14 Zum Vergleich mit den eigenen Ergebnissen regt eine Studie an, die den Strukturwandel der Landwirtschaft und darauf reagierende unterschiedliche Bewältigungsstrategien der Bauern untersucht und in einer typologischen Zusammenschau darstellt: O. KÖLSCH: Die Lebensform Landwirtschaft in der Modernisierung. Frankfurt u.a. 1990 (= Europäische Hochschulschriften: Reihe 22, Soziologie, Bd. 200).

15 Vgl. z.B. W.J. SCHÖPS: »Wie die Türken aus dem Norden«. In: Der Spiegel, H. 42/1987, S. 128-143.
16 Vgl. mit überraschend ähnlichen Ergebnissen für Bayern die sozialgeographische Studie von S. JUNKER: Wochenendpendler aus dem Landkreis Freyung-Grafenau. Theoretische Annäherungen und qualitative Einzeluntersuchungen. Nürnberg 1992 (= Beiträge zur Arbeitsmarkt- und Berufsforschung 164).- Es sei hier betont, daß mit diesen Ergebnissen das Alltagsbewußtsein der Frauen der Pendler, aber auch der Bäuerinnen, nicht erfaßt wird. Dafür wären eigene umfangreiche Teilstudien notwendig gewesen.
17 Vgl. z.B. A. VOSS: Raumplanung von unten. Begründung, Konzept und methodische Leitlinien für eine alternative Raumplanung. Dortmund (2. Auflage) 1988.
18 Vgl. dazu z.B. R. DANIELZYK: Alltagsroutine als limitierender Faktor einer »Planung von unten«: In: Nachrichten des Arbeitskreises für Regionalforschung Heft 4-5/1991, S. 3-17; H. HÄUSSERMAN / W. SIEBEL, wie Anm. 8; J. POHL, wie Anm. 8.
19 Dieses ist auch der Zuständigkeitsbereich der Ende 1991 im Rahmen der niedersächsischen Regionalisierungspolitik gegründeten »Regionalen Strukturkonferenz Ost-Friesland«; vgl. dazu allgemein R. DANIELZYK: Niedersachsen im Umbruch - Probleme und Perspektiven der Regionen und der Regionalpolitik. In: Verein Eigenständige Regionalentwicklung Niedersachsen / Stiftung Leben und Umwelt (Hrsg.): Wer entwickelt die Region? Ansätze des sozialen und ökologischen Umbaus. Hannover 1992, S. 9-30; Niedersächsisches Institut für Wirtschaftsforschung (Hrsg.): Zur Neuorientierung der regionalen Wirtschaftspolitik. Hannover 1991.
20 Zum Teil erfüllt die existierende Regionale Strukturkonferenz diese Voraussetzungen; vgl. Ostfriesen-Zeitung vom 19.12.1991, S. 4, und vom 26.6.92, S. 3.
21 Vorschläge und Szenarien in diesem Sinne finden sich z.B. bei M. HUEBNER / A. KRAFFT / G. ULRICH: Beschäftigung und Infrastruktur auf der »Ostfriesischen Halbinsel«. Oldenburg 1991; R. KRÜGER: Die neuen Regionalisierungsansätze als Chance für Ostfriesland? Aurich 1993 (= Perspektiven Ostfrieslands H. 4); A. TACKE: Regionale Arbeitsmarktpolitik um das Jahr 2010. In: P. FRIEDRICHS u.a. (Hrsg.): »... und raus bist Du ...« Arbeitslos in Ostfriesland. Bunde 1989, S. 129-138.
22 Vgl. N. LUHMANN: Soziologische Aufklärung 2, Aufsätze zur Theorie der Gesellschaft. Opladen (3. Auflage) 1986.
23 Vgl. P. WEICHHART, wie Anm. 8, bzw. B. WERLEN, wie Anm. 8.
24 P. WEICHHART, Heimatbindung, wie Anm. 8, S. 33.
25 J. POHL, wie Anm. 8, insbes. S. 59ff.
26 A.a.O., S. 92.
27 A.a.O., S. 67f., S. 99ff.

Beatrice Ploch und Heinz Schilling

Region als Handlungslandschaft
Überlokale Orientierung als Dispositiv und kulturelle Praxis: Hessen als Beispiel

Die aktuelle Diskussion über Region steht ganz im Zeichen des Schlagwortes vom »Europa der Regionen«, wobei sowohl moderne – ökonomische – Formen des Regionalismus als auch altbekannte und irrelevant geglaubte – wie ethnische oder kulturelle – thematisiert werden. In dieser Debatte konkurrieren Ideen, die im Kern der Versicherung des eigenen Besonderen, auch in historischer Perspektive, und der Ab- oder gar Ausgrenzung von anderen dienen. Die öffentliche Diskussion, von Politikern, Verwaltungsbeamten und Wissenschaftlern beherrscht, wird intentional geführt und läßt eine Bedeutungsvielfalt einzelner Begriffe zu, die letztlich, verstärkt durch inflationären Gebrauch, zu ihrer Konturenlosigkeit führt. Dabei knüpft man wie selbstverständlich an die Regionalismus-Debatte der 70er und frühen 80er Jahre an, in deren Mittelpunkt Forderungen nach Demokratisierung und Dezentralisierung im je eigenen nationalen Rahmen standen (vgl. Gustafsson 1976). Die heutige Diskussion um Region und regionale Identität wird jedoch, im Gegensatz zu damals, in den Mitgliedsstaaten der Europäischen Gemeinschaft *von oben* geführt: regionale Besonderheiten sollen sowohl als Produktivfaktoren genutzt werden wie auch der Kompensation übernationaler Zentralisierung dienen. Hieraus ergibt sich für uns ein grundlegender Widerspruch: Einerseits dominiert die entwicklungs- und wachstumsorientierte, in die Verflechtungen des Weltmarktes eingebundene Perspektive der Politik, die Mobilität, Flexibilität und Ortsungebundenheit als Leitwerte propagiert; andererseits versucht eben diese Politik kollektive, territoriale Identitäten zu konstruieren, die ja eigentlich auf Verortung, Kontinuität und Kommunität basieren. Diese Konstruktionen territorialer Identitäten beziehen sich auf vorhandene intentionale räumliche Gebilde wie politische, administrative oder ökonomische Regionen. In diesem Verständnis rückt Region als gedankliches Gebilde dem Konstrukt der Nation nahe. Aus unserer Perspektive hingegen konstituiert sich Region auf der Ebene alltagsweltlicher Praxis in überschaubaren räumlichen Einheiten, die sich lokalen Räumen nähern. Region ist also eingebettet zwischen ideologischem Konstrukt und subjektiv erfahrener Handlungslandschaft. Dieser Beziehung versuchen wir mit unserem Forschungsprojekt *Regionale Identität in Hessen* nachzugehen. Das Erkenntnisinteresse zielt dabei nicht auf den Aufweis eines homogenen oder homogenisierten »Hessen«-Bewußtseins der Bewohner in ihrem historisch, mental, ökonomisch und geografisch disparitären Bundesland, sondern gilt der symbolischen Bezogenheit von Menschen auf sehr viel kleinere Teilräume.

Regionale Identität in Hessen – ein kulturanthropologisches Forschungsprojekt

Aus kulturwissenschaftlicher Perspektive werden Regionen häufig als relativ homogene räumliche Einheiten mit einer einheitlichen Geschichte definiert. Ein solches Verständnis von Regionen als klar abgegrenzte territoriale Gebilde, die »einen eigenen Menschenschlag mit einer gewissen einheitlichen Qualifikation« (Jeggle 1981, 15) hervorbringen, wird den gesellschaftlichen Verhältnissen nicht mehr gerecht. In der Herausbildung von »Widerstandsregionen«, Interessengebieten oder »Handlungslandschaften« lassen sich vielmehr dynamische Prozesse »der kulturellen Entfaltung von Gemeinsamkeiten in einem umgrenzten, aber in seiner Grenzziehung nicht festgelegten Raum« erkennen (Greverus 1984, 27; vgl. auch Schilling 1981, 1984 u. 1986).

Die Fokussierung der Gemeinde als Untersuchungsgegenstand – und zwar als Satisfaktionsraum und Basis territorialer Identität – herrscht in der Kulturanthropologie vor. Ausgehend von der Annahme, daß sich regionale Orientierung über- oder translokal vollzieht, muß also der Wandel lokaler Orientierung berücksichtigt werden. Zentralisierungsprozesse haben auch vor den Gemeinden nicht Halt gemacht, ebenso ist für sie ein heterogenes Erscheinungsbild kennzeichnend, dessen Realität oft mit dem eigenen verteidigten Selbstverständnis schwer in Einklang zu bringen ist. Lokale Identität, die auf der Vorstellung einer inneren Homogenität basiert, wirkt zwar weiterhin kontrastiv nach außen, wobei allerdings konkrete Interaktion immer häufiger von Mechanismen oder Ritualen ersetzt wird, die der Verständigung über das Gemeinsame, das Verbindende, dienen. Einzig die räumliche Nähe ermöglicht heute noch vielerorts die Aufrechterhaltung – oder gar Verteidigung – soziokultureller Netze und Kontrollmechanismen. Beispielsweise dokumentiert die Konjunktur der Dorf- oder Stadtfeste das Bedürfnis nach Ereignissen, die der kollektiven Rückversicherung des als das Gemeinsame postulierten dienen. Nichts anderes stellt der vom Bundesland organisierte »Hessentag« dar, der Publikumsrekorde feiert (FR vom 19.7.1993). Der Unterschied liegt einzig in der sozialen Nähe; einander kennen läßt das Gefühl von Zusammengehörigkeit entstehen. Der direkte Kontakt wird bei einer Veranstaltung wie dem Hessentag durch die Identifikation mit Symbolen kompensiert.

So entwickelt sich auch lokale Identität immer stärker zu einem ideologischen Konstrukt und präsentiert sich eher als Glaubensbekenntnis, das dem Quellgrund der Gefühle entspringt (vgl. Schilling 1993b). Dieser Wandel resultiert auch aus der Tatsache, daß zum einen der lokale Raum seine Exklusivität als deckungsgleicher Handlungs-, Bedeutungs und Erfahrungsraum – eben als ausschließlicher Satisfaktionsraum – verloren hat, und daß zum anderen meistens traditionelle lokale Eliten die Rolle der Produzenten von Kompensationsstrategien übernehmen. Daraus ergibt sich für uns die Hypothese, daß sich lokale und nationale bzw. regionale kollektive Identitätsbildungsprozesse – auf der jeweiligen Ebene *von oben* initiiert – als Konstruktionen einander nähern.

Die empirische Regionalforschung hat zwei Möglichkeiten, sich ihrem Untersuchungsgegenstand zu nähern. Sie definiert entweder das Verbreitungsgebiet eines zuvor ausgewählten

Merkmals oder eine topographische Größe, die auf bestimmte Phänomene hin analysiert wird, als Region (vgl. Kerkhoff-Hader 1979, 41). Beide Zugänge erschließen Region als erkenntnistheoretisches Konstrukt (vgl. Knoch 1984). Wir haben uns für den zweiten – den deduktiven – Zugang entschieden und versuchen, individuelles und kollektives regionales Bewußtsein wie auch die Bedingungen dafür aufzudecken. Kollektiven Sinn oder Kommunität bezogen auf einen überlokalen Raum setzen wir nicht als gegeben voraus, sondern die Entdeckung der Relevanz oder Irrelevanz davon soll unser Ergebnis sein. Wir fragen unsere Respondenten nicht nach vorgefertigten territorialen Bildern, sondern lassen sie *ihre* Regionen schildern.

Das Bundesland Hessen erweist sich für die individuelle Orientierung absolut irrelevant als Region, ebenso die Regierungsbezirke. Regional *greifbar* werden Raumdimensionen von Landkreisgröße abwärts.

Untersuchungsraum: Wir haben im Rahmen des Forschungsprojekts *Regionale Identität in Hessen* zwei Landkreise – den Vogelbergkreis und den Main-Kinzig-Kreis – für unsere vergleichende Untersuchung ausgewählt. Beide Landkreise werden von ihren Bewohnern nicht offensiv als in sich geschlossene räumliche Einheiten bekundet, aber in der Öffentlichkeit von ihren politischen Vertretern als Regionen dargestellt. Während der Vogelsbergkreis eher ländlich strukturiert ist und ein agrarisches Bild vermittelt, faßt der Main-Kinzig-Kreis den Übergang von ländlichen bis hin zu städtisch geprägten Teilräumen; beiden gemeinsam ist die Relevanz des Zentrums Frankfurt, wobei sich Beziehungsgeflechte und Formen der Abhängigkeit unterscheiden.

Unsere Untersuchung beschränkt sich also auf zwei relativ willkürlich entstandene, politisch-administrative, naturräumlich differente Einheiten, die verschiedenen Planungsregionen angehören und in diesem Kontext von unterschiedlicher Bedeutung sind.

Untersuchungshypothese: Wir versuchen auf der konkreten Handlungsebene Indikatoren für einen symbolischen und praktischen Bezogenheitsbereich Region zu ermitteln. Ausgehend von der Überlegung, daß sich räumliche Orientierung in der mobilen Gesellschaft überlokal vollzieht, ergibt sich folgende Hypothese: aus der überlokalen Orientierung einzelner entwikkeln sich Interaktions- und Erfahrungsnetze, die in ihren Schnittpunkten Faktoren für den Prozeß der Bildung einer kollektiven regionalen Identität bilden. Die so ermittelten Regionen sollen in Relation zu intentional vermittelten Raumbildern (Presse, Selbstdarstellungen etc.) analysiert werden.

Fragen und Methoden: Folgende Fragen lagen unserer Untersuchung zugrunde:
1. Wer vermittelt welche Vorstellungsbilder vom und im gegebenen Raum? 2. Welche lokalen oder regionalen Eliten sind Träger und Medien intentionaler Raumbilder? 3. Welche Beziehungsgeflechte, Abhängigkeiten, soziale, kulturelle, ökonomische Realitäten und Besonderheiten sind diesem Raum eigen? 4. Wie und wodurch erfahren und bewerten Menschen diesen Raum als Handlungs-, Interaktions- und Sinnzusammenhang?

Die empirische Basis für die Beantwortung dieser Fragen ist folgende:
- Dokumentenanalyse (Selbstdarstellungen der Kommunen, Landkreise und überörtlichen Verbände);
- Pressebeobachtung (acht regionale Tageszeitungen über den Zeitraum von einem Jahr);
- narrative Interviews mit Menschen, denen eine überlokale Perspektive zu eigen ist(regionale Elite);
- Sekundäranalysen;
- standardisierte Interviews mit 200 Respondenten über 18 Jahren (mehrstufiges Auswahlverfahren: regional quotas, local randoms);
- Typologisierung praktischer und symbolischer Ortsbezogenheit (200 Respondenten);
- mental maps (200 Respondenten).

Im folgenden werden drei dieser methodischen Zugänge und erste Ergebnisse (das Projekt befindet sich noch in der Phase der Auswertung) vorgestellt.

Mental Maps - 200 regionale Lebenswelten

Neben anderen Methoden zur Erschließung subjektiv gelebten Raums hat sich für uns das Mental-Map-Verfahren einmal mehr als Königsweg erwiesen. Die Methode hat ihre eigene Geschichte (vgl. Geipel 1982, 8 ff.), auf die hier nicht näher eingegangen wird, ebensowenig wie auf die Kritik, der sie ausgesetzt ist (Tzschaschel 1986, 36 ff.). Wir betrachten mit Downs und Stea »kognitives Kartieren« als einen abstrakten Begriff, »welcher jene kognitiven oder geistigen Fähigkeiten umfaßt, die es uns ermöglichen, Informationen über die räumliche Umwelt zu sammeln, zu ordnen, zu speichern, abzurufen und zu verarbeiten. Diese Fähigkeiten ändern sich mit dem Alter (oder der Entwicklung) und dem Gebrauch (oder Wissen). Vor allem aber bezieht sich kognitives Kartieren auf einen Handlungsprozeß: es ist eher eine Tätigkeit, die wir ausführen, als ein Objekt, das wir besitzen« (Downs u. Stea 1982, 23).

Entgegen üblicher Verfahren (die Antworten von Respondenten in der Auswertungsphase zu einer auf bestimmte Fragestellungen reduzierte Landkarte zu aggregieren) erhielten unsere Respondenten ein leeres Blatt Papier und einen Stift mit der Aufforderung: »Malen Sie doch mal eine kleine Kartenskizze von ihrem Ort und der Umgebung! Zeichnen Sie was für Sie persönlich wichtig ist!« Da eine solche Aufforderung zumeist etwas unvermittelt kommt, und das Zeichnen der eigenen kognitiven Karte für uns nicht gerade alltäglich ist und ein hohes Maß an Abstraktionsfähigkeit erfordert, mußte zumeist noch der Nachsatz folgen: »Wir würden nur gerne wissen, was für Sie persönlich wichtig ist, das muß nicht mit einer wirklichen Landkarte übereinstimmen.«

Nur wenige Interviewpartner trauten sich dies nicht zu. Das Resultat sind an die 200 Landkarten, Bilder von Lebenswelten, deren Distanzen von Göteborg bis Sevilla, von Dublin bis zum Ural reichen; die nahgelegene Orte ausschließen und ferne in die Nähe rücken; die sich auf den eigenen Mikrokosmos von Haus und Grundstück beschränken oder eine elaborierte Weltsicht kundtun; die die eigene Umwelt konzentrisch erschließen oder deren konkreteste Verortung (Wohnung) gleichberechtigt neben temporär begrenzten steht; die Raum in der Informationsqualität eines Stadtplanes widerspiegeln oder ästhetisch als Motiv einer Tusche-Landschaftszeichnung fühlen. Die gewählten Darstellungsformen sind mannigfaltig, kombinieren Zeichen, Schrift und Signets oder beschränken sich auf nur ein Mittel; sie wirken künstlerisch oder technokratisch. Im Ergebnis sind diese Lebenswelten biografische, soziale, symbolische, existenzielle Verknüpfungen und als solche individuelle Handlungs-, Nutzungs-, Funktions-, Interaktions- und Bedeutungslandschaften, die ihre eigenen Grenzen und ihre eigene Logik haben, die sich allerdings an Natur- und geplanten Funktionsräumen wie auch der bebauten und sozialen Um(-Mit)welt orientieren. Letzteren wird eine subjektive Bedeutung verliehen wie beispielsweise den Autobahnen, die durch beide Landkreise führen. Diese Magistralen nationaler und internationaler Mobilität, Medien der globalen Verbindung, werden in der regionalen Wahrnehmungsdimension oft eher als Grenzen, die das Gebiet teilen, denn als Verbindungen zum – außerhalb der beiden Landkreise liegenden – angeblichen Zentrum Frankfurt empfunden. Nur ein einziges Mal wurde eine tatsächliche politische Grenze relevant, diejenige zwischen Hessen und Bayern.

Wir unterscheiden drei Typen von kognitiven Karten: subjektive Regionen-Karten, Ortskarten und enträumlichte Lebenswelten.

1. Über 40 Prozent der kognitiven Karten sind großräumige und über den Wohnort hinausgehende – also in Handlungsregionen hineindenkende – Landkarten. Sie verleihen dem realen Raum eine subjektive Ordnung, indem sie eigene Wege und Orte abbilden, die als Einkaufs-, Arbeits- und Freizeitpunkte gekennzeichnet sind, oder als solche, an denen Freunde und Verwandte leben. Dominant ist hier eine offensive Erschließung

des Raums und die Tendenz, räumliche Symbolik sehr plakativ darzustellen.
Die eigene Region als Freizeit- und Konsumlandschaft: Die 21jährige umkreist ihr Zentrum BSS – Bad Soden-Salmünster. Schnell und ausholend zieht sie ihre Verbindungen, überschreitet die Grenze zum Wetteraukreis im Norden – die real eher westlich verläuft. Hier, sagt sie, besucht sie Freunde und die Disco. Elm im Nordosten ist gleichberechtigt mit der Kernstadt Schlüchtern, obwohl dieses Dorf Elm nur ein Ortsteil von über zehn ist. Die Verästelungen vom Zentrum ausgehend wirken auf den ersten Blick willkürlich, doch mit Schlüchtern im Osten und Hanau im Westen beschreiben sie die Hauptverkehrsachse, die den Main-Kinzig-Kreis teilt, und die Grenzen des Landkreises. Außen vor bleibt Frankfurt, der Arbeitsort der Verwaltungsangestellten, die dort Suchtkranke betreut. Ob das ihre Heimat sei, fragen wir auf die kognitive Karte deutend. Ja, denn hier leben die Freunde und ihre Familie.

Der Lebensmittelpunkt der jungen Frau ist ihr Wohnort, doch ihr Leben vollzieht sich überlokal; Orte in der nahen und weiteren Umgebung – die wie Satelliten um das Zentrum angeordnet sind – sind Teil ihrer alltäglich erfahrenen Lebenswelt, aus der sie ihren Arbeitsalltag und -ort ausschließt. Ihre Region bezeichnet das gelebte soziale Netz und Orte des Konsums.

2. Den eigenen Wohnort hat ein gutes Drittel der mental maps zum Zentrum, wobei hier Varianten überwiegen, die den Wohnort zwar in den Mittelpunkt setzen, aber auch Verbindungen zu umliegenden Orten aufzeigen oder diese als bedeutsame Subzentren definieren.
Die Kirche bleibt im Dorf: Seit drei Jahren lebt die Hausfrau mit ihrer Familie in der Vogelsberggemeinde. Sie kennt noch nicht alle Straßen und Wege in der Umgebung. Ohne Nachfrage nimmt sie den Stift in die Hand und zeichnet die Kirche, die ihr als Orientierungspunkt für die Beschreibung des örtlichen Straßennetzes dient. »Wir« wird in der »Küche« eingekästelt, die Fabrik schräg gegenüber liegt im Blickfeld, aber bedeutsamer sind die Ziele, die täglich im Ort angesteuert werden: Bäcker, Käse kaufen, Schule, Kindergarten. Die gelernte

Erzieherin erklärt außer uns auch ihren Kindern, was sie da gerade zeichnet. Der Bauer ist bedeutsamer und größer als die Fabrik, obwohl die Gemeinde im Zentrum der »Region des ländlichen Niedergangs« verortet ist. Nach Beendigung des Ortsplans und einer kurzen Pause fügt die 32jährige noch einen Kasten am oberen Blattrand hinzu, die anderen Orte haben noch gefehlt, Maar, Lauterbach, der Hoherodskopf, auf dessen Gipfel der Fernsehturm das Basaltplateau überragt. Berg und Turm werden in zahlreichen mental maps zu wichtigen Orientierungspunkten – als Ausflugsziel oder Symbol. »Das ist nur unser Dorf, es gibt noch andere wichtige Orte in der Umgebung«. Nehme man diese – durch den Kasten ausgegrenzte – dazu wie auch die Landschaft, die Menschen, die Natur und das Sich-Wohlfühlen, dann ist das ihre Heimat.

3. Fast 20 Prozent der kognitiven Karten bezeichnen wir als enträumlichte oder ortlose mental maps, die keine territorialen Konkretisierungen aufweisen und zumeist ausschließlich die eigenen Lebensumstände oder Wünsche thematisieren.
Die öffentliche Insel: Mit einigen anderen Gästen sitzen wir im Lebens-Mittelpunkt unseres Respondenten, der zwischendurch schnell mal ein Bier zapft oder einen Kurzen eingießt. »Die Gaststätte ist ganz wichtig, sonst gibt es keine Kommunikation«, meint der Wirt beim Zeichnen der Karte. Sie ist auch seine einzige reale Verortung, die nahegelegene Sporthalle erträumt er sich nur, die gibt es – noch – nicht. Sonst zählen für ihn nur Familie, Wohnung, Bäume, Tiere, Radfahren. Das Auto thront kommentarlos über dem Familienmikrokosmos – Vater-Mutter-Kind. Hier geboren sein, leben, der Besitz, die Familie und Sich-Wohlfühlen, das macht für den 41jährigen Heimat aus. Selbst das direkte Wohnumfeld spielt für den Gastwirt keine Rolle, wird nicht zum Bestandteil seiner mentalen Landkarte, die im geografischen Sinne ortlos bleibt. Lokale Bezüge läßt er mit seinen Gästen in seine »öffentliche« Privatsphäre ein. Ohne ihn zu benennen, setzt er seinen Wohnort kontrastiv zu anderen Städten: »Wichtig ist Natur. Gelnhausen, Hanau ...ist eklig. Wie kann man nur 20 Jahre oder länger nach Frankfurt fahren?« Die Erfahrung vieler seiner Gäste, die täglich 140 Kilometer –

Frankfurt hin und zurück – zur Arbeit pendeln, möchte er nicht teilen.

Die kognitiven Karten sind sehr stark geprägt von den je eigenen Lebensbedingungen und -erfahrungen wie auch den zur Verfügung stehenden Mitteln zur Erschließung von Raum. Gerade ältere Menschen – und hier ist das Alter dominanter als die Tatsache, daß sie Alteingesessene oder späte Stadtflüchtige sind – betonen eher Gefühlsräume als wirkliche Räume. Zudem sind sie viel kleinräumiger (geringere Mobilität), dominanter werden hier frühere eigene Erlebnisse in der Umgebung und der tradierte Wissensvorrat – Feindschaften zwischen Orten, ortsübergreifende Begebenheiten.

Aus den wörtlich bezeichneten Orten ergeben sich einige wenige *Zentren* gemeinsamer Fixierung. Lauterbach, die Kreisstadt des Vogelsbergkreises, rangiert mit großem Vorsprung an der Spitze und ist auch für einen beachtlichen Teil der Bewohner des Nachbarkreises relevant. Wohingegen Hanau, die Kreisstadt des Main-Kinzig-Kreises, nicht mal von gleicher Bedeutung für die »eigenen« Bewohner ist. So ist die Kleinstadt *auf dem Berg* eher ein Zentrum für diesen Raum, als die industriell geprägte Großstadt *in der Ebene*, die teilweise als Vorort von Frankfurt und als solcher nicht zugehörig bewertet wird.

Fast schon über den Rand gedrängt ist Homberg an der Ohm, die Kleinstadt des Vogelsbergkreises *hinter der A 5*, die die Grenze zum eigenen Kreisgebiet markiert, und von wo aus räumliche Orientierung in entgegengesetzter Richtung erfolgt.

Die Ergebnisse zeigen, daß geplante räumliche Festlegungen auf funktionale und politische Einheiten nur eine geringe Wirkung auf individuelle lebensräumliche Orientierungen haben. Darüberhinaus gibt es auf der individuellen Ebene Anzeichen für gemeinsameRaumorientierungen, die aus gemeinsamen Bedeutungsmustern hervorgehen, oder solche hervorbringen können. Gerade das Beispiel Homberg belegt, daß individuelle überlokale Orientierung im lokalen Raum verankert ist.

Wesentlich mehr Menschen als angenommen beschreiben in den mental maps ihre Lebenswelt als eine überörtliche. Am häufigsten werden symbolische räumliche Orientierungen relevant, die überwiegend den Naturraum und erst in zweiter Linie die bebaute Umwelt betonen. Existenzielle und soziokulturelle Orientierungen sind für die Respondenten gleich wichtig, währendessen die kontrollierende Komponente der Raumorientierung äußerst selten erwähnt wird. Der symbolischen Raumorientierung scheint in bezug auf die kontrollierende – also mangelnde Möglichkeiten der Gestaltung des Raums – eine kompensatorische Funktion zuzufallen.

In den mental maps wird Region als Erfahrungsfeld und über Bedürfnisbefriedigung relevant. Diese lebensweltliche – im Schützschen Sinne – räumliche Orientierung, die wir auch als »Regionalität des Menschen« (Leeb 1986, 121) bezeichnen, wirkt »in dieser alltäglich-episodischen Form verstreuter sinnstiftender Fixpunkte« (Knoch 1984, 12). Die Erfahrungsfelder sind nicht institutionell überwölbt. Diese Regionen sind keine herrschaftsspezifischen Entscheidungsräume, können aber unterhalb dieser Ebene als Territorien kollektiver Aktivität relevant werden. Lebensregionen sind kleinräumiger als die politisch-administrative oder funktional gesetzte Region. Regionale Bedeutung entwickelt sich also aus einer überlokalen Orientierung. Diese subjektive räumliche Erfahrung ist jedoch selten Basis des objektivistischen Konstrukts von Region.

Region - ein gelebtes Konstrukt?

Das Dilemma der Karriere der *Von-oben-Region* besteht darin, daß Definitionshorizont und Identifikationshorizont sich nur um den Preis der Irrelevanz des angeblich Charakteristischen in Übereinstimmung befinden. Unterstützt wird diese Vermutung in Analysen *grenzüberschreitender* Regionen, wo Fragestellungen nach der tatsächlichen Geltung von regionalen Images unter den Bedingungen ihrer Limitierung und damit einer unmittelbar verifizierbaren Differenz bearbeitet werden (vgl. Stolz und Wiss 1965; Fichtner 1988; Kockel 1991; Schilling 1993).

Zu den kulturanthropologischen Anforderungen an den Regionenbegriff gehört seine empirische Wahrnehmbarkeit als gelebte Kultur, entweder als Widerspiegelung der qualitativen

Zuschreibungen zu einem funktionalisierten Territorium in Bewußtsein und Handeln der in ihm lebenden Menschen, oder als eine von ökonomisch-politischen Intentionen *nicht* manipulierte Besetzung eines Raums mit individuellen – wie bei den mental maps aufgezeigt – und kollektiven Bedeutungen.

Dieses Vitalisierungs-Postulat soll noch einmal als eine wesentliche Projekt-Idee festgehalten werden. Identität, das andere Zauberwort auf der Bühne des Regionaldiskurses, müßte sich in ihrem prozeßhaften Charakter ebenso grundsätzlich befragen lassen, wie Region selbst: Ist Region tatsächlich eine relevante Größe für den Menschen? Kann zwischen dem Ort als Nahraum der Lebenswelt und Nation als fernem Wertraum eine Dimension nachgewiesen werden, welche die Notwendigkeiten der menschlichen Existenz gewährleistet und darüber hinaus identitätgebend wird – als Objekt von Zuwendung oder Haß eine symbolische Bedeutung bekommt und somit eine kulturelle Dimension annimmt?

Wenn Mobilität eine generelle Anforderung für die Menschen komplexer Industriegesellschaften ist, dann könnte Region eine diesem Dispositiv entsprechende Raumvirtualisierung sein.

Kein Raum ist jedoch für den Menschen lediglich Nutzraum, der die Befriedigung bestimmter Bedürfnisse gewährleistet und deshalb bereits zum Eigenterritorium erklärt wird. Zur schieren Existenzsicherung kommen in kulturanthropologischer Perspektive Kriterien hinzu wie Ordnung und Eigensinn der Alltagsgestaltung, die Qualität der Umwelteignung, die Vereinbarung mit anderen Menschen über Bedeutungen als die *Gedanken hinter den Dingen*. So nehmen wir denn Wertbesetzungen für einen Raum ins anthropologische Blickfeld, die – individuell getragen und auch gemeinsam verstanden – zum gemeinschaftlich geteilten Sinn für diesen Raum gehören. Ob soziale Praxis und symbolische Wertbesetzungen also auch einem gegebenen Raum wie Region als besondere Qualitäten aufruhen und ihn auf diese Weise spezifisch, unverwechselbar und wertvoll machen, dies soll im Projekt grundsätzlich problematisiert werden.

Bei diesem anthropologischen Ansatz wird nicht versucht, ein Vakuum namens Region zu füllen, sondern die Bindungswirkung lokaler Identität (vgl. Dunckelmann 1975; Ilien und Jeggle 1978; Brüggemann und Riehle 1986; Cohen 1987; Schilling 1992) in eine darüber hinausreichende Raumdimension hinein zu denken, von der aus sie als eine Art von Gruppenidentität zurückwirken kann auf den einzelnen. *Region* wird, um es zu wiederholen, nicht a priori gesetzt. Der von einem Dorf, einer Kleinstadt oder Stadt aus konzentrisch als Handlungslandschaft zu denkenden Region könnte, vom anderen Ende der Wertraumskala aus, nationale Identität – vorwiegend unter dem Gesichtspunkt ihrer intentionalen Konzeptionalisierung – entgegengedacht werden (vgl. Gellner 1983; Anderson 1988; Löfgren 1989; Niedermüller 1992; Rech 1992; Zimmermann 1992).

Regionale Ausweitung des lokalen Handlungsraums

Die lokale Dimension ist eine sichere Plattform unserer Empirie. Die Lebenswelt des eigenen Orts wird uns entgegengebracht als zunehmende, zum Teil auch selbstgewählte Fremde. Dies verdeutlichen Aspekte wie selektive Nachbarschaftsnutzen; indifferente bis konflikthafte Alt-/Neubürger-Kontakte; eine steigende Zahl lokal »Andersartiger«; erduldete Modernisierungszumutungen wie die zwei Jahrzehnte zurückliegende Gemeindereform; unspezifische, weil ubiquitäre lokale Charakteristika; eine insgesamt ununterscheidbarer werdende Heimat mit Rückzugstendenzen der einzelnen sowohl in die eigene Privatheit, als auch in eine sie weit und weich umschließende Dimension namens Natur, die zum kompensatorischen Symbol wird.

Der Wohnort ist natürlich nicht aus der Welt. Einem weit entfernten Unkundigen wird der Weg zu sich wie ein Transmissionsriemen der Verteilungseffizienz mitgeteilt: Auto plus Autobahn als Mobilitätsmedien; Frankfurt plus wohnortnahe Städte wie Fulda, Lauterbach oder Alsfeld als Zentren eines

Koordinatensystems; Vogelsberg, Spessart oder Kinzigtal als zu durchmessende Räume mit Barrieren- oder Passagencharakter. Dies sind kognitive Korsettstangen einer regionalen Identität. Bei der Namensgebung für die *eigene Gegend* bieten 4 von 10 Befragten derartige naturräumliche Begriffe oder, je näher Frankfurt ist, auch Rhein-Main-Gebiet an. Immerhin noch ein Fünftel nennt den Landkreis (die administrativen Aufhocker der Naturräume); ein schmales Sechstel wählt »Hessen« als regionales Label. Schlitzerland und Bergwinkel spielen in der Peripherie des Untersuchungsgebietes die aparte Rolle kleinräumiger und identifikationsfähiger Gegenden.

Es deutet sich an, daß der überörtliche Mobilitätsradius, dokumentiert in mental maps oder Antworten der Berufspendler, nicht eine Region repräsentiert, die es als *relation sentimentale* mit dem jeweiligen Wohnort aufnehmen könnte. Zielpunkte in der Landschaft schließen den Raum noch nicht als Region zusammen, ihr Erfahren beinhaltet zwar Handlungskonzepte und -vollzüge als aktive Aneignungsstrategien für ein Territorium, dieses aber wird nicht annähernd so umfassend bewertbar, wie der eigene Ort. Die meisten Respondenten versagen angesichts unserer Aufforderung, den eigenen Landkreis hinsichtlich seiner infrastrukturellen, sozialen, politischen und symbolischen Qualitäten zu beurteilen; stets wird die Reichweite dieser abstrakten Größe zurückgenommen auf den örtlich-konkreten Überschaubarkeitsrahmen. Was kritisiert oder gelobt wird, sind die lokalen Zustände.

Immer wieder während des Interviews wird die emotionale Bezogenheit auf die bis 1972 bestehenden Landkreise betont, ob danach gefragt wird, oder nicht. Die Vorstellung von einer einst gängigen orientierungsfähigen Raumgröße von 60 Kilometern im Quadrat scheint einem menschlichen Maß – und dies bezieht sich auf schulische Sozialisation, reale Erfahrbarkeit und Orientierungssicherheit – eher zu entsprechen, als den inzwischen viermal größeren Gebilden. Nominell gelten ehemalige Kreisstädte wie Alsfeld, Gelnhausen und Schlüchtern als Reformverlierer, haben jedoch an emotionaler Zentralität gewonnen, was sich in Schlüchtern besonders bemerkbar macht, wo der von einem Heimatforscher vor drei Generationen geschöpfte Name »Bergwinkel« im Moment des Funktionsverlusts als regionale Identifikation richtig aufblüht.

Der Landkreis in seiner heutigen Ausdehnung entzieht sich der Identifizierbarkeit, weil er in seiner Komplexität nicht erfahren werden kann. Ihn zu bewerten, erscheint allerdings wieder möglich in einer Art von Komplexitätsreduktion von tendenziell *nationaler* Perspektive: wenn wir um Gesamteinschätzungen bitten – etwa für seine Reputation im Bundesland, oder im Vergleich seiner Lebensqualität und Zukunftschancen mit einem existenziell und ökonomisch stark dazu kontrastierenden Nachbarkreis, oder wenn wir mit unserer Frage nach einem regionalen Fernsehsender auf Kreisebene Unverständnis und TV-Überdruß registrieren.

Regionale Berichterstattung erwartet man von der Landesrundfunkanstalt und ihrer »Hessenschau«, während das Lokale eine Domäne der Heimatzeitung bleibt, die aber – und dies ergibt die spezielle Printmedienanalyse des Projekts –, mit Ausnahme der Kreisausgaben der »Frankfurter Rundschau« merkwürdigerweise keinen regionalen Blick entwickelt.

Vom Ort des Fragens aus, und das ist mit dem Wohnort des Befragten seine mentale Mitte, interessieren uns auch seine überlokalen Vereinsaktivitäten, seine tätige politische Partizipation, der Besuch von Festen, die Fahrten zu und von den Arbeitsorten, die konsumbedingte Mobilität, sowie die Reputation auswärtiger Vereine und die überlokale Reputation von einheimischen.

Der Funktions- und Bedeutungsverlust von Vereinen als spezifisch lokale Einrichtungen und als Bollwerke des – oft kämpferischen - örtlichen Wir-Bewußtseins erweist sich in einer regional organisierten Freizeitmobilität von gut 20 Prozent aller Befragten, die außerhalb ihres Wohnorts aktives Vereinsmitglied sind. Das heißt: den örtlichen Vereinen wird ein Fünftel tätiger Mitglieder entzogen, die zu Clubs in Nachbardörfern abwandern; gleichzeitig aber gewinnen sie ihrerseits auswärtige Aktive hinzu (vgl. auch Schilling 1992). Diese Tendenz zur Regionalisierung des Vereinslebens bedeutet seine Entörtlichung, vielleicht auch seine Liberalisierung, ohne daß Vereine ihr lokales Selbstverständnis überprüften und eine überörtliche Perspektive entwickelten. Auswärtige Mitglieder werden nach dem Leistungsprinzip integriert, wie andere Fremde auch, sofern sie als das kulturell Andersartige nicht die Identität der Majorität in Frage stellen. Für die Freizeitpendler relevant wird jedoch noch nicht *die* Region, sondern zunächst ein Ensemble von Orten mit ihrem je spezifischen Zweck. So treffen wir auf jüngere Respondenten, deren regionale Orientierung ein Dutzend Orte umfaßt, die sämtlich zu einer Fußballiga gehören. Während in den Lokalzeitungen die Landkreise gemeinhin als administrative Institution, nicht als interdependenter Raum benachbarter Orte begriffen werden und journalistisch eine additive Lokal-, nicht integrative Regionalberichterstattung erfolgt, scheinen Sportredaktionen deutlicher regionale Zusammenhänge in Form interlokaler Gegner-/Spielpartnerbezogenheiten zu vermitteln. Beispiel dafür ist die Berichterstattung über das »Windecker Gefühl«, Lokalbewußtsein und *Esprit du corps* einer Fußballmannschaft, das in der Region bekannt und von Gegnern gefürchtet ist.

Auf der Suche nach der Wir-Region

Belonging und *togetherness* als signifikante Merkmale jeglicher Kommunität (Cohen 1987,60) werden umso drastischer postuliert, je heterogener die gesellschaftlichen Teilgruppen im Inneren des Gemeinwesens geworden sind und die Symbole von Gemeinschaftlichkeit, Zugehörigkeit und Identifikation mit dem gemeinsamen Namen sich als immer weniger konventionsfähig herausstellen. Lokale Gemeinschaft ist in der aktuellen Phase eines fortschreitenden Individualisierungsschubs (vgl. Herlyn 1988) auch in vielen kleineren Orten nurmehr symbolisches Konstrukt.

Lokalen Fremden und Ausgegrenzten kommt eine besondere Bedeutung zu, denn sie erscheinen als Katalysatoren der Veränderung: Sie bilden den Kontrast zu einer sich deutlich verringernden kommunitären Bindungskraft von Dörfern und Kleinstädten, im *ländlichen* Vogelsbergkreis deutlicher, als im modernisierungstrainierten Main-Kinzig-Kreis, so daß zu fragen ist, ob nicht die regionale Dimension eine Art sozialen Ersatzraum darstellen könnte, vorausgesetzt, Region erweist sich als Boden für die Ausbildung eines geglückten Wir-Gefühls. Ein gutes Viertel der Befragten äußert sich sogar positiv zu den Anonymisierungstendenzen am eigenen Wohnort, und dies stellt eine Kritik an dörflich-kleinstädtischer Enge und Nähe sowie an einer aufdringlichen Gemeinschaftsideologie dar.

Aber gerade die Krise der lokalen Kommunität ermöglicht einen analytischen Befund: Territoriale Identität kann insgesamt verdeutlicht werden als ein raumbezogenes Bewußtsein von sich selbst, von der Zugehörigkeit zu einer bestimmten Gruppe (und nicht zu einer anderen), von Zusammengehörigkeit (und nicht Flucht aus) dieser Gruppe, von Orientierung auf einen spezifischen Ort mit einem unterscheidbaren Namen hin. Freilich ist dieses in die Krise geratene Bewußtsein kaum belastbar. Aus Furcht vor weiterer Segmentierung reduziert sich die Symbolik dieser fragilen territorialen Identität oft auf die Ritualisierung der Abgrenzung, welche die Identität nach innen schützen und gleichzeitig das Differenzbegehren nach außen bekunden soll.

Die Frage nach einer territorialen Selbstbezeichnung durch Autoaufkleber erbringt höchst unterschiedliche Ergebnisse. Nahezu die Hälfte aller Respondenten lehnt derartige Hinweise ab. Während 17% im Main-Kinzig-Kreis (Kennzeichen: HU für Hanau) ein »Hessen«-Schild wählen würden, wären dies im Vogelsbergkreis (Kennzeichen: VB) nur 6%. Hier wiederum würden sich 24% aller Befragten einen den eigenen Wohnort bezeichnenden Aufkleber (»Schotten grüßt den Rest der Welt...«) anbringen; ihnen stehen im Main-Kinzig-Kreis 7% gegenüber. Dies illustriert eine unterschiedliche Wertigkeit der Orte, die im Vogelsberg mit seinen 100.000 Menschen noch eine deutlich stärkere Identifikation hervorrufen, vielleicht auch erzwingen, als im zu einem größeren Regionalbegriff tendierenden, unterschiedslos in den Ballungsraum Rhein-Main hineinreichenden Main-Kinzig-Kreis mit 400.000 Einwohnern.

Daß regionale Identität an die Stelle der in die Krise geratenen lokalen Identitäten treten kann, setzt ein sich auf einen überlokalen Raum beziehendes Bewußtsein von sich selbst und einem regionalen Wir voraus, ein vernetztes Denken, in dem die verschiedenen Raumorientierungen in der eigenen Alltagspraxis miteinander verknüpft werden.

Wenn ein kollektives Bewußtsein von sich selbst als interaktiver Prozeß entsteht (vgl. Mitscherlich 1965; Krappmann 1978; Greverus 1978), dann setzt die kontrastive Differenz Kenntnisse und Bewertung der anderen voraus. Hier stoßen wir auf die Merkwürdigkeit, daß lediglich 14% der Vogelsberg-Befragten die Lebensqualität im angrenzenden Main-Kinzig-Landkreis sich zu beurteilen trauen, während dies dort 36% für den Vogelsberg tun. Die Zukunftschancen im eigenen und im Nachbarkreis hingegen beurteilen 72% der Main-Kinzig-Respondenten und 93% der VB-Befragten. Im Main-Kinzig-Kreis schätzen 9 von 10 Respondenten die eigene Zukunft als besser ein, als diejenige bei den Nachbarn. Im Vogelsbergkreis sehen 14% der Befragten für die eigene Region, 79% für die Nachbarn mit ihrer Nähe zum Ballungsraum die besseren Chancen. In Zusatzkommentaren macht jedoch ein kleiner Teil der Respondenten auf die Fragwürdigkeit der geltenden Entwicklungslogik aufmerksam, und besonders im Vogelsberg warnen Stimmen vor einer Zukunftsverbesserung um den Preis von Naturzerstörung.

In diesem Zusammenhang drängen uns gewissermaßen zwei Begriffe entgegen, die auf eine merkwürdige Weise zu Schlagworten einer neuen, wenngleich zunächst negativ konstituierten Vogelsberg-Identität avancieren: *Frankfurt* und *Wasser*. In der Metropole des Rhein-Main-Gebiets bezieht man große Teile des Wassers aus dem feuchten Basaltgebirge im Nordosten – aufgrund langfristiger Förderverträge billiger, als im Vogelsberg selbst. Dies wird im Vogelsberg von Politikern, Bürgerinitiativen, Heimatpresse und ganz einfachen Respondenten unserer Befragung als bedrohlich bewertet; territoriales Wir-Gefühl, dies zeigen die Beispiele der regionalistischen Konflikte der vergangenen zwei Jahrzehnte (Schilling 1984), entsteht oft infolge drohender Gefahr. Darüber hinaus wird das Ausbeutungsverhältnis im Vogelsberg zunehmend thematisiert, dem klassischen Abhängigkeitsargument (Frankfurt hat doch die Arbeitsplätze) wird selbstbewußt eine neue Bewertung der Wasserregion entgegengesetzt. 52% unserer Befragten dort fordern einen interregionalen Lastenausgleich: Das reiche Rhein-Main-Gebiet müsse dem armen Vogelsberg, den die EG als »Region des ländlichen Niedergangs« abgeschrieben hat, »etwas abgeben«. Im Main-Kinzig-Kreis, der statistisch zu eben jenem ökonomisch potenten Rhein-Main-Gebiet gehört, unterstützen sogar 63% der Befragten dieses Argument.

Eine Frage wie »Was fällt Ihnen zum Wort Frankfurt ein?« öffnet den Redefluß mehr, als diejenige nach der Unverwechselbarkeit der eigenen Gegend. Je älter, weiter entfernt wohnend und ohne unmittelbaren Kontakt zu Frankfurt, desto negativer wird das Bild gezeichnet; je jünger, kontaktreicher und näher die Befragten, desto positiver. Frankfurt, das ambivalente Vorbild für Bürgermeister als Architekten einer kleinstädtischen Urbanität (»Frankfurt haben, aber Frankfurt nicht sein«; Schilling 1993a), wird so zum Charakteristikum für eine Region, in der das Spezifische weitgehend austauschbar erscheint, und wo die potentiellen Gemeinsamkeiten je einer territorialen Identität noch zaghaft auf eine Konvention von unten verweisen. Daß es viele Indikatoren einer alltagsweltlichen, aus dem eigenen Wohnort in einen *regionalen* Raum hinausdrängenden Orientierungspraxis gibt, bedarf einer ausführlichen Interpretation der Feldforschungsdaten.

Die Chancen der Regionalität:
Ein qualitativer Deutungsversuch

Als weicher Beifaden zur harten Empirie sind die Gespräche zu sehen, die den papierenen Plan begleiteten, sich in Kommentaren weit von ihm entfernten, den studentischen Feldforschern Schicksale und Lebensentwürfe mit auf den Weg gaben und vielfach den Wunsch, dereinst von den Ergebnissen zu hören. Die unerwartet intensive dialogische Felderfahrung führte dazu, über jeden Interviewten eine Geschichte zu schreiben. Neben die statistische Auswertung des Datenmaterials tritt somit ein Portrait jeder Interviewpartnerin und jedes Interviewpartners als Versuch, gewissermaßen deren Persönlichkeit zu sichern – dies allerdings unter den spezifischen Gesichtspunkten ihrer jeweiligen Lokalität oder Regionalität. Die zusätzlich erarbeiteten (und subjektiv gezeichneten) Personalprofile, denen man die Ermunterung zu einer ethnologischen Poesie durchaus anmerkt, vereinigen in sich latente und manifeste Botschaften hinsichtlich praktischer und symbolischer Ortsbezogenheit, wie sie von den Interviewern aufgenommen worden waren. Objektive Kriterien dafür sind Benennungen des Lebensmittelpunkts durch die Respondenten; ihre Bewertungen von Ort und Raum; ihre Bekundungen von Zugehörigkeit, Zuständigkeit oder Verteidigungsbereitschaft; schließlich die territorialen Bindungseinschätzungen (Bleiben oder Gehen).

Dieser methodische Ansatz stellt – neben den bereits diskutierten *Landkarten im Kopf* – ein einzigartiges Dokument dar und kann als eine Art von Regionalmuseum gesehen werden: in ihm sind versammelt die Portraits von 200 Menschen, die im Hier und Heute leben, sich auf ihre Territorien und ihre Geschichtlichkeit beziehen, daraus Handlungsentwürfe ableiten und Glücksperspektiven entwickeln.

Diese Profile können Antwort geben auf die grundsätzliche Frage nach *Region* als Handlungs- und Bedeutungsterritorium: Als wie dominant erweist sich die alltagspraktische und emotionale Bezogenheit auf den Wohnort, und wie sind Möglichkeiten einzuschätzen, daß Menschen sich von dieser lokalen Fixierung lösen?

Wir entwickeln auf der Basis der 200 personenzentrierten Profile eine raumbezogene Typologie, darin finden ihren Platz: Lokalisten, Insulaner, Ortlose, Weltbürger, Mehrörtler, Regionalisten und Regionnutzer.

Lokalist: Der *Lokalist* oder Lokalpatriot begreift seinen Wohnort und die unmittelbare Umgebung als eigenen Aktions- und Lebensmittelpunkt, wie auch als Zentrum seiner Welt. Er hat eine leidenschaftliche (aktive) oder schicksalergebene Bezogenheit auf diesen Raum, wie auch ein ausgeprägtes Rollenbewußtsein im sozialen und ortsspezifischen Netz. Häufig arbeitet er auch am Wohnort. Aktiv ist er in einem alltagsweltlichen Lebenszusammenhang dessen, was »hier immer schon war« und örtlich üblich ist *oder* in vernehmbarer oder stiller Opposition dazu. Er erklärt sich selbst als zugehörig oder wird als zugehörig erklärt. Ungeachtet seiner Zustimmung zum Ort, oder seiner Kritik daran, werden Bekenntnisse zum Ort abgelegt wie: »Bei uns hier in ... « oder »Zuallererst bin ich mal Freiensteinauer.« Wir rechnen 35 Prozent unserer Befragten dem Typus des *Lokalisten* zu.

Insulaner: Der *Insulaner* lebt zwar an diesem Ort, jedoch zurückgezogen – in seinen eigenen vier Wänden, im eigenen Garten – wie auf einer Insel. Die eigene Insel kann allerdings nur an diesem Ort geschaffen werden, da er lebensgeschichtlich spezifisch ist und bestimmte Erinnerungen birgt. Im Leben des Insulaners hat das private Glück Priorität; die Beziehung zum umgebenden Raum ist eher mental und passiv. Trotz dieser Abgeschiedenheit definiert sich der Insulaner als Zugehöriger. Seine Losung heißt: »My home is my castle. Ich tue keinem was, und mir tut auch keiner was«. 22 Prozent unserer Respondenten entsprechen diesem Typus des *Insulaners*.

Ortloser: Vom Insulaner unterscheidet sich der *Ortlose* dadurch, daß er an imaginären, vergangenen, oder zukünftigen Orten – Orten der Kindheit oder Jugend, romantischen Orten, Orten der Sehnsucht – »lebt«, d.h. sich in vielen Lebensäußerungen darauf bezieht. Die reale Verortung hat für ihn keine oder eine deutlich nachgeordnete Bedeutung. Eine typische Losung: »Meine Heimat war und ist immer Ostpreußen«. Zu den Ortlosen rechnen wir 6 Prozent der Befragten.

Weltbürger: Den Typus des *Weltbürgers* beschreiben wir so: Er hat eine internationale und feste, oft auch elaborierte Sicht der Welt. Er kann sich vorstellen, überall zu leben. Sein direktes Umfeld erscheint ihm oft als kleinkariert und borniert. Er versteht sich als urbaner Mensch, ihn kennzeichnen Sätze wie »Meine Heimat ist die Welt; ich bin Europäer«. Der Anteil an *Weltbürgern* an unseren Befragten umfaßt lediglich 2 Prozent.

Mehrörtler: Der *Mehrörtler* lebt und arbeitet an mehr als einem Ort. Diese Orte erscheinen ohne geografischen Zusammenhang und stellen gewissermaßen zwei Welten dar. Räumliche Distanzen oder der eigene Aufwand, sie zu überwinden, sind für den

Mehrörtler weder von trennender, noch von verbindender Bedeutung. Das Leben ist polarisiert, und der Spruch »Ich bin hier wie da zuhause« weist gerade noch darauf hin, daß es sich um denselben Menschen handelt. Die Gruppe der *Mehrörtler* umfaßt 12 Prozent unserer Respondenten.

Regionalist: Arbeiten, Wohnen, politische Einmischung, Sozialkontakte, Einkaufen und Freizeit an verschiedenen Orten ergeben für den *Regionalisten* eine spezifisch regionale Dimension, die eine ganz subjektive und allgemeine Bedeutung hat (regionale Zusammengehörigkeit, Problemsicht, oft selbstdefinierte »Zuständigkeit«). Diese regionale Perspektive ist qualitativ und durch Werte besetzt und führt dazu, daß auch lokale Qualitäten eine überörtliche Bedeutung erlangen. Im Unterschied zu einem lokalen Zusammengehörigkeitsgefühl, das noch stärker von direkten Kontakten und einer Überschau- und Überprüfbarkeit der Strukturen geprägt ist, werden nicht gemachte Erfahrungen von den Regionalisten eher durch Konstrukte (Geschichte, Menschenschlag, Natur) ersetzt und als symbolische Füllmasse der eigenen Identitätsdefinition gehandhabt. Ein typisches Argument ist: »Wir dürfen uns nicht so abhängig machen von den Zentren«. 7 Prozent unserer Respondenten lassen sich den *Regionalisten* zurechnen.

Regionnutzer: Als aktiver Konsument eines bereitgestellten Angebots ist der Regionnutzer äußerst mobil, vielseitig interessiert und umfassend informiert. Die Region bleibt für ihn eine Landschaft zur Auswertung von Chancen. Auch der Regionnutzer lebt und arbeitet an mehr als einem Ort, jedoch – im Gegensatz zum Mehrörtler – ergibt sich daraus keine Polarität, sondern eher ein Netz von zweckorientierten Zielen und Verbindungen. Die so praktizierte Region erhält keine Bedeutungsdimension; sie bleibt ohne emotionale Tiefe. Ein Satz wie »Ich bin ein Mensch des erweiterten Rhein-Main-Gebiets« illustriert dies. *Regionnutzer* stellen einen Anteil von 16 Prozent unseres Samples.

Diese Typologie der Raumbezüge legt eine fundamentale Trennung zwischen Lokalität und Supralokalität nahe. Drei empirische Geschichten sollen dies abschließend illustrieren:

Ausschließlich oder überwiegend auf den eigenen Ort bezogen stellt sich ein gutes Drittel dar, die 35 Prozent derer, die wir den Lokalisten zurechen, weil ihre Lebensbezüge und Orientierung stark auf diesen Ort konzentriert sind, in dem sich alltagsweltliche Relevanz mit der Plausibilität von Welt decken. Über eine dieser Lokalpatrioten gibt das folgende Portrait Auskunft:

Kritisch in der Dorfgemeinschaft

Der Ort ist O., ein Teil von J., und wir sind nicht mehr im Vogelsberg, sondern bereits im Spessart; ein paar Kilometer weiter verläuft die hessisch-bayerische Grenze. Die Kirche dominiert das Ortsbild: 19.-Jahrhundert-Architektur, trotzige Spätromanik der Kulturkampfzeit. Weiß und Braun. In Frankfurt haben wir die Chronik von J. gesichtet mit der Kirche vorne drauf, Bürgermeister und Monsignore als Publizisten Hand in Hand. Der Eindruck, der vermittelt werden soll (und den ich auch antreffe): ein katholisches« Dorf. Und da ist gleich was anderes: Am Ortsausgang ein aufdringliches Riesengasthaus, das offenbar keine üblichen Gäste mehr hat, sondern als Unterkunft für Asylbewerber dient.

Da ist, etwas abseits des alten Ortskerns an einer Straße, die nach Süden zum Wald hingeht, ein Haus mit einem Traktor mit einer seit 20 Jahren nicht mehr ausgegebenen GN-Nummer. Die Mauer ist bunt bemalt mit Dingen, die in die Ferne weisen: Wolkenkratzer, Insel, Palmen. Vornamen. Ein Schuppen mit Landgeräten. Wir erfahren dann: es ist eine Baumschule.

Es öffnet eine junge Frau, umgeben von wuselnden Kindern, denen sie klar und liebevoll Anweisungen gibt. Im Lauf des Interviews wird dann Schritt für Schritt klar, daß es nicht die Mutter, sondern die ältere Schwester ist, die noch zur Schule geht. Sie ist die einzige Respondentin des Samples unterhalb der Altersgrenze von 18 Jahren.

Ein für mich erstaunliches und aufschlußreiches Interview: Wir haben eine Gesprächspartnerin vor uns, die jede Menge Kritik an diesem Ort hat, sich aber zur »Dorfgemeinschaft« bekennt. Dorfgemeinschaft wird, noch vor »Natur«, genannt als

Grund, daß sie »gern« in Oberndorf lebt. »Natur« - das heißt: Man weiß, wo alles herkommt, »nicht wie in Frankfurt, wo man nur den Wasserhahn aufmacht«.

»J. grüßt den Rest der Welt«, wäre ihr Autoaufkleber. Orientiert ist die Interviewpartnerin außer auf den eigenen Ort auf die nahe Kleinstadt B. und auf W., den Schulort; weiter reicht die »vertraute Gegend« (Frage 1) nicht. Die mental map konzentriert sich auf den Ort selbst, die durchfließende Jossa ist wichtig, die Nachbarn, das eigene Haus gegenüber (»wir«) mit der Baumschule und der Wiese dahinter, und dann ist der Naturkostladen markiert, »der ist toll«. Der Laden gehört einem örtlichen Öko-Aktivisten. »Heimat« - ist, »wo ich die meisten Leute kenne«. Keine Kirche wird erwähnt, kein Rathaus-Bürgerhaus, kein Schwesternhaus (und was das ganze orthodoxe Milieu ausmachen mag). An den Bürgermeister, der sie »aufgeregt« hat, würde sie sich später - sollte sie einmal wegziehen - erinnern, auch an »Natur und Leute hier - gute und problematische«.

Das Unverwechselbare an der Gegend sind die Leute: »Die Leute, die ich kenne, sind nicht austauschbar«.

»Leute, die eine andere Meinung haben, werden hier als blöd abgestuft«, hören wir. Auch Ausländer werden nicht in die Dorfgemeinschaft aufgenommen. Ich stelle mir die Fremden vor dem Hotel vor.

Anonymität gibt es aber nicht, doch die Befragte sieht »mehrere Gruppen«, in die die Dorfbevölkerung aufzuteilen ist: die Bonzen (etwa Dr. B.), die »hier Gebürtigen«, die »Ökos (die Ausgefallenen)«, die Alten, die Jungen. Die Wochenendhausbewohner benehmen sich »bekloppt«.

Letztlich aber - trotz dieser wahrgenommenen Segmente - gibt es doch die Dorfgemeinschaft. Sie selbst gehört zu den Ausgefallenen. »Öko-Engagierte werden als verrucht abgetan«. Sie erzählt von einer Bürgerinitiative, bei der sie aktiv war, und die dann zur Gründung der Grünen geführt hat; damals ging es darum, den Rathaus-/Bürgerhaus-Neubau (»größenwahnsinnig«) zu verhindern.

Sie besucht nicht gerne Feste am Ort, mit Freunden auswärts so etwas zu besuchen, da fühlt sie sich wohler. Im örtlichen

Fastnachtsverein ist sie selbst aktiv dabei. Da kann man einiges loswerden, an Protest und Unmut.

Das lokale/überlokale Freizeitangebot wird mehrfach schlecht bewertet, ebenso der ÖPNV. 40 % der Freizeit verbringt sie außerhalb der Wohnung (Dorf 35 %; außerhalb 25%).

Die Altkreise spielen nur noch für »die Alten« eine Rolle, für die ist sowieso »Erinnerung das Größte«. Der Großvater schwärmt noch von den alten Zeiten, er hat noch ein Auto mit dem GN-Kennzeichen. Die Kreisstadt müßte schon nach Gelnhausen. Dann gibt es noch die Geschichte aus dem Schulbus, wo Ortsrivalitäten handgreiflich und rhetorisch ausgetragen werden: Die O.er und die K.er streiten sich: Wir haben ein Bürgerhaus, sagen die einen, »wir sind Erholungsort«, kontern die anderen. Und die von B., die können sich sowieso alles erlauben – meinen sie.

Sie selbst war schon einmal bei den Verwandten in Amerika, USA. Und der Vogelsberg? »Bei denen« kennt sich die Befragte nicht so aus. Die Landwirtschaft geht überall zurück, weswegen der Vogelsberg keine spezielle Niedergangsregion sei. Das Rhein-Main-Gebiet müßte »auf jeden Fall« dem Vogelsberg etwas abgeben, nämlich einen Teil der Steuern (das ist eine der Antworten, deren Souveränität mich verblüffen).

Wir haben hier eine junge, ihre Situation genau reflektierende Lokalpatriotin angetroffen, die keinen dumpfen Lokalismus repräsentiert, sondern sich – mehrfach einer Minderheit zugehörig: Jugendliche, Oberschülerin, politische Opposition – dennoch für den Ort zuständig fühlt, der »ihr« Ort ist.

Standardkriterien der Raumbezogenheit: *Lebensmittelpunkt*: Das Dorf O. / *Wertung dieses Raums*: sehr positiv / starke *Zugehörigkeit* zur lokalen Kommunität / demonstratives *Eintreten* für den Ort, trotz deutlicher Kritik / *Zukunftperspektive*: Bleiben (905).

Ein weiteres starkes Drittel des Gesamtbildes – Mehrörtler, Regionnutzer, Regionalisten und Weltbürger – läßt, wenn auch verschieden motiviert, räumliche Bezogenheiten erkennen, die tendenziell über den Ort hinausweisen. Für diese 37 Prozent ist der Ort zwar nicht irrelevant, er ist aber nicht mehr unbedingt der Fokus des Lebens. Als Beispiel wählen wir den Bericht über eine Mehrörtlerin aus:

Die ambivalente Jurastudentin oder: Alles ist Provinz

Wir sind im Kinzigtal. Der Weidenweg in S. ist jetzt neu gepflastert mit Verbundsteinen, schön laubfrei und staubfrei alles und mit reichlich Pollern aus Beton. Auf der einen Seite die Blocks, gegenüber die Einfamilienhäuser der 50er Jahre, längst ist man hier beim Umbau vom Anbau.

Das Eckhaus erhebt sich mit viel Grün an den Wänden aus dieser Tiefebene Betonistans, und es erscheint, als wir klingeln, ein junges, freundliches Gesicht im Fenster, eingerahmt von Efeu. Es ist Beatrix K.

Beatrix K. ist 24, Studentin. Sie hat in Frankfurt eine Wohnung, und hier auch noch, bei den Eltern. Sie ist eine Pendlerin zwischen S. und der Rhein-Main-Metropole. Wenn von Pendeln die Rede ist, dann ist hier der Zug gemeint, haben wir am Ort gehört; pendelt man mit dem Auto nach Frankfurt und zurück, heißt das nicht pendeln, sondern: »Wir fahren mit dem Auto«.

Beatrix K. hat klare Ansichten über die von ihr erlebten Orte und Räume, zuweilen klingt dann so etwas wie ein Plädoyer oder eine Urteilsbegründung durch. Die Respondentin ist Jurastudentin. Auf unsere Frage, was sie über »ländlichen Niedergang« denke, notieren wir: »Dieser Aussage ist zu widersprechen. Man muß entscheiden, welche Ansprüche man hat«.

Wir sitzen in der Eßzimmerdiele des geräumigen Hauses: dezentes Mittelschichtinterieur, sachliche Gemütlichkeit, nichts überladen, klare Linien, Formen und Farben. Irgendwie entspricht die Interviewpartnerin diesem Bild mit ihrem frischen Gesicht und der klaren Artikulation.

Die Jurastudentin hat sich für ein paar Tage hierher zurückgezogen zum Lernen; eine Prüfung steht bevor. Die Störung durch uns kommt ihr zupaß. Eine junge Katze schnurrt übern Tisch.

»Wenn ich hier nicht groß geworden wäre, fände ich S. ganz entsetzlich«, sagt sie einmal, und das meint: Es ist alles etwas unterhalb der persönlichen Anforderungsebene hier. Wer hier zu kurz kommt? Sie selbst, das heißt: die 25- bis 50jährigen kommen überhaupt zu kurz, »es gibt wenig Theater, keine gescheiten kulturellen Angebote. Wenn, dann kommt eine Theaterwandergruppe. Aber naja: Das ist hier Kaff«. Da ist ihr der Vogelsberg sympathischer: »Das ist konsequent Dorf«. Das wiederum, geht ihr schon vor der Haustür verloren durch die architektonische Verstädterung eines einst dörflichen S.

Hessen nennt sie »so anheimelnd«, aber landschaftlich ist die Gegend hier »nicht richtig schlecht oder gut«. Die Anforderung der Sportlerin, die nebenher noch Übungsleiterin für Jazzgymnastik bei Eintracht Frankfurt ist, liegen da höher: Zum Wandern reichen Vogelsberg oder Spessart nicht, zum Wandern geht's da schon nach Südtirol.

Auf den ersten Blick: Mit dem Kopf in Frankfurt und mit dem Gefühl irgendwie (und auch noch) in S. – was die Eltern einschließt und die Betonei da draußen, die im Haus noch wohnenden Großeltern (mit denen man Krach hat) und den Ort der Kindheit und des Großwerdens.

»Wenn Freunde die Gegend hier und den Ort S. kritisieren, dann verteidige ich das hier!«, sagt sie sehr bestimmt, »aber das verhindert nicht, daß ich es heute [also im Gespräch mit uns] selbst kritisiere«.

Das ist keine zufällige, sondern eine in Gedanken befestigte Ambivalenz. Die Bewertung des Ortes richtet sich nicht nach dem Ort, sondern nach dem Adressaten. Offenbar ist das auch kein seltener Fall, daß Ort und Gegend von außen (öfter wohl etwas) abwertend bewertet werden. Ein Zeichen von Selbst-Bewußtsein; die Befragte beugt sich keiner Loyalitätsanforderung, welche die Dörfer an ihre Mitglieder haben.

Die örtlichen/überörtlichen Infrastrukturmerkmale und landschaftlichen Qualitäten bewertet Beatrix K. teilweise sehr scharf, erteilt dann aber eine milde Gesamtnote. Die Polit- und Verwaltungsgeografie ist für die Studentin nicht wichtig; als »ihren« Nachbarkreis nennt sie Schlüchtern [seit 20 Jahren nicht mehr existierend] und Frankfurt [kreisfreie Stadt].

Der vertraute Radius (Frage 1) ist ein kleines Gebiet zwischen B., S. und St. Die mental map hingegen, mit den »Eltern«, dem eigenen Bett (Symbol) und dem Haus (Symbol) als Mittelpunkt erschließt die Welt speichenförmig, reicht bis Schlüchtern (Freunde, Schule: Haussymbol mit »ABC«) und Frankfurt (Uni, Fête), Bad Orb (Oma), zum Spessart (Wandern, Radeln) und einem ortlosen Stadion (Sport, Laufen, Tennis). Der Vogelsberg taucht (nicht wörtlich bezeichnet) mit Baumsymbolen auf.

Der Vogelsberg, sagt Beatrix K., hat schon die besseren Zukunftschancen; Zurückgebliebenheit und Überschaubarkeit (»das ist konsequent Dorf dort«) täuschten dort nicht einen Entwicklungsstand vor, der sich doch nur als mediokrer Bluff erweise, aber: »Der Wald ist nicht mehr der beste, die fahren auch mit Autos rum, und die Kühlschränke haben auch FCKW«. Es müßte was geben, was diesem Landkreis hilft, ihn aber nicht so sehr verändert. »Man sollte den Eindruck haben: die Region ist nicht abgeschrieben«. Fremdenverkehr ist auch zweischneidig, aber: vielleicht sollte man »kulturell« etwas machen – zum Beispiel: Kultursommer Schotten oder den Vogelsberg als Mountainbike-Paradies propagieren.

Das Wichtigste, was wir über das hiesige S. erfahren, ist das Verhältnis der jungen Frau zu diesem Wohnort; es ist eng, es ist »Provinz«, es gibt relativ schlechte Erfahrungen, daran würde sie sich später mal erinnern, mit den Nachbarn, die sie kontrollieren und »immer nur rumstöhnen«. Sie fühlt sich »nicht besonders wohl« in S., wenn ihre Eltern nicht da sind.

»Heimat«? Da kommt (Frage 76) ein sehr zögerliches Ja. Das Unverwechselbare an der Gegend ist einmal der »Straßen«-Charakter des Kinzigtals, zum anderen »daß meine Eltern hier wohnen«.

Ich vermute, die Erfahrung des anderen Ortes zum Leben (Frankfurt: Banken, Geld, Konsum, Autos, Smog, Arbeitsplatz des Vaters usw.) hat das Gefühl für/gegen S. erst richtig geschärft. Mit Frankfurt verbindet sie eine »Haßliebe«. Die Studenten dort (also: ihr soziales Umfeld) werden Bänker, sagt sie, und landen im Biedermeier.

Frankfurt meint eben auch: der Ort S. ist immer noch in Reichweite, und zwischen diesen beiden Orten gibt es eine

Korrepondenz, sie sind symbiotisch miteinander verbunden: eigener Studienort, Arbeitsort des Vaters; nach Frankfurt fahren die Leute von S. zum Einkaufen. Etwas zugespitzt: S. ist ja doch so eine Art Vorort des 50 Kilometer entfernten Frankfurt; vielleicht ist Frankfurt auch eine Art Vorort von S. Je nachdem, welche Nutzungsperspektiven vorn rangieren.

Frankfurt ist also in Beatrix K.s Augen tendenziell auch Provinz. Vielleicht deswegen bringt sie den wunderschönen Satz hervor: »Frankfurt ist viel zu nah, um richtig weg zu sein«. Das Richtig-Wegsein bezieht sich auf sie selbst, nicht auf die Stadt. »Vielleicht sollte man mal den Absprung schaffen«, sagt sie, also ganz aus der Region raus. Denn Frankfurt und S., also zwei Orte plus Achse, sind in ihrem Fall wohl ein einziger Ort, der eher Varianten darstellt, aber nicht unbedingt Alternativen – das wäre eine völlig andere Region. Doch eine Sehnsuchtslandschaft wird nicht genannt.

Mehrörtlerin? Beatrix K. lebt an den beiden Orten und wohl auch in deren mythologischen Kulissen: S. ist Provinzkaff, Frankfurt ist Biedermeier-Kapitale. Sie nutzt die Region (Rhein-Main-Gebiet) zum Studieren, zur Freizeit, zur Identifikation, zum Abstandgewinnen. Andererseits hat sie nicht gesagt, daß sie »überall« zuhause sei. Und das Rhein-Main-Gebiet reduziert sich auf zwei Orte.

Standardkriterien der Raumbezogenheit: *Lebensmittelpunkte*: Frankfurt und die Kleinstadt S. / *Wertung dieses Raums*: sehr positiv und sehr negativ / keine *Zugehörigkeit* zur lokalen Kommunität in S. – Freundeskreis in Frankfurt / positive Einschätzung des Kinzigtals als Teil des Rhein-Main-Gebiets; adressatenspezifisches *Eintreten* für den Ort / *Zukunftperspektive*: Weggehen aus der Gegend (806).

Der Rest der Befragten, Insulaner und Ortlose mit 28 Prozent, verweist in seiner Orientierung auf eine ubiquitäre, nicht ortsrelevante Existenz. Rückzug und Isolation kennzeichnen die Erfahrungen einer jungen Familie in B: 6.000 Einwohner in 5 Dörfern. 60 Kilometer von Frankfurt, südlicher Vogelsberg. Sie ist

Gestrandet in Anonymistan

Die Neubausiedlung am Rande des Hauptorts ist 2 Jahre alt. Die Leute reagieren desinteressiert bis feindlich auf unsere Interview-Bitte an der Gegensprechanlage. Einige schalten mitten im Satz ab. Alle sind im Streß, waren beim Arzt, müssen zum Arzt, der Vorgarten muß gemacht werden.

So viele Gegensprechanlagen und soviele Verweigerungen wie nirgendwo sonst; das kränkt trotz der Desensibilierung im Seminar und der Abhärtung im Feld. Ist die Hermetik nur zufällig? Die bauliche Gestalt dieser Siedlung: Die Häuser für eine oder zwei Familien sind die Materialisationen des Katalogs einer Fertighausmesse; keines ist wie das andere. Kontrastive Nachbarschaft. Das als das anders als die anderen gedachte, als das absolut eigen gewollte Haus gibt sich nach außen wie eine Botschaft kompromißloser Individualität. Alle denkbaren Baumaterialien, der maurische Rundbogen, das ostfriesische Mauerwerk, der Tegernseer Balkon verbinden sich in grotesker Einheit in einem einzigen Haus. Das Gebäude nebenan setzt sich mit noch einem Sechseckerker und einer Fachwerkgarage mit Flachdach ab davon.

Gibt es einen Zusammenhang zwischen dieser forcierten Demonstration von Individualität und der Reaktion der Bewohner gegen uns, die Fremden, die gewissermaßen doch ein öffentliches Anliegen dokumentieren? Wir können ein Empfehlungsschreiben des Bürgermeisters vorzeigen, einen Zeitungsbericht über unsere Recherche, die Legitimation der Universität; wir verkaufen keine Staubsauger. Wir sagen das Wort »Gesprächspartner« an der Frontlinie von Öffentlichkeit und Privatheit und bekommen 15 Ablehnungen in 15 Minuten. Viele Häuser sind ohnehin verschlossen und verriegelt, die Fensterläden dicht am späten Nachmittag.

Zweimal werden wir dennoch eingelassen: Das 70jährige Paar aus Rußland in seiner Einzimmerwohnung kommt von der Wolga, war vorher in Sibirien, davor im Ural, davor an der Wolga. Die wievielte Wohnung ist das im Leben der Alten?

Ein paar Häuser weiter: Die jungen Eltern von Zwillingen, die ökobewußte Hausfrau und der Elektroingenieur, sie stammen aus der Gegend, die so ländlich noch scheint, wohnen seit einem Jahr hier, bekommen keinen Kontakt, nein: Mütter mit Kleinkindern gibt es nicht hier, Nachbarn identifiziert man akustisch: Die da drüben schreien so, jene hinterm Haus schimpfen anders miteinander. Einige Hausbesitzer wohnen nicht hier. Renditeobjekte die Häuser. Die junge Frau wünscht sich nach Skandinavien, dahin, wo es ganz einsam ist. Das weiß man vorher, und es hat seine Ordnung. Aber hier das?

Herr N. ist 27 Jahre alt, FH-Absolvent in Elektrotechnik, arbeitet aber zur Zeit als Elektriker in einem Betrieb in S., 11 Kilometer entfernt.

Die Wohnung unter der Dachschräge ist wie eine Insel; die Babies sind die Hauptpersonen. Die Frau wartet den ganzen Tag auf den Mann.

Herr N. markiert seinen Raumausschnitt auf der vorgelegten Landkarte (Frage 1) als Kinzig-Korridor mit Pfeil in Richtung Frankfurt. Die mental map bestätigt später den Ausschnitt präzise, führt aber außer Wächtersbach, Bad Soden-Salmünster, Bad Orb und B. die Verkehrsachse, sowie Waldsymbole und den Obermoser See auf. Dann gibt es noch 4 Strommasten-Symbole, wie Sperren in der Landschaft. Die verschandeln die Landschaft und sind verantwortlich für den Tod von Zugvögeln, sagt Herr N.

Heimat – das ist das »Gefühl, mit dem Land verbunden zu sein. Man ist hier groß geworden, man kennt sich aus. Ich bin der Heimat verbunden«. Unverwechselbar sind die Höhen von Spessart und Vogelsberg, sowie der Wald. Erinnerungswert: Blick von der Autobahn im Kinzigtal, Familie, Elternhaus.

Natur, Ökologie ist sehr wichtig für Herrn N., an der Frankfurter Rundschau wird z.B. gelobt, hier kämen vor allem viele Natur-Termine, bis zur kleinsten Pilzwanderung. Die Natur stellt sich in diesem Gespräch als eine Art Flucht-Raum aus der Enge der (sicherlich nicht ganz so billigen) Wohnung heraus. Region wird hier zum Ausweichraum aus anderen existenziellen Zwängen.

Die räumliche Ordnung ist klar: B. liegt im Umkreis Frankfurts, autobahnmäßige Beschreibung der Lage. Naturverbundenheit und Kontrast zur Großstadt begründen das »gern« hier leben. »Frankfurt« – das ist Grau, Hektik, Streß, Lärm ... und die ganze Litanei. »Ich möchte dort nicht wohnen«.

Die Einzelmerkmale des Kreises werden differenziert bewertet, die politische Mitbestimmung und die sozialen Kontakte als besonders schlecht; Mütter mit Kindern kommen zu kurz, es gibt keine Selbsthilfegruppen und keinen Windeldienst. Die Unverwechselbarkeit von Siedlung, Natur und Landschaft ist »mangelhaft«. Dennoch bekommt die gesamte Wohnqualität (Frage 9.16) ein mildes »gut«.

Die konkreten Kontakte weisen grundsätzlich über den Ort B. hinaus, die Verwandtschaft wohnt außerhalb, meist wohl in S., wo der Mann auch herstammt und seinen Arbeitgeber hat. Die Wohnung hier ist wohl mehr ein Zufallsergebnis langen Suchens auf dem auch hier knappen Wohnungsmarkt. Lokale Anonymität wird bestätigt; irgendwie sind die N.s ja auch die Anonymen. »Wir haben keinen Kontakt zu den Leuten, wissen nicht, wie sie heißen. Man spricht sie an und kommt nicht weiter«, das findet Herr N. »schade«, es gebe kein Feedback.

Ob die Befragten wirklich etwas aktiv tun? Sie gehen nicht gern auf Feste, wenn doch, dann weiter weg. Man kennt keinen örtlichen Verein, nicht mal dem Namen nach.

Ortlosigkeit. Rückzug in die eigenen 4 Wände, Fixierung auf die Wohnung (70% der Freizeit passiert hier). In B. haben, hören wir, »die Alteingesessenen und die Zugezogenen so gut wie nichts miteinander zu tun«.

Frau N. steuert – einigermaßen verdrossen, desillusioniert – bestätigende, z.T. verstärkende Kommentare zu den Antworten bei, vor allem ihre Situation betreffend: Sie wartet den lieben langen Tag auf den lieben Mann. Die Wohnung ist nicht gerade von Wohlstandssymbolen überlagert. Die Kinder kosten ihr Geld, und die beiden Autos müssen bezahlt werden. Die Verbindung zu den Leuten im Ort B. ist »so gut wie null«. Es kann sein, daß der Wunsch nach Nachbarschaft und anderen Kontakten durchaus authentisch ist, daß die Gegensprechanlagenplantage hier jedoch nach einigen ergebnislosen Versuchen den gesamten Mut nimmt. Vielleicht hat die junge Mutter ja auch unsere Erfahrungen gemacht und ist vorwiegend auf gestreßte, ablehnende Zeitgenossen gestoßen.

In diesem B. lebt man eigentlich nicht, sondern nur in der Insel-Wohnung. Es werden keine anderen Orte deutlich genug geschildert, daß man von Mehrörtlern reden könnte. Auch Sehnsuchtsräume sind nicht profiliert genug.

Standardkriterien der Raumbezogenheit von Familie N: *Lebensmittelpunkt*: Wohnung als Rückzugsort / *Wertung des lokalen Raums*: sehr negativ / Wertung des Naturraums: sehr positiv / keine *Zugehörigkeit* zur lokalen Kommunität / *Sympathie* für die Gegend / *Zukunftperspektive*: Flucht aus dem Ort B. (1110).

Aus dem Gesamtbild dieser typisierten Gruppen folgern wir:
1. Für die Diskussion von *Regionalität* (gedacht auch als Vermögen einer vitalisierten Region) sind jene Menschen bedeutungsvoll, die weder einer Orts-Verabsolutierung verpflichtet sind, noch sich der Entortung hingeben. Vielleicht handelt es sich bei denjenigen, die an mehreren Orten leben oder überall leben könnten, die den regionalen Raum nutzen oder ihn auch als Wertkonzept begreifen und gestalten um Menschen auf der Suche nach einer urbanen Alternative zu einer lokalistischen Lebenswelt. Region könnte die mühsam oder repressiv zusammengehaltene Kommunität von Dörfern und Kleinstädten als heterogener, auswahlfähiger sozialer Kontext ablösen, auch wenn sowohl eine institutionelle Überbauung der regionalen Praxis und Bedeutungen, als auch die üblichen regionalen Mittlerinstanzen fehlen.
2. Eine Vermutung, daß ein Bedeutungskontext aus regionalem Raum, regionaler Identität, regionalem Wirgefühl sich auf alle Bewohner einer angenommenen Region bezöge, läßt sich aus unseren Untersuchungen nicht belegen. Die Lokalisten sind das beharrlich-harmonisierende Unterfutter der Region, bilden ein Bollwerk gegen die heterogene Region. Die Frage, ob es Regionalität ohne lokalistische Gegendefinition geben kann, steht zur Diskussion an, andererseits aber auch, ob Kommunen ihre Aufgaben auch regional begreifen müssen, oder sich im Kampf gegen den Verlust ihrer Bindungskraft lediglich auf sich selbst konzentrieren und für zwei Drittel ihrer Bürger irrelevant werden.

3. Insulaner und Ortlose gehen der Kommunität verloren, agieren sowohl Kommunalität als auch Regionalität nicht aus. Diese nicht ganz unbedeutenden Gruppen sind besonders unter dem Aspekt des gesellschaftlichen Disengagements zu interpretieren.

Resümee

Zwei unserer methodischen Zugänge – kognitives Kartieren und die Typologisierung personaler Profile – lassen uns auf der individuellen Ebene Indikatoren für eine alltagsweltlich praktizierte überörtliche Bezogenheit entdecken. Diese subjektiven Erschließungen territorialer Bedeutungswelten ermöglichen den Blick auf einen – wenn auch diffusen und nicht institutionell überwölbten – kollektiv geteilten Sinn. Somit haben wir auf der Ebene der Handlungslandschaften individuelle und – noch zu dechiffrierende – kollektive Muster regionaler Identifikationen ermittelt, die von den »ideologischen Konstrukten« weder auf regionalem, noch auf lokalem Niveau berücksichtigt werden.

Handlungslandschaften als identitätsstiftende Basis werden weder von der Politik noch von den Wissenschaften geschätzt. Dieses Resümee bezieht sich jedoch nicht einmal auf die Hälfte unserer Respondenten. Das heißt: für den größeren Teil der Befragten ist eine Größe *Region* von untergeordneter Bedeutung.

Literatur

Anderson, Benedict: Die Erfindung der Nation. Zur Karriere eines folgenreichen Konzepts. Frankfurt 1988.
Brüggemann Beate; Riehle, Rainer: Das Dorf. Über die Modernisierung einer Idylle. Frankfurt und New York 1986.
Cohen, Anthony P.: Whalsay. Symbol, segment and boundary in a Shetland island community. Manchester 1987.

Downs, Roger M. u. Stea, David: Kognitive Karten: Die Welt in unseren Köpfen. New York 1982.
Dunckelmann, Henning: Lokale Öffentlichkeit. Eine gemeindesoziologische Untersuchung. Stuttgart u.a. 1975.
Fichtner, Uwe: Grenzüberschreitende Verflechtungen und regionales Bewußtsein in der Regio. Frankfurt 1988 (Schriften der Regio 10).
Frankfurter Rundschau vom 19.7.1993: Lich brach alle Rekorde. Die Hessentagsbilanz.
Gellner, Ernest: Nation and Nationalism. Ithaca und London 1983.
Geipel, Robert: Kognitives Kartieren als Bindeglied zwischen Psychologie und Geographie. Einführung des Herausgebers. In: Downs und Stea 1982, 7-14
Greverus, Ina-Maria: Kultur und Alltagswelt. Eine Einführung in Fragen der Kulturanthropologie. München 1978.
Greverus, Ina-Maria: Was halten die Bürger von ihrem Ort? In: Greverus, Ina-Maria; Kiesow, Gottfried; Reuter, Reinhard (Hg.): Das hessische Dorf. Frankfurt 1982, 68-99.
Greverus, Ina-Maria u. Haindl, Erika (Hg.): ÖKOlogie, PROvinz, REGIONalismus. Frankfurt 1984.
Greverus, Ina-Maria: ÖKO PRO REGION. In: Greverus/Haindl (Hg.) 1984, 15-40.
Gustafsson, Lars (Hg.): Thema Regionalismus. Tintenfisch 10, Berlin 1976.
Herlyn, Ulfert: Individualisierungsprozesse im Lebenslauf und städtische Lebenswelt. In: Friedrichs, Jürgen (Hg.): Soziologische Stadtforschung. Opladen 1988, 111-131 (Kölner Zeitschrift für Soziologie und Sozialpsychologie, Sonderheft 29).
Ilien, Albert; Jeggle, Utz: Leben auf dem Dorf. Zur Sozialgeschichte des Dorfes und zur Sozialpsychologie seiner Bewohner. Opladen 1978.
Jeggle, Utz: Lebensgeschichte und Herkunft. In: Maurer, Friedmann (Hg.): Lebensgeschichte und Identität. Frankfurt 1981, 11-30.
Kerkhoff-Hader, Bärbel: Märkte als Strukturelement des ländlichen Raums. In: Gerndt, Helge; Schroubek, Georg R. (Hg.): Regionale Kulturanalysen. München 1979, 41-44.
Knoch, Peter: Überlegungen zu einer Didaktik der Regionalgeschichte. In: Knoch, Peter/Leeb, Thomas (Hg.): Heimat oder Region? Grundzüge einer Didaktik der Regionalgeschichte. Frankfurt 1984, 3-16.
Kockel, Ullrich: Regions, Borders and European Integration. Ethnic Nationalism in Euskadi, Schleswig and Ulster. Liverpool 1991, Institute of Irish Studies (Occasional Papers in Irish Studies 4).
Krappmann, Lothar: Soziologische Dimensionen der Identität. Strukturelle Bedingungen für die Teilnahme an Interaktionsprozessen. 5. Aufl., Stuttgart 1978.
Leeb, Thomas: Vorbereitende Überlegungen zu einer Didaktik der Regionalität des Menschen - Selbstorganisierendes Lernen der Individuen im gesellschaftlichen Kontext. In: Uffelmann, Uwe (Hg.): Didaktik der Geschichte. Baden-Baden 1986, 121-139.

Löfgren, Orvar: The Nationalization of Culture. In: Ethnologia Europaea 1989, 5-23.
Lynch, Kevin: Das Bild der Stadt. Braunschweig 1975.
Mitscherlich, Alexander: Die Unwirtlichkeit unserer Städte. Anstiftung zum Unfrieden. Frankfurt 1965.
Niedermüller, Peter: Die imaginäre Vergangenheit: Volkskultur und Nationalkultur in Ungarn. In: Zeitschrift für Volkskunde 1992, 185-201
Rech, Stefan: Differenz und Gleichheit. Zur Innenperspektive einer multikulturellen Cité. Magisterarbeit Frankfurt 1992.
Schilling, Heinz (Hg.): StadtKulturLandschaft. Recherchen im Ballungsraum Nürnberg.Frankfurt 1981.
Schilling, Heinz: Der lange Weg zur Heimat. Die Chancen von Region als Handlungslandschaft. In: Ina-Maria Greverus; Haindl, Erika (Hg.): Ökologie, Provinz, Region. Frankfurt 1984, 235-259.
Schilling, Heinz (Hg.): Leben an der Grenze. Recherchen in der Region Saarland/Lorraine. Frankfurt 1986.
Schilling, Heinz: Neue Dörflichkeit. Urbanisierung ohne Urbanität im Rhein-Main-Gebiet. Habilitationsschrift Frankfurt 1992.
Schilling, Heinz: Das Fremde liegt so nah. Die Grenze als Grenze der kulturellen Identität. Vortrag zur Reihe »Leben an der Grenze« der Friedrich-Naumann-Stiftung, Saarbrücken. Manuskript 1993.
Schilling, Heinz: Urbanization without Urbanism. The Transformation of the Frankfurt Hinterland. In: Anthropological Journal on European Cultures 2/1993 (= 1993a).
Schilling, Heinz: Grenze und Grenzüberschreitung in kulturanthropologischer Perspektive. Habilitationsvortrag 1993 an der Universität Frankfurt. Manuskript (= 1993b).
Stolz, Peter; Wiss, Edmund: Soziologische Regio-Untersuchung. Basel 1965 (Schriften derRegio 2).
Tzschaschel, Sabine: Geographische Forschung auf der Individualebene. Darstellung und Kritik der Mikrogeographie. Kallmünz/Regensburg 1986 (Münchner Geographische Hefte Nr. 53).
Zimmermann, Marita: Deutschland - Frankreich: Europa? Eine Untersuchung zum »gepflegten Kulturaustausch« zwischen Bürgern, Orten und Gütern. Phil. Diss. Frankfurt 1992.

Dagmar Gausmann

»Ein Bild von einer Stadt«
Eine Industriestadt auf der Suche nach ihrer Mitte
Das Beispiel Marl

1. Einleitung

Städte produzieren Bilder und leben als Bilder in den Köpfen ihrer Bewohner und Besucher. In Zeiten der Krise oder des Wandels verändern sich auch die Bilder oder sie erstarren zu Negativ-Images.

Dann werden neue »Leit-Bilder« gesucht: für das wirtschaftliche und politische Handeln ebenso, wie für das »Bild vom richtigen Leben« in den Städten, in Stadtplanung und Städtebau.

In diesem Beitrag geht es um solche Bilder, die als eine Art Vorentwurf der erwünschten Realität in den Köpfen der Politiker, der Stadtplaner und der Architekten entstanden sind. Es geht hier um die Vorstellung, um das gewünschte »Bild von einer Stadt«, das aus Reden, Schriften und Entwurfsplänen rekonstruiert werden soll. Die Akzeptanz und Tragfähigkeit, die Transformation des »Leit-Bildes« in die Realität, die Bilder der Bewohner selbst, werden an dieser Stelle nicht untersucht.

Die Stadt Marl, von der die Rede sein wird, liegt im nördlichen Ruhrgebiet. Ihre Stadtwerdung und heutige Größe von ca. 90.000 Einwohnern verdankt sie – wie so viele andere Ruhrgebietsstädte – dem Bergbau, der in den ersten Jahrzehnten dieses Jahrhunderts aus einer kleinen Landgemeinde eine Industriegemeinde werden ließ. Seit den dreißiger Jahren sind in Marl die Chemischen Werke Hüls angesiedelt. Die Kombination von Kohle und Chemie ließ für Marl ähnlich sprunghaftes Wachstum erwarten, wie für die Städte des alten Reviers.

Der Stadtplaner aus dem Marl der fünfziger Jahre – Günther Marschall – wird im folgenden die soziale und ökonomische

Lage der Stadt in den fünfziger Jahren schildern. Seine Charakteristik beschreibt die Basis auf der man es wagte, aus Gemeinden heterogenster Art eine »richtige Stadt« zu planen.

Bis heute jedoch hat Marl keine »Mitte«, in der sowohl sinnlich-anschaulichen, wie in der übertragenen Bedeutung. Der Stadt fehlt nicht nur ein städtebauliches Zentrum, sondern räumlich und ideell darüber hinausreichend leb- und wahrnehmbare Stadtgestalt. Ihr fehlt »Identität« im Sinne eines definierten Angebotes, mit dem sich die Bewohner wie auch die erwünschten Neubürger identifizieren und/oder auseinandersetzen könnten.

In dieser Problematik veranschaulicht die Stadt Marl allerdings keineswegs ein allein regionsspezifisches Problem. Aber sie illustriert mit einer Deutlichkeit, die aus der industriellen Geschichte des Ruhrgebietes ihre Schärfe gewinnt, eine Frage, die sich der traditionell definierten Stadt überhaupt stellt:

Was kann eine zeitgemäße Definition von »Stadt« sein, wenn die Gegensätze verschwinden, auf denen die gewohnte Vorstellung von »Stadt« beruht. Was kann ein »Zentrum«, eine »Mitte« mehr sein, als konstruierte Geschichtlichkeit und inszenierter Konsum, wenn sich das alltägliche Leben dezentralisiert und zunehmend in »Peripherien« abspielt. Für wen, in welchem Sinne, und mit welchen Folgen kann man heute »Stadt« bauen?

Die aktuelle Unbekanntheit der Stadt Marl läßt vergessen, daß sie seit ihrem industriell geprägten Dasein, besonders aber in den fünfziger und sechziger Jahren als großer Versuch galt, in exemplarischer Weise Natur und Industrie, Arbeit und Kultur miteinander zu versöhnen.

Für 160.000 Menschen sollte eine »Großstadt im Grünen« entstehen. Raum gab es genug. Dort, wo die »Mitte der Stadt« entstehen sollte, schweifte das planende Auge noch über Äcker und Wiesen. Der scheinbar leere Raum schien die Möglichkeit zu bieten, Stadtplanung als aktiven Ordnungsprozeß verstehen zu können.

Aus den bislang erschlossenen Quellen zu Stadtplanung und -bau Marls ergibt sich das Bild einer Stadt, die nahezu in Reinform alle städtebaulich dominanten »Leitbilder« der Moderne durchdeklinierte im Bemühen, sie sich »zu eigen« zu machen.[1]

Dabei durchlief diese Stadt geglückte Phasen auf der Suche nach städtischer Identität, in denen das zunächst nur »importierte« Leitbild tatsächlich angeeignet und in einer Weise modifiziert werden konnte, daß es sich identitätsfördernd auswirkte. Andererseits durchlebte – und aktuell durchlebt – Marl Zeiten der Krise und des Wandels, in denen kein Konzept oder Leitbild »auf der Hand liegt«. Gerade in solchen Zeiten verläuft die Suche nach Orientierung umso bemühter. Leitbilder wirken sich dann oft in normativem Sinn aus, werden zur Handlungsanweisung einer nur erträumten Planung des »Nicht-Mehr« oder eines die gegebenen Bedingungen ignorierenden »Noch-Nicht«.

Der Transformationsprozess eines Planes/Bildes in die Realität ist nicht nur in Abhängigkeit von ökonomischen, politischen und gesellschaftlichen Bedingungen zu beschreiben. Sondern er ist auch geprägt von seinen sozialen Trägern. Sowohl von Schichten wie von einzelnen Personen und einem durch diese Personen geprägten »Politikstil«, der ebenfalls Gegenstand dieser Untersuchung sein wird.

Das Resultat der Verwandlung eines Bildes in Realität zu beurteilen ist ein Unterfangen, das die Kategorie der »Dauer« einfordert. Die sei nicht nur den Stadtumbauern empfohlen. Auch meine Beobachtung muß lange Zeiträume umfassen, Geduld aufbringen.

Deshalb möchte ich hier zunächst – um den gewählten Ausschnitt der fünfziger Jahre in einen Zusammenhang zu stellen – einen Überblick über den Wandel der städtebaulichen Leitbilder geben, wie er sich in der Stadt Marl darbietet. Anschließend wird ein genauerer Blick auf die fünfziger Jahre in Marl geworfen.

2. Überblick

Zu Beginn der fünfziger Jahre rief der Marler Bürgermeister Heiland, dessen eigenwilligem Politikstil die Stadt ihre wesentlichsten Bauten und Institutionen zu verdanken hat, den Hannoveraner Stadtplaner Günther Marschall nach Marl. In der Fortentwicklung älterer Stadtentwicklungspläne aus den zwanziger und dreissiger Jahren entstand der »Leitlan« der Stadt Marl. Er konnte so konsequent umgesetzt werden, daß er bis heute die Struktur der Stadt prägt. Eine Verbindung von »Bandstadt« und »Gartenstadt« sollte strikte Funktionstrennung und das Leitmotiv der »Industriestadt im Grünen« mit einer »Grünen City« als ideellem Mittelpunkt gewährleisten.

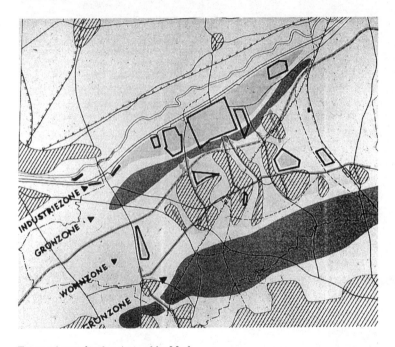

Zonenschema für das Amtsgebiet Marl
Günther Marschall 1953.
aus: Marl. Geburt einer Großstadt, Hamburg, o.J., Justus Buekschmitt (Hrsg.)

Das Theater der Stadt Marl, hier eine Aufnahme des Rohbaus von 1951, kann als Keimzelle der »Grünen City« betrachtet werden. Symbolisch sind die ersten Bauten der späteren Stadtmitte Häuser für die Kunst und die Bildung. Theater, Schulen

Das Zonenschema als realisierte Stadtlandschaft
Archiv der Stadt Marl. Luftbild: M. Frank, freigeg. d.Reg.-Präs. Münster 7636/75

und auch das Rathaus werden quasi »auf den Acker gepflanzt«.

Das Rathaus – zu Beginn der sechziger Jahre von van den Broek und Bakema gebaut – erregte internationales Aufsehen. Es erschien als Inbegriff einer modernen Stadtkrone. Plastisch geformte Baukörper ohne »Fassade«. Wahlfreiheit zwischen vielen möglichen An- und Durchsichten.

Mit der Bergbaukrise in den sechziger Jahren verlor die Stadt Marl nicht nur einen Teil ihres Reichtums und den Bürgermeister Heiland, sondern auch ihren eigenständigen Weg, ein überregional gültiges städtebauliches Leitbild lokal zu verankern.

*Rohbau des Marler Theaters
1951. Archiv der Stadt Marl*

In der sich verschärfenden Konkurrenz der Städte folgte man im Weiterbau der »City« mit Einkaufszentrum und Wohnhochhäusern allzu brav dem Leitbild der »Urbanität durch Dichte«. Dabei wurden Funktionen, die vormals räumlich getrennt waren, eng zusammengezogen, ohne daß jedoch die Spezialisie-

Rathaus der Stadt Marl
Archiv der Stadt Marl. Foto: Köves.

rung der Räume selbst aufgehoben wurde. Statt Dichte, die wohl Vermischung meinen sollte, entstand Enge.
Steht die Durch-Sichten bietende Architektur des Rathauses stellvertretend für Frei-Raum als städtebauliches Leitmotiv, so kann die »City« genannte Ansammlung von Wohn- und Geschäftsbauten nur als Zeugin »nachholender Urbanisierung« gelesen werden. Das Unternehmen endete in Zwangsverdichtung. Die ihr entsprechende Architektur formt als Negativ viele unsinnige und unbrauchbare Rest-Flächen.

Heute besteht der Marler Stadtkern immer noch zu fast einem Drittel aus leerer Fläche. Auf ehemaligem Bauernland, von der »City« der sechziger und siebziger Jahre durch den Bahndamm und eine unsinnig breite Straße abgeschnitten, soll nun die dritte Etappe des Stadtkernbaus erfolgen. Das Halbrund des Geländes betonend, sich perspektivisch auf eine »Piazza« orientierend, erscheint der Entwurf als Kontrapunkt zum frei fließenden Raumkonzept der fünfziger Jahre. Das Baupro-

Gebiet des Marler Stadtkerns; Rathaus, »Marler Stern«, Erweiterungsgebiet.
Luftbild: M. Frank, freigegeben d. Reg.-Präs. Münster 4794/76

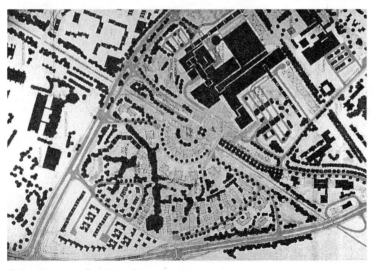

Bebauungsplan »Stadtkern Ost«
Pohl und Partner. 1988. Archiv der Stadt Marl.

gramm mit Stadtplatz, gemischtem Wohnen in Biohäusern, Rückbau von Straßen, Betonung durchlaufender Grünzüge, folgt dem Konzept des »ökologischen Städtebaus«. Wieder einmal hat man in Marl die Leitbilder der Zeit aufgegriffen.

Unter welchen Bedingungen sie sich integrierend auswirken, Identität fördern, unter welchen Bedingungen sie im Gegenteil als normativ verfestigter Import an den realen Bedürfnissen und Möglichkeiten vorbeigehen, sollte nicht nur der Stadt Marl Diskussion wert sein.

3. »Heiland und Marschall«
Die fünfziger Jahre in Marl

Nicht überall in Westdeutschland verbinden sich die fünfziger Jahre mit den eher bedrückenden Assoziationen der Adenauer-Zeit. Für Marl ergibt sich im Gegenteil der Eindruck, daß diese Stadt ihren damals beachtlichen Ruf durch Aufgeschlossenheit und Risikobereitschaft errang. 1961 veröffentlichte der »Welt am Sonntag«-Journalist Ernst Glaeser seine Städtereportagen unter dem Titel »Auf daß unsere Kinder besser leben.«[2] Marl fand sich hier gemeinsam portraitiert mit Hamburg, Berlin, Freudenstadt und Frankfurt am Main. Glaeser entschied sich für Marl: »Hier gedeiht eine frohe Stadt. Hier sollte man leben!« Und nicht nur er sah in Marl

»... wohl das größte städtebauliche Experiment, das Deutschland kennt, ein genialer Versuch, die neue Form des Gemeinwesens zu schaffen. Man könnte Marl eine sozialistische Stadt nennen, wenn man diesen Begriff seiner politischen Verbrämung entkleidet.«[3]

Gestützt auf eine solide ökonomische Grundlage – die Chemischen Werke Hüls und der Bergbau machten Marl in jenen Jahren zu einer wohlhabenden Stadt – prägten für ein gutes Jahrzehnt einige wenige Persönlichkeiten die Richtung, in die es gehen sollte.

Unter anderen war es der Sozialdemokrat Rudolf Heiland, der von 1946 bis zu seinem Tod 1965 Bürgermeister der Stadt Marl war.[4] Bald verband sich der Name Heilands – nicht nur für Städteplaner – unweigerlich mit der Idee der »neuen Stadt«. In Marl selbst wurde er zuweilen auch der »Diktator von Marl« genannt, so überzeugt ignorierte er die bescheidene Opposition gegen seine Stadtbaupläne. Denn Rudolf Heiland und seine politischen und wirtschaftlichen Verbündeten hatten Großes vor. Man rechnete fest damit, daß die 80.000 Einwohner starke Gemeinde weiterhin schnell wachsen würde, und man plante in den Dimensionen einer Großstadt. Das klare Bekenntnis zur Großstadt ging einher mit einer deutlichen Abgrenzung gegenüber dem übrigen Ruhrgebiet, mit dem man keinesfalls »zusammenwuchern« wollte. Städte wie Gelsenkirchen, in denen die Industrie rücksichtslos den Lebensraum nach ihren Bedürfnissen zugerichtet hatte, dienten allenfalls als Schreckensbild. Man begriff sich in Marl als Avantgarde »neuzeitlichen Städtebaus« in industriellen Regionen.

Auf der »Interbau«, 1957 in Berlin, formulierten die Ausstellungsleiter Resumeé und Ziel des Aufbaus westdeutscher Städte nach dem Zweiten Weltkrieg:

»Das alte Leitbild des pyramidenförmigen Stadtaufbaus mit hohen Bauten und dichter Bauweise im Zentrum, nach außen mit abnehmenden Bauhöhen und Baudichten bis zu den Streusiedlungen am Stadtrand ist in mancher Hinsicht überholt. Dieses Schema, das durch die Gegensätze zwischen zu hoher Dichte im Stadtkern und zu geringer Dichte in den äußeren Stadtteilen gekennzeichnet wird, kann schon wegen der Ungleichmäßigkeit in der Belastung der Verkehrsmittel und der Einzugsbereiche der Gemeinschaftsanlagen nicht mehr als Richtschnur gelten. Es muß ein neuer Typus der aufgelockerten und gegliederten Stadt entwickelt werden. Ein dem wirtschaftlichen Strukturwandel angepaßter Umbildungsprozeß ist notwendig, der die kompakten Baumassen des alten Häusermeeres auflockert, die untragbare Dichte der Besiedlung auf ein den Grundsätzen der Stadthygiene und den Forderungen des Verkehrs entsprechendes Maß bringt und die Stadt räumlich und funktionell gliedert.«[5]

In Marl konnte von »Häusermeeren« und »untragbarer Dichte«, gegen die man in anderen Großstädten ankämpfte, keine Rede sein. Der alte Dorfkern, die Siedlungen um die Chemischen Werke und die beiden Zechen ließen noch viel Raum zwischen sich. Von einem Zentrum, das alle Gemeinden und Siedlungen verbunden hätte, war noch nichts zu sehen. Dies begriff man keineswegs als Defizit, sondern mutig als Chance. 1953 lobte diese kleine Gemeinde einen städtebaulichen Gutachterwettbewerb aus, zu dem unter anderen Hebebrand und Scharoun eingeladen wurden. War der Wettbewerb an sich schon als Entschluß zu werten, die Entwicklung der Stadt nicht der im Ruhrgebiet gewohnten Goldgräbermentalität zu überlassen, so setzte man zusätzlich deutliche Zeichen, daß die »Stadt der Arbeit« auch eine »Stadt der Arbeiter« und eine Stadt der Kultur werden sollte.

Schon zu Beginn der fünfziger Jahre erstellte man eine hochwertige Infrastruktur. Marl hatte schnell ein noch heute imponierendes Angebot an Schulen aller Art, jeweils aufwendig und von führenden Architekten der Zeit gebaut. Mit der Paracelsus-Klinik, dem damals modernsten Krankenhaus Europas, das schon 1956 fertiggestellt war, gelangte Marl nicht zum ersten Mal in die internationale Presse der Nachkriegszeit, sondern mit der »insel«, dem ersten eigenen Haus der Erwachsenenbildung in Deutschland nach dem Krieg. Das Erwachsenenbildungsmodell der »insel« zog in den fünfziger Jahren alle Schichten an und die Aufmerksamkeit der Republik auf sich. Über das Theater, 1953 eröffnet, hieß es in einer selbstbewußt dreisprachigen Broschüre aus dem Anfang der sechziger Jahre:

»Die Stadt verdankt diese Gebäude privater Initiative, die hier zunächst ein repräsentatives Kino bauen wollte (...), aber die Entwicklung war stärker. Seit dem 1.1.1959 steht das Haus unter der alleinigen Regie der Stadt Marl.«
»Der Marler Theaterspielplan ist im besten Sinne des Wortes anspruchsvoll. Reines Unterhaltungstheater wird nur gelegentlich geboten. In wenigen Jahren ist Marl zum Prototyp eines modernen Gastspieltheaters geworden. Das Gastspieltheater bleibt jedenfalls für eine Stadt von morgen, für eine Stadt der Zukunft zur Zeit die gemäße Theaterform.«[6]

Den oben erwähnten Gutachterwettbewerb zur städtebaulichen Gesamtplanung im Amtsbezirk Marl gewann der junge Architekt und Stadtplaner Günther Marschall, der in Hannover bei Hillebrecht ausgebildet wurde. Der Wille zur »Gesamtplanung«, die zunächst die Grundzüge der Stadtentwicklung erarbeiten muß und sich nicht in voneinander isolierten Fachbehörden verlieren will, spricht für den offenen, experimentellen Geist der Stadt Marl in den fünfziger Jahren. Und die Notizen, Vermerke und Briefwechsel, die sich in den Akten der Planungsämter finden, sprechen für den ganz speziellen Politikstil jener Zeit. Denn mehr als einmal geriet der junge Stadtplaner mit der städtischen Verwaltung aneinander. Die Beamten fühlten sich ständig übergangen, in ihrer Kompetenz und Autorität ignoriert.[7]

Mit dem freiberuflichen Gewinner eines Gutachterwettbewerbes konnte man nicht viel anfangen. Kooperation, die das Ziel »Gesamtplanung« einzufordern scheint, wurde von beiden Seiten nicht gesucht. Und womöglich wurde das auch gar nicht erwartet:

Wo in den 60er Jahren sich die Verwaltung breitmachte, in den 70er Jahren dann die verschiedenen Wissenschaften partizipieren durften und heute »runde Tische« tagen, liefen in den 50er Jahren die Fäden – allerdings nicht nur in Marl – bei einer einzigen Person zusammen. Dieser Umstand und Marschalls direkte Zuordnung zum Bürgermeister Heiland haben von Anfang an für viele Verstimmungen gesorgt. Auch hatten beide – Heiland und Marschall – kein Talent im Umgang mit der Verwaltung. Vieles wurde in direkter Absprache, unter Umgehung aller Dienstwege geregelt. Vor allem dem Redetalent Heilands, seinem Wissen und seinem – Anlaß für zahlreiche Anekdoten bietenden – Engagement für Städtebau und moderne Architektur ist es zu verdanken, daß die Mehrheit des Rates – zeitweise auch fraktionsübergreifend – die Entscheidungen ihrer beiden »Diktatoren« mittrug. Es kann sogar gesagt werden, daß die »Visionen« der Hauptakteure auch Teile der Bevölkerung ansteckte. Die Vorträge der Architekten, die in Marl bauten, waren immer überfüllt.

4. Der Leitplan (auch »Marschallplan« genannt)

Bei seinen Arbeiten in der Stadt Marl konnte Günther Marschall auf Vorarbeiten zurückgreifen. Schon in Philipp Rappaports Bebauungsplan für die Stadt Marl aus dem Jahr 1925 hieß es:

»Von den zahlreichen bewaldeten oder durch Wiese und Heide gebildeten Grünflächen der Gemeinde Marl wurden nur diejenigen ausgeschnitten, die durch Bachläufe, oder als besonders schöne Waldgegenden möglichst für alle Zeiten als Erholungs- und Grünflächen der Gemeinde erhalten bleiben sollen. Es sind Streifen Grüns, die das ganze Gemeindegebiet durchdringen und ihm soweit möglich bis in fernste Zeiten hinein die Art einer Grünstadt bewahren werden.«[8]

Diese frühe Entscheidung für das »Grün« als städtebauliches Leitmotiv machte es möglich, daß in Marl, einer Stadt, die ja erst noch »geboren« werden sollte, das ohnehin herrschende Leitbild der »gegliederten und aufgelockerten Stadt« in seiner ganzen Konsequenz geplant werden konnte. Der später »Marschall-Plan« genannte Leitplan der Stadt Marl versuchte eine Kombination der Idee einer Bandstadt mit der Idee einer Gartenstadt. Das – in seinen Grundintentionen antiindustrielle – Motiv der Gartenstadt bezog sich dabei vor allem auf die Mitte der Stadt. Der Grundsatz der Funktionstrennung sollte das Gegenbild zu den als bedrohlich empfundenen, von der Industrie gegründeten und vergewaltigten Städten des »alten Reviers« garantieren.

Als für die spätere Entwicklung maßgeblich erscheint auch das Vorhaben, das Wachstum der Stadt von vornherein zu begrenzen. Bescheiden zu begrenzen, wie man damals meinte.

»Bei der für Marl vorgesehenen Einwohnerzahl wird es kaum das Problem der heutigen Großstadt, das Problem des mangelnden sozialen Kontaktes geben. (...)
Das schönste Theater, die herrlichste Gemäldeausstellung, die reichhaltigste Stadtbibliothek und die fruchtbarsten Vorträge und Diskussionen bleiben vielen unerreichbar, weil sie den weiten, unbequemen Weg aus der eigenen Außenwelt in das Herz der Stadt scheuen. Der soziale Kontakt und die kulturelle Betätigung ist heute in der Großstadt weniger ein Geldproblem als ein

Problem der wachsenden Entfernungen. In Marl wird man der Aufspaltung des großstädtischen Lebens in zwei Welten durch eine vernünftige Größenordnung der Stadt und durch eine rechtzeitige Sozialplanung der Gemeinschaftseinrichtungen zu begrenzen wissen.
Wenn Marl bereits heute entschlossen ist, seiner Entwicklung Grenzen zu setzen, dann einfach, weil man nicht eines Tages aus dem bösen Traum der mit Industrie übersättigten Riesenstadt erwachen will. Erst die wirtschaftliche und bevölkerungsmäßige Abgrenzung der Stadt macht es möglich, der Planung eine Idee als Ordnungsgedanken voranzustellen.«[9]

Es kann, der Zeit vorausgreifend, gesagt werden, daß die Maxime der Funktionstrennung weitgehend eingehalten worden ist. Auch die schon durch Rappaport festgelegten, für »alle Zeiten« zu erhaltenden, Grünzüge prägen das Stadtbild bis heute.

Was die Planung der fehlenden Stadtmitte betraf, ging Marschall neue Wege. Zwar hatte auch der Rappaport-Plan den Bau einer Mitte als notwendig erachtet. Auch dort sollten die Grünflächen weit in das Innere dieses künstlichen Herzens reichen. Die Beschreibungen lassen jedoch vermuten, daß der Rappaport-Plan sich stark an das Sitte'sche Ideal »künstlerischen Städtebaus« anlehnte. D.h. einer von außen nach innen zunehmenden Dichte und Höhe der Bebauung und einer Folge geschlossener Platzräume sowohl in den als Nachbarschaften gedachten Stadtteilen, wie auch im Zentrum.

Während des Nationalsozialismus entwickelte man den Rappaport-Plan weiter zum »Wirtschaftsplan« und kümmerte sich vor allem um die Ansiedlung der Chemischen Werke Hüls und ihrer Arbeiter. Den Großstadtgedanken der zwanziger Jahre verfolgte man nicht weiter und so wurde auch an der Idee einer Stadtmitte nicht weitergearbeitet.

In den fünfziger Jahren bekannte man sich, wie schon erwähnt, ausdrücklich zur Idee einer modernen, einer »neuen« Stadt, die man sich auf jeden Fall »großstädtisch« vorstellte.

Das »Herz der Stadt« plante man als »grüne City« und erläuterte die Idee so:

»Dem Nachteil, daß Marl bisher ein zentrales Kultur-, Verwaltungs- und Geschäftsgebiet im Sinne einer großstädtischen City fehlt, steht der Vorteil gegenüber, daß diese City heute auf jungfräulichem Boden großzügig geplant werden kann. (...). Die bisherige dezentralisierte Siedlungsweise Marls hat also den Vorteil, daß heute bei einem bereits überschaubaren Endwachstum die Stadtkernbildung dem Maßstab des ganzen Stadtorganismus besser angepaßt werden kann als bei Beginn einer zunächst planlos fließenden Entwicklung. (...) Die "Grüne City" wird, einmal fertiggestellt, die baulich-schöpferische Tat der Stadt Marl sein und diesem aus sporadischen Industrieanfängen gewachsenen großstädtischen Lebensraum den geistigen und kulturellen Mittelpunkt für a l l e seine Bürger geben.«[10]

Der Charakter dieser grünen City sollte nicht durch Häuser privater Unternehmen dominiert werden, sondern durch Institutionen der Kultur, des sozialen Bereichs, der kommunalen Selbstverwaltung und durch das »Grün« als quasi-kultureller Errungenschaft. Die Planungen der Stadt Marl auf »jungfräulichem Boden« erlangten Aufmerksamkeit über die Regions- und Landesgrenzen hinaus. Sollten doch gleich zwei Hauptthemen Nachkriegsdeutschlands, die sich nicht in reiner »Funktionalität« erschöpfen durften, gelöst werden. Der Bau einer ganzen Stadtmitte, eine Aufgabe, von der jeder Stadtplaner träumt. Und die Bauaufgabe der Demokratie schlechthin, ein Rathaus für eine moderne Großstadt.

5. Das Rathaus

»Demokratie« und »Monumentalität« bezeichneten zwei Problemfelder der architektonischen Debatte in den fünfziger Jahren. Allein schon die Auslobung eines beschränkten, internationalen Wettbewerbs für das Marler Rathaus rief Bewunderung hervor, denn das Wettbewerbswesen hatte durch die Konkurrenz der nachkriegsdeutschen Aufbaustäbe sehr gelitten. 1957 reichten die Architekten van den Broek und Bakema, Scharoun, Aalto, Arne Jacobsen, Sep Ruf und sieben weitere ihre Entwürfe ein. Als Fachpreisrichter fungierten u.a. die Creme der westdeutschen Architektenschaft der fünfziger Jahre: Ernst May, Hillebrecht und Hebebrand. 1958 erschien das erste Sonderheft der renommierten Zeitschrift »architektur und wettbewerbe« mit dem alleinigen Thema »Rathauszentrum Marl«. Als »Berechtigung einer derartigen Veröffentlichung« führte der Herausgeber die Bedingungen des Wettbewerbes, das hohe Niveau der Teilnehmer und der Jury und die allgemeine Bedeutung der Bauaufgabe an. Er urteilte über den ersten Preis:

»(...) daß wir vor dem seltenen Phänomen der absolut richtigen Entscheidung stehen.«[11]

Der Stadt Marl böte sich die

»(...) einmalige Chance, ein unserer Zeit gemäßes Stadtzentrum zu schaffen (...) das Gesicht der Zeit durch Baukunst zu prägen.«[12]

Neben dem Lob für die übergeordnete Idee der »grünen City«, die einer »veränderten Gesellschaft die ihrer Struktur und ihrem Empfinden gemäße Umwelt« bieten würde, sah man das Rathaus als Prüfstein für die noch unbeantwortet gebliebene Frage, ob Demokratie sich durch Architektur veranschaulichen läßt. Unter der Überschrift »Grundsätzliches« hieß es in »architektur und wettbewerbe«:

»Hier soll aber vor allem das Rathaus als Inbegriff demokratisch-bürgerlicher Selbstverantwortung stehen, als stärkste Klammer der heterogenen Stadtelemente und als magisches Zentrum eines städtischen Zusammengehörigkeitsgefühls, eines gemeinsamen Selbstbewußtseins.«[13]

Fritz Jaspert schrieb in seinem Standardwerk »Vom Städtebau der Welt« über die Idee einer »Stadtkrone« in Marl:

»Stadtkrone? Das klingt romantisch, ja abenteuerlich reaktionär. Und dennoch faßt es in diesem Falle genau zusammen was der Stadt und dem ganzen Amtsbezirk Marl zum Wohle seiner Bewohner fehlte, um sie im Sinne der Demokratie von Zuschauern zu aktiven Bürgern zu machen.«[14]

Was war es, was den Staatssekretär Rühl so begeistert »Demokratie« und »Magie« zusammendenken ließ?

Die holländischen Architekten van den Broek und Bakema, die wesentlich den Aufbau Rotterdams nach dem Krieg geplant hatten, waren als Gewinner aus dem Wettbewerb hervorgegangen.

Im Zentrum ihres Entwurfes steht die Idee der »Stadtkrone«. Das sind hier vier unterschiedlich hohe und potentiell »wachsende« Türme in einer Hängekonstruktion aus Stahlbeton. Sie bilden einen offenen Stadtraum aus und sind verschiedenen, niedrigen Baukörpern zugeordnet. Ein in aufwendiger Faltbetontechnik gestalteter Trakt ist der Repräsentation und festlichen Anlässen zugedacht. Die Türme, von denen letztlich nur zwei ausgeführt wurden, nehmen die Verwaltung auf. Die Architekten mußten die Entscheidung der Jury, die ihre Arbeit mit dem ersten Preis ausgezeichnet hatte, in langen und wiederholten Vorträgen vor Rat und Bürgerschaft erläutern.

Und wieder war es der Bürgermeister Heiland, der in einer an sich schon dokumentationswürdigen Rede den Rat der Stadt dazu bewog, den Entwurf van den Broek und Bakemas zur Ausführung zu bestimmen. Es war in dieser Stadt der Bürgermeister, der die Idee von Architektur als Utopie zu einer Leitlinie der Politik machte.

Es kann der Zeit vorausgreifend gesagt werden, daß auch das Rudiment gebliebene Rathaus noch heute einen Teil seiner ursprünglichen Intention veranschaulicht. Mag man Beton nun prinzipiell hassen oder lieben – mit diesem Baustoff, mit farbigem Glas und viel Holz im Inneren bildet das Marler Rathaus ein Ensemble plastischer Körper. Sie bilden eine Einheit mit der beachtlichen Sammlung des Marler Skulpturenmuseums. Die Plastiken sind zum Teil im Repräsentationstrakt des Rathauses ausgestellt. Der Großteil findet draußen, in den durch die Architektur gebildeten Freiräumen und rund um den künstlich angelegten See am Fuße des Rathauses einen angemessenen Ort. Architektur und Skulptur bieten so eine Vielfalt an möglichen An- und Durchsichten, ohne auf eine »richtige« Position festlegen zu wollen.

6. Selbstbewußtsein

Man hatte sich eine Menge vorgenommen. Und die Verantwortlichen waren ideell und finanziell bereit zu investieren. Die Krönung der imponierenden Anfänge bildete das Rathaus als »magisches Zentrum...«.
Für welches »Gemeinwesen«, für welche Stadt plante und baute man dieses »magische Zentrum«? Wie wollte man sich selbst definieren? In der programmatischen Schrift »Marl – Geburt einer Großstadt« wurde eine kurze, präzise Selbstdefinition gewagt:

»Marl ist ein spätes Kind der industriellen Revolution,
Marl ist eine Arbeiterstadt,
Marl ist eine Stadt der Zugewanderten, für die es zum Schmelztiegel wurde,
Marl ist - bevölkerungsstatistisch betrachtet - eine junge Stadt,
Marl ist eine wachsende Stadt.«[15]

In all diesen Punkten wurden sowohl Chancen wie Risiken gesehen. Daß man die Risiken zu Zielvorstellungen, Handlungsanweisungen für die Zukunft umdeutete, mag Günther Marschall nochmals plastisch vor Augen führen:

»Eine weitere wichtige Feststellung zur Sozialstruktur ist die Tatsache, daß in Marl 77% der Erwerbspersonen Arbeiter sind. Landesdurchschnitt von Nordrhein-Westfalen ist 58,6%. Marl ist also eine Arbeiterstadt. Daraus erwächst für die Gemeinde eine umso stärkere sozial-kulturelle Aufgabe, das Bildungs- und Kulturniveau allgemein zu heben, um den Mangel an Mittelstand, (...) und an geistigem Erbe auszugleichen. Marl hat nach diesem Kriege gerade diese Aufgabe in vorbildlicher Weise durch den Bau von Schulen, einem Doppelgymnasium, einer Berufsschule, die jetzt zu einem Berufschulzentrum ausgeweitet werden soll, einer Schwesternschule, verbunden mit einem nach neuesten Erkenntnissen gebauten Krankenhaus, einem hervorragend betreuten Gastspieltheater und einem Volksbildungsheim, angefasst und ist dabei, noch weitere Beiträge zur Intellektualisierung der Arbeiterklasse zu leisten.
Aufgabe der Planung ist es daher, diesem stark geförderten Kulturbedürfnis durch Ausweisung von Kulturzentren zu dienen: Eine weitere Tatsache ist: Marl ist eine junge Stadt und eine Stadt ohne Tradition. Die alteingesessenen Bauern, die der großstädtischen Entwicklung zum Teil skeptisch gegenüberstehen, gehen von Jahr zu Jahr in ihrem prozentualen Anteil an der Gesamtbevölkerung zurück. Der ehemals rein katholische Raum ist heute zu 50% evangelisch. 1953 waren etwa 14% Flüchtlinge aus dem Osten zugewachsen.

Im Endergebnis sind 86% der Gesamtbevölkerung der Herkunft nach zugewandert. Es verbleiben also nur 14 Prozent Alteingesessene. Städtebaulich gibt es keinen mittelalterlichen Kern, der Ausgangspunkt einer City für die kommende Großstadt Marl sein könnte. Alles ist neu zu schaffen, keine Vorstellungen von der Erhaltung des Heimatbildes und der Tradition, höchstens allerdings eine veraltete Bauordnung des Landes belastet die Planung. Der größte Teil der Bevölkerung vor allen Dingen aber der Teil, der aus grösseren Städten kommt, braucht nicht umzudenken. Die Bevölkerung von Marl empfindet also alles andere als gefühlsbetont und traditionell. Sie richtet ihre Zufriedenheit allein ganz nüchtern nach günstigen Arbeitsbedingungen und Berufsaussichten, nach gesunden Wohnverhältnissen, nach geeigneter kulturbildender und sportlicher Freizeitgestaltung, nach guten Schulverhältnissen, denn es ist völlig verkehrt, zu meinen, dass eine Arbeiterstadt keinen Kulturhunger, sondern nur materiellen Hunger hat. Es sei dazu bemerkt, dass der grosse englische Bildhauer Henry Moore genau so Bergarbeitersohn ist wie der deutsche Bildhauer Lehmbruck oder der deutsche Maler Ernst Winter.«[16]

Dem Zusammenwirken günstiger ökonomischer und politisch-kultureller Faktoren verdankte man, daß der bürgerlichen Stadt, die wenig später das »Leitbild« stellen sollte, in nichts nachgeeifert wurde. Ein heute problematisch anmutender Mangel an »Geschichte«, d.h. besser Geschichtsbewußtsein, wurde in einer ohnehin geschichtsverdrängenden Zeit nicht als Mangel konstatiert.

Zu fast 80% waren die Beschäftigten der Stadt Marl Arbeiter. Die Biografie des Heiland-Clans zeigt, daß die Arbeiter als tragende Schicht »ihre« Repräsentanten gefunden hatten. Noch war es im Gegenteil die relativ kleine Zahl der Akademiker, die »aus dem Rahmen fielen«. So diente die akademische Neubürgerschaft der Chemischen Werke Hüls in den fünfziger Jahren der »FAZ« als Personal für die gesellschaftssatirische Kolumne »Ingemaus«, in der Damen aus neureicher Gesellschaft Geheimnissen wie der »documenta« oder »zeitlos-modernem« Industriedesign auf die Spur zu kommen trachteten.[17] Kein Vertreter dieser Schicht, sondern der Sohn des Bergmannes Guido Heiland, dem hemdsärmeligen Bürgermeister der Stadt Marl vor dem Nationalsozialismus, stand an der Spitze der Stadt. Rudolf Heiland und seine Schwester Helene lebten die Vision des engagierten, gebildeten Arbeiters vor. Auf dem Sofa der Heilands übernachtete Carlo Schmid, denn im Marl der fünfziger

Jahre gab es nun mal kein Hotel. Auf dem Hintergrund solcher Begebenheiten ist es klar: der Bürgermeister Rudolf Heiland wurde zur »Symbolfigur« jener Jahre. Er setzte alles darein, aus Arbeitern eine neue Art von mündigen, gebildeten Bürgern werden zu lassen. Ein wichtiges Mittel war ihm dabei Stadtplanung und Architektur. Daß seine Überzeugungen oft in pathetisch klingender Rede mündeten, mag heute belächelt werden. Seine programmatischen Sätze zur »Stadt als Prozeß« sprechen uneingelöste Utopien an:

»Als Marl sich das verpflichtende Ziel setzte "Wir bauen eine Stadt", war von vornherein klar, daß der Mensch stets im Mittelpunkt aller Planungen stehen müsse. Marl ist nicht nur eine ausgesprochene Arbeiterstadt, Marl ist auch Sammelbecken für Menschen aus allen Ländern. (...) Als dann nach Kriegsende Vertriebene aus ganz Deutschland nach Marl einströmten, wirbelten sie den Strom noch einmal auf und machten die Verpflichtung noch verbindlicher, all diesen Menschen nicht nur ein Dach über den Kopf, einen Arbeitsplatz und damit Essen und Auskommen zu geben, sondern sie auch in Marl ansässig und heimisch zu machen. Das konnte nur geschehen, wenn es gelang, ihnen das *Werden ihrer Stadt als persönliches Erlebnis zu vermitteln*. Die (sehr allgemeine) Erfahrung, daß z.B. der Bergmann nach seiner, trotz aller Mechanisierung, die ganze Körperkraft verzehrenden Untertagearbeit bestenfalls ein paar Beete im Hausgarten bestellt, einige Kaninchen oder Tauben züchtet und sonntags zum Fußballplatz geht, trifft für Marl jedenfalls nicht zu. Gewiß die körperliche nicht so angespannten Chemie-Belegschaften waren zunächst leichter dazu zu bewegen, am Theater, an den Arbeitsgemeinschaften und Vorträgen des Volksbildungswerkes teilzunehmen, aber seither ist auch die Anteilnahme der Bergarbeiter am kommunalpolitischen Gesprächen, am Theater- und Konzertleben, dem Besuch von Ausstellungen beachtlich lebhaft. (...)
Im Volksbildungsheim "die insel" sprechen Dichter, Philosophen und Politiker. Daß sie Rang und Namen haben, hindert hier auch einfache Menschen nicht, ihnen Fragen zu stellen und mit ihnen zu diskutieren. Geht es dabei um Fragen der Stadt und des Alltags, erkennt jeder Zuhörer mit Freude und Staunen, daß diesen Einwohnern ihre Stadt zu einem Erlebnis zu werden beginnt, daß sie mit den geistigen Problemen der Stadtwerdung vertraut sind und sie als ihre ureigene Angelegenheit betrachten.«[18]

Man könnte diese fünfziger Jahre in Marl als Jahre eines recht sorglosen Selbstbewußtseins bezeichnen. Mit dem Image einer Stadt der Arbeit konnte man gut leben. Man versuchte nicht, dieses Image zu beschönigen, sondern die Strategie lief im Gegenteil darauf hinaus, die Arbeit, hier die Arbeit des Bergmannes, in ihrer allgemeinen Wertschätzung zu steigern, indem man fehlende städtische Tradition durch die Tradition des Bergmanns ersetzte, seinen Stand adelte.

7. Leitbild und Selbstbild

Der Begriff des Leitbildes meint zunächst die »Schau der wünschenswerten räumlichen Ordnung« in einem abstrahierenden, überlokalen Sinn.[19] Die städtebaulichen Leitbilder der Stadt Marl in den fünfziger Jahren:

- die gegliederte und aufgelockerte Stadt
- die Band- und Gartenstadt
- die Funktionstrennung

geisterten auch in anderen Städten durch die Planerbüros. Das Besondere an der Situation der Stadt Marl lag in der Unbedingtheit, mit der die obengenannten Maximen hier auf scheinbar »leerer« Fläche zur Anwendung kommen sollten, und das Besondere lag ebenfalls an der wirtschaftlichen und politischen Führung der Stadt, die sich von den Visionen ihres Bürgermeisters nahezu geschlossen überzeugen ließ und sie mittrug.

Namentlich Bürgermeister Heiland und sein Stadtplaner Marschall unternahmen es in Rede und Schrift, diese zunächst elitären Vorstellungen von einer »neuen Stadt« zu einer *Identitätsofferte* zur umfassenden »kollektiven Identität« werden zu lassen.[20]

Ihr Programm war ein Programm der »Versöhnung«:

- von Natur und Industrie,
- Großstadt und begrenztem Wachstum,
- Schmelztiegel und Heimat,
- körperlicher Arbeit und Kultur, Bildung, Freizeit.

Entstehen sollte nicht nur die »neue Stadt« in städtebaulichem Sinne, sondern »die neue Form des Gemeinwesens.« Das *Leitbild vom integralen Menschen*, das, wie Aleida Assmann ausführt, sein Fundament in der Weimarer Klassik hat, lebte in der deutschen Arbeiterbewegung weiter. Aus dem »werde, der du bist«, wurde »werde der Arbeiter, der du bist«. Der Sozialdemokrat Heiland versuchte nach dem 2. Weltkrieg in Marl nochmals zu verdeutlichen: der »neue Mensch«, das ist der »neue Arbeiter«, der nichts mehr zu tun hat mit dem »anderswo« geltenden *Ethos der Region*, wie Rolf Lindner es schildert. Denn es ist gerade die schwere körperliche Arbeit, die den visionierten Bildungs- und Kulturhunger der Arbeiterklasse umso heller strahlen lassen sollte. Als Vorbild propagierte man in Marl den schwer arbeitenden, nichtsdestotrotz gebildeten und gesunden Menschen, der allerdings für alle Zeiten Arbeiter bleibt. Denn wie Stadtplaner Marschall ausführte, wird der »Mangel« an Mittelstand durch eine »Intellektualisierung der Arbeiterklasse« ausgeglichen. Wichtige Mittel zur Erreichung dieses Ziels waren in Marl die Architektur – das Rathaus als symbolische Krone der Arbeiterstadt, das Theater und das Volksbildungsheim als erste Bauten des neuen Stadtkerns, der städtebauliche »Gesamtplan«, der die Assoziation von »schwerer Arbeit« und »Schmutz« gar nicht erst aufkommen lassen sollte. Das »Grün« als städtebauliches Leitmotiv wurde zum Bürgen für Gesundheit und kultivierten Lebensstil zugleich.

Auch in Marl gab es schon die »Zechendörfer« in unmittelbarer Nachbarschaft zu Förderturm und Schornstein. Die kleinen Nutzgärten und rußgeschwärzten Hauswände dieser »Kolonien« waren das Gegenteil der von Heiland und Marschall angestrebten Wohnform des »neuen Arbeiters«: Der wohnte bald in hellen, modernen Häusern, der Bayer in einem Haus mit der oberschlesischen Familie, mehrstöckig verdichtet und in aufgelockerter Stadtlandschaft. Das »Grün« sollte der Bergmann als sanitäres und kulturelles Grün genießen dürfen. Das »Hobby« der Bergleute, der private Garten mit Gemüsebeet und Ställen, für das Schwein und ein paar Hühner, war nicht vorgesehen, denn »Freizeit« sollte in den öffentlichen Räumen der Stadt verbracht werden. So weit – in grober Skizze – die Vision. Die

Identitätsofferte, die in Marl gemacht wurde, war eindeutig und fand ihre Entsprechung in Architektur und Stadtplanung der fünfziger Jahre.

Es erscheint klärend, kollektive Identitäten als *Diskursformationen* zu beschreiben, wie Aleida Assmann vorschlägt:

»(...) sie stehen und fallen mit jenen Symbolsystemen, über die sich die Träger einer Kultur als zugehörig definieren und identifizieren.«[21]

Jedoch muß diese Aussage ergänzt werden um die Frage nach der politisch-ökonomischen Basis, die es ermöglicht oder verhindert, daß sich *Symbolsysteme* und *Diskurssysteme* herausbilden. Und ebenso wichtig erscheint die Frage nach der *Dauer*:

Jede Identitätsofferte braucht die *ihr entsprechende ökonomische Basis*, um glaubwürdig zu sein, und sie braucht *Dauer*, um sich in das Gedächtnis einer Familie, einer Gesellschaft, einer Stadt »einzuschreiben«. Nur so kann aus »Selbstbewußtsein« »Selbstvertrauen« werden, das sich auch in Krisenzeiten »rückversichert« weiß.

Die pädagogischen Mühen der Marler Elite fanden ihren Höhepunkt – die Entscheidung des Wettbewerbes für das Marler Rathaus 1957 – zu einer Zeit, als die Krise des westdeutschen Kohlebergbaus erstmals nach dem 2. Weltkrieg deutlich spürbar wurde. Die Basis des Reviers wurde immer mehr abhängig von Subventionen. Auch die Zechen des nördlichen Reviers, in denen die Kohle aufwendig aus großer Tiefe gefördert wird, wurden zu schwarzen Löchern, in denen manch Einer Geld verschwinden sah, das niemals mehr wiederkehrte. Bergbaukrise, Energiekrise, stagnierende Zuwanderungszahlen führten auch in der Stadt Marl zu der allerdings bis zum Ende der sechziger Jahre nicht offen eingestandenen Erkenntnis, daß es vorbei war mit dem »Wachstum«, daß Marl nie Großstadt werden würde. Daß es unmöglich war, einen Berufsstand, von der Dauerkrise bedroht, dem Rest der Republik auf der Tasche liegend, allein durch Bildung und Kultur zu »adeln«.

Der Einbruch der Krise des Reviers in den Marler Traum von der »neuen Stadt« ging einher mit dem Austausch der lokalen Elite. 1965 starb Bürgermeister Heiland, und so war auch für seinen Schützling Günther Marschall kein Bleiben mehr in Marl. Für einige Zeit hatte man in Marl *abgeblendet*, was sich an Krisen und Problemen im »alten Revier« schon abzeichnete. Die städtische Identität Marls war von dem fest umrissenen, durch Architektur und Stadtplanung erst noch *aufzuladenden* Raum nicht abzulösen. Das Marler Vorhaben geriet so zur beeindruckenden Utopie, die sich aber als zu unflexibel erwies, um krisensicher zu sein. Hat sich beispielsweise die Stadt Hamburg über Jahrhunderte den Mythos der reichen, weltoffenen Handels- und Hafenstadt erworben, der sie auch in weniger ruhmreichen Zeiten trägt, so hatte man in Marl wenig mehr als ein Jahrzehnt, um festzustellen, daß schon das Fundament, auf dem man sich eine reiche und gebildete Stadt erträumte, brüchig war.

Das Publikum, die Arbeiterschaft, war zu einer Schicht unter anderen geworden. Für wen sollte man nun planen? Wie sollte die Stadt einmal aussehen? »Ingemaus« und ihr Gatte, der Angestellte bei den Chemischen Werken, rückten ins Zentrum der Aufmerksamkeit. Die Formel hieß nun »Urbanität durch Dichte«.

Anmerkungen

1 Der Begriff des »Leitbildes« in der Stadtplanung fordert genauere Befragung, die hier ausgeklammert wird. Ich verweise vorerst auf Werner Durth und Niels Gutschow, Träume in Trümmern, Braunschweig 1988, 162, 164: »Trotz aller ideologischer Belastung im Kontext totalitärer und autoritärer Planungsversuche soll im folgenden weiterhin von "Städtebaulichen Leitbildern" die Rede sein. Bis heute verdichtet sich das Orientierungswissen von Architekten und Stadtplanern in wesentlichen Teilen zu bildhaften Vorstellungen, die in diesem Sinne Leitbildwirkung haben; im präsentativen, d.h. bildhaftgegenständlichen Denken verschmelzen diskursiv formulierte Ziele und quantifizierte Raumprogramme zu einer imaginären "Schau der wünschenswerten räumlichen Ordnung" der weithin − zumeist unbewußt und unaufgeklärt − diffuse Ansprüche auf eine gesellschaftliche Ordnungsmacht der Planer in einer "geordneten" Gesellschaft zugrunde liegen.«
2 Frankfurt am Main, 1961.
3 Ebd.

4 Die Biografie Rudolf Heilands, seines Vaters Guido und seiner Schwester Helene ist noch nicht geschrieben. Ihr Portrait könnte dem »Communalbaumeister« Lutz Niethammers gegenübergestellt werden. Zwar scheiterten auch Heilands Vorstellungen mit dem Schwinden der ökonomischen Basis in den sechziger Jahren. In den fünfziger Jahren konnte er jedoch Wichtiges für die Stadt erreichen.
5 J.W. Hollatz, Einleitung, in: Deutscher Städtebau nach 1945. Deutsche Akademie für Städtebau und Landesplanung, (Hrsg.), E. Wedepohl, Bearbeiter, Essen, 1961. (Publikation der Planungsunterlagen von 35 westdeutschen Städten, anläßlich der Interbau 1957 in West-Berlin.)
6 Broschüre »Marl«, o.J., wohl ca. 1963
7 Günther Marschall in einem Schreiben vom 13.5.1958: »(...) 1953 gelang es mir, (...) von der Stadt Marl den Auftrag für die Durchführung der städtebaulichen Gesamtplanung zu erhalten. In all den Jahren bis heute mußte ich diese Aufgabe ohne wesentliche Unterstützung durch hochqualifizierte Mitarbeiter bewältigen. (...) Ich möchte bemerken, daß es ein seit langem in der Fachwelt gefordertes Studium der Stadtplanung an den Technischen Hochschulen bisher nicht gibt und ich mir auch in Marl meine Mitarbeiter für diese Aufgabe heranbilden mußte. (...) In Westdeutschland bin ich so ungefähr der einzige freischaffende Architekt, der mit einer Stadtplanungsaufgabe und dessen Durchführung beauftragt ist. In der Regel wird diese Aufgabe von Stadtplanungsämtern wahrgenommen. Die Schwierigkeit dieser besonderen Aufgabe ist in den Fachzeitschriften eingehend erörtert worden.«
8 Philipp Rappaport, Der Bebauungsplan der Gemeinde Marl, in: Festschrift zur Verkehrs- und Sportwoche Marl, 1925, 49
9 Marschall beruft sich auf Schelskys »zwei Welten« in der Großstadt. Die Welt der Arbeit und der Kultur im Zentrum und die Welt der Familie in den Vorstädten. Außerdem auf Lewis Mumford, der den Großstädter als Vorstädter, als »Schlafstubenstädter« bezeichnete. Günther Marschall, Ziele der Planung, in: Marl, Geburt einer Großstadt, Hamburg, o.J., ca. 1958, 34ff., 36
10 Günther Marschall, a.a.O., 67
11 hl, Zu diesem Heft, in: architektur und wettbewerbe, Sonderheft Rathauszentrum Marl, Stuttgart 1958, 4.
12 hl, a.a.O.
13 Konrad Rühl, Grundsätzliches, in »architektur und wettbewerbe, a.a.O., 6.
14 Fritz Jaspert, Vom Städtebau der Welt, Berlin 1961, 420.
15 In: Marl − Geburt einer Großstadt, a.a.O., 28.
16 Günther Marschall, Städtebauliche Probleme − die Planung der Stadt Marl, in: Dokumentation der Internationalen Seminare des Europäischen Austauschdienstes e.V.: Fulda und Marl, Frankfurt a.M., 129ff., 135
17 Kolumne »Ingemaus«, FAZ, Autor: Albert Schulze Vellinghausen, Auszug in: Revier-Kultur, Heft 4, 1986, S. 72 f.

18 Rudolf Heiland, Wir bauen eine Stadt, in: Marl, Geburt einer Großstadt. a.a.O., 6ff.
19 Vgl. Anm. 1
20 Die im folgenden kursiv gesetzten Begriffe sind von Aleida Assmann und Rolf Lindner in diesem Band definiert worden.
21 Assmann, in diesem Band.

DIETER GOETZE

Identitätsstrategien und die Konstruktion sozialer Räume: eine spanische Fallstudie

Zur Bestimmung von territorialer Identität

Regionale Identität weist verschiedene, empirisch miteinander verknüpfte, jedoch analytisch unterscheidbare Ebenen auf. Ihr wichtigstes Kennzeichen ist zunächst gewiß der räumliche Referenzrahmen: der Raum der Region. Dieser Raum bildet das materiale Substrat, auf das sich die regionale Identität bezieht, wenn sie, argumentativ gekleidet, in kollektiven oder individuellen Handlungsabläufen manifest wird. Nun hat die seit Jahren vorgebrachte Kritik an älteren, essentialistisch ausgerichteten Definitionsversuchen der regionalen Identität,[1] besonders in der europäischen Regionalismusdebatte zu Recht hervorgehoben, daß diese schwerwiegende Mängel enthalten. Wenn zu analytischen Zwecken auf Bestimmungsweisen zurückgegriffen wird, die das »Wesen« oder gar die »natürliche Eigenart« einer Region in den Mittelpunkt stellen, dann besteht eine doppelte Gefahr: zum einen die Tendenz, in leerformelartige Tautologien zu verfallen, zum anderen die hohe Wahrscheinlichkeit, den legitimatorisch gedachten Argumenten der interessierten Verfechter eines regionalistischen Anliegens aufzusitzen und diese mit der einer empirischen Überprüfung zugänglichen Analyseebene zu verwechseln.

Konrad Köstlin hat demgegenüber aus gutem Grund den Konstruktionscharakter von »Region« und damit auch der regionalen Identität betont: »Region ist als sich wandelndes und (durch Menschen) wandelbares Ereignis in unterschiedlichsten Phänomenen manifest. Es gibt deshalb keine festliegende Bedeutung von Region. Region bedeutet in verschiedenen - auch wissenschaftlichen - Lebenswelten (= konstruierten Wirklichkeiten) je und je ein Verschiedenes. Sie werden subjektiv verschieden erfahren, und sie bedeuten im historischen Kontext ("objektiv") etwas anderes.«[2] Für den Aspekt der regionalen Identität ist diese Sichtweise zweifellos von hervorragender Bedeutung. Sie bezieht sich aber nur auf eine, die soziokulturelle Konstruktionsebene der Region. Wie alle soziokulturellen Konstruktionen[3] und die damit verbundenen Semantiken ist aber auch diese nicht beliebig, sie benötigt einen Referenzrahmen in Form von entsprechenden Objektivationen. Dieser Referenzrahmen ist ein doppelter: Zum einen der Referenzrahmen, der das materiale Substrat von Region und – in Verlängerung davon – auch von regionaler Identität ausmacht, oder m.a.W. der »objektivierte« Gehalt von Region: eine Reihe von ökonomischen und/oder institutionellen und/oder kulturellen Merkmalen, die sowohl objektiv, wie auch in der subjektiven Wahrnehmung die bedeutsamen Unterschiede zu anderen Regionen ausmachen.[4] Zum anderen der Referenzrahmen, der mit diesem Unterschied angesprochen wird: die Existenz Desselben, aber doch Verschiedenen auf dem gleichen formalen Niveau, also andere Regionen, die als relevante Bezugsgrößen für einen Vergleich herangezogen werden (können). Insofern ist das soziokulturelle Konstrukt der Region der Kategorie der Ethnizität insoweit verwandt, als auch hier diese doppelte Verwiesenheit auf das strukturell Gleiche und daher Vergleichbare ebenso bedeutsam ist, wie die Differenz zu diesem, die somit auch die Notwendigkeit der Abgrenzung impliziert.

Wichtig ist, daß diese Merkmale nicht statisch, unveränderlich und dauerhaft sind, weder nach Form noch Inhalt. Vielmehr sind sie eingebettet in jeweilige historische Situationen, in denen entsprechende Interaktionen mit anderen Einheiten auf gleichem und/oder höherem Niveau stattfinden. Damit sind sie auch veränderlich und jeweils anderen Bedeutungen zugänglich, die an sie herangetragen werden. Diese Bedeutungen freilich sind Resultate der bewußten Tätigkeit von konkreten Akteuren. Diese statten die Regionen mit bestimmten Eigenschaften insofern aus, als sie aus dem jeweils historisch verfügbaren Merkmalsrepertoire einer Region auswählen und nach einem bestimmten Raster diejenigen positiv selegieren, die als sinnstiftend für die jeweilige regionale Identität angesehen werden. Regionalbewußtsein und regionale Identität sind also keine »natürlichen« Ereignisse, die als Wirkungen bestimmter regionaler Sonderqualitäten eo ipso auftreten, oder Ausdruck zugrundeliegender, ahistorischer »Persistenzen« sind, sondern sie werden i.d.R. im Zuge bestimmter Ereignisse in Gang gesetzt, auf die Bewußtseinsebene gehoben und – von entscheidender Bedeutung – interpretiert. Sie brauchen also soziale Akteure, die diese Interpretationsleistung vollbringen und die entsprechenden Raster bereitstellen.

Es ist wichtig, diese Merkmale von Regionen und das objektive relationale Verhältnis zu anderen Regionen, wie auch immer das beschaffen sein mag, nicht zu verwechseln mit den so häufig genannten Faktoren soziokulturellen Zuschnitts, in denen die betreffende regionale Identität dann als repräsentiert gesehen wird: Sprache, religiöse Besonderheiten, politische Institutionen, Formen der Soziabilität, rituelle Praktiken, etc. Ihre Bedeutung besteht vor allem darin, daß sie als »Grenzzeichen« wirken, als »Marksteine«, die Abgrenzungen leisten zu den Anderen, in erster Linie zu den strukturell als Gleiche geltenden, die aber »anders« sind – eben nicht »wir«. Auch hier läßt sich fruchtbar auf Elemente aus der Ethnizitätsforschung zurückgreifen, indem an F. Barths Begriff der »Grenze« erinnert wird.[5] Der regionale Raum definiert sich über seine Grenzen zu anderen Räumen und die regionale Identität wird greifbar eben über diese Markierungszeichen, die mit einer solchen Bedeutung ausgestattet werden. Dieser Sachverhalt verdient es hervorgehoben zu werden, weil sich gerade essentialistische Argumente immer wieder auf diese Markierungszeichen berufen bzw. sich ihrer bedienen. Konkret heißt das: Sprache, Religion, etc. haben eine reale Existenz, wie auch ein geographischer Raum, haben einen eigenen Stellenwert und können auch als solche untersucht werden. Sie können alle als Markierungszeichen der regionalen Identität herausgehoben und verwendet werden, aber eben nur unter ganz bestimmten Bedingungen und im Zuge der Interaktion zwischen konkreten sozialen Gruppen und kollektiven Akteuren. Sie sind in dieser Verwendungsweise auch - wie bereits betont - Resultate willentlicher Entscheidungen.

Einige Besonderheiten der spanischen Situation

Für die Zwecke der weiteren Ausführungen in diesem Beitrag soll nun statt von regionaler Identität allgemeiner von territorialer Identität gesprochen werden. Die Gründe dafür liegen in den Besonderheiten des Falles, auf den hier Bezug genommen wird und in der Erweiterung der analytischen Möglichkeiten, die dadurch erreichbar ist. Im spanischen Fall von regionalen Identitäten zu sprechen verbietet sich zunächst einmal aus emischen Gründen: In Spanien selbst wird, zumindest in vielen Fällen, die Redeweise von der Region inzwischen weitgehend abgelehnt - das gilt insbesondere für die sog. »historischen Nationalitäten«, also z.B. Cataluña und País Vasco - und entweder unmittelbar durch die formale Bezeichnung »*Comunidad Autónoma*« (»Autonome Gemeinschaft«) oder »Nation« bzw. »Nationalität« ersetzt. Die Rede von der »Region« gilt mittlerweile oft als Statusabwertung im Vergleich zum spanischen Gesamtstaat. Eine weitere Besonderheit, deren Wichtigkeit sich noch im weiteren Fortgang der Darlegungen zeigen wird, liegt darin, daß der lebensweltliche Referenzrahmen und damit auch der kollektive Bedeutungshorizont von Identität und Abgrenzungsprozessen nicht notwendigerweise mit irgendwelchen formalen »regionalen« Demarkationen übereinstimmt, wohl aber eine territoriale Grundlage aufweist. Dieser kollektive Bedeutungshorizont der Territorialität kann sich beziehen auf das Gebiet der »*Comunidad Autónoma*« (im folgenden: CA, Plural: CCAA), aber genausogut auch auf den Raum einer Provinz, eines Dorfes oder auch eines Tales. Für die Untersuchung der Aktivierung von kollektiven Identitätskonstruktionen und deren Handlungsrelevanz erscheint es daher von Vorteil, diesen Sachverhalt durch die Verwendung der allgemeineren Kategorie der territorialen Identität zu berücksichtigen.

Die Erweiterung der analytischen Möglichkeiten, die so erreichbar ist, gestattet es dann auch, die Skala der möglichen relationalen Differenzkonstruktionen genauer zu erfassen. Konkret bedeutet das, daß so die Konstitution territorialer Identitäten auch auf Ebenen unterhalb der CCAA erfaßt werden kann. Das kann von Wichtigkeit sein, wenn festgestellt wird, daß sich die Abgrenzungzeichen, die legitimerweise von einer Gruppe verwendet werden und identitätsrelevant sind, auf diese Ebenen beziehen. In Spanien bedeutet das eine aufsteigende Skala von möglichen Referenzebenen: Dorf (*pueblo*) – Gemarkung (*comarca*) – Stadt – Provinz – CA. Auf jede dieser Referenzebenen können sich demzufolge auch die Abgrenzungszeichen beziehen, und jede dieser Ebenen wird dann zum Konstituenten einer je eigenen territorialen Identität. Ablaufende »Wir-Gruppen-Prozesse«[6] suchen sich damit ihren jeweiligen relationalen Gegenpart auch auf der entsprechenden Ebene, nicht unähnlich den Prozessen der »segmentären Opposition«, wie sie seinerzeit in ganz anderen Zusammenhängen von Evans-Pritchard[7] formuliert worden sind.

Diese verschiedenen Ebenen sind situationsgebunden und damit auch jedesmal neu und anders aktivierbar: in einer Situation kann ein *pueblo* gegen einen anderen stehen, in einer anderen beide zusammen (wenn sie z.B. beide in derselben *comarca* liegen) gegen einen oder mehrere andere Orte, die sich in einer anderen comarca befinden und aus diesem Grunde als zusammengehörig angesehen werden. Analoges gilt selbstverständlich bis hinauf zur Ebene der CCAA. Die so hergestellten territorialen Identitäten sind auch zeitlich variabel, gelten entweder nur für einen bestimmten Zeitraum oder für eine festgelegte Periode im Jahreszyklus, können aber auch von unbestimmter Dauer sein.

Aus diesen Sachverhalten und Überlegungen ergeben sich mehrere Folgerungen:

1. Die territorialen Identitäten bewegen sich nicht nur in variablen sozialen Räumen, sondern auch in variablen zeitlichen Zyklen: die Abgrenzungen zwischen zwei *comarcas* können z.B. zu einem bestimmten Zeitpunkt, etwa zur Zeit der fiesta, dem

Patronatsfest des Lokalheiligen, aktiviert werden und dann Kollektive voneinander trennen, die sonst während des Jahres durchaus als miteinander verbundene Einheiten auftreten und handeln. Kollektive Handlungsabläufe, wie Kulte, Rituale oder Prozessionen sind dann Grenzsetzungszeichen, schaffen ein »Wir« gegen »Sie«.

2. Territoriale Identitäten und ihre sozialen Räume werden in repräsentationale Rollen bzw. Figuren gekleidet, also Personen oder Gruppen, die zwar nicht aufhören, Individuen für sich zu sein, die aber doch in dieser konkreten Situation die emblematische Repräsentation der kollektiven territorialen Identität übernehmen und als solche überpersonale Funktionen haben. In kultischen Rollen wird dieser Sachverhalt am deutlichsten erkennbar, aber dasselbe gilt z.B. auch für Schlichtungsrollen bei sozialen Konflikten, etwa Streitigkeiten um Nutzungsrechte an kollektiven Gütern, etc.[8]

3. Territoriale Identitäten wirken nach innen nicht dauerhaft homogenisierend, trotz der stattfindenden situationalen kollektiven Identifikationsprozesse, die sie auslösen. Diese Identifikationen gelten oft nur für die jeweiligen Situationen, können aber dann genauso schnell durch andere überlagert bzw. abgelöst werden. Exogene Zuschreibungen können diesen Vorgang allerdings verzögern oder zumindest verkomplizieren, insbesondere dann, wenn sie nicht übereinstimmen mit den vorliegenden Selbsteinschätzungen.

4. Territoriale Identitäten werden im sozialen und im physischen Raum inszeniert. Die Inszenierungen bedienen sich der Markierungen, die, im physischen Raum verankert, auch zu sozialen Markierungen werden: Grenzsteine, in Nordspanien oft einzelne Bäume, Wallfahrtsorte, Kapellen, Wegkreuzungen, aber auch Flußläufe und -täler, einzelne Berge sind dann sozioräumliche Symbole der Distanzierung von Kollektiven in bestimmten Situationen. In anderen Situationen wiederum können sie zur Bedeutungslosigkeit herabsinken.[9]

5. Territoriale Identitäten verlaufen oft über administrative Grenzen hinweg bzw. unter bestimmten Umständen sind manche kulturelle Abgrenzungssignale wichtiger als andere, die sich evtl. mit administrativen Grenzen decken. Cataluña beispielsweise gilt als ein deutlich markierter Raum mit deckungsgleichen territorialen Identitätskonstruktionen, die sich besonders an der Sprache festmachen, wobei diese bestenfalls über die administrativen Grenzen hinausreichen, vor allem in der Einschätzung katalanistischer Kreise, die darüber auch die südostfranzösischen Departements in den »katalanischen Raum« miteinbeziehen.[10] Aber: die *comarcas* entlang der Grenze zu Aragón, bis weit ins Land hinein, orientieren sich religiös-rituell an der aragonesischen *Virgen del Pilar* in Zaragoza, nicht an der *Mare de Deu del Montserrat*, der Nationalpatronin der Katalanen.[11]

Eine weitere spanische Besonderheit ist die Durchsetzung einer Logik der territorialen Identität auf der Basis der CCAA. Das territoriale Gliederungsprinzip des spanischen Staates gemäß der Verfassung von 1978 richtete sich zunächst inhaltlich an der Anerkennungsforderung der »historischen« Nationalitäten der Basken und Katalanen aus. Die Kontrolle dieses politischen Sprengsatzes mündete in die formale Regelungsweise der Organisation von CCAA, die entweder unmittelbar oder vermittelt institutionalisiert werden konnten und schrittweise früher zentralstaatliche Kompetenzen übertragen bekamen bzw. bekommen konnten. Das führte dazu, daß einigen modellhaften und eindeutigen, weil eben »historischen« CCAA (wie die katalanische Generalitat, Galicia, Euskadi, u.a.) andere gegenüberstanden, die eine solche historische Legitimation nicht in diesem Umfang aufwiesen und deren Zuordnung und Abgrenzung daher keineswegs so eindeutig war. Dementsprechend konnte deren Konstitution als potentiell problematisch gelten. Die Verfassung von 1978 trägt diesem Umstand dadurch Rechnung, daß sie zwei Möglichkeiten für die Konstitution einer selbstverwalteten CA vorsieht (entweder gemäß Übergangsbestimmung 2 der Spanischen Verfassung für Cataluña, Galicia und País Vasco oder gemäß Art. 143), die wegen der unterschiedlichen

Langwierigkeit der Verfahren auch »zwei Geschwindigkeiten« auf dem Weg zur Erlangung der Autonomie beinhalteten.

Die formalen Gesichtspunkte haben also eine wichtige Rolle gespielt, sie sind jedoch auch Ausdruck anderer und hier thematisch relevanter Aspekte, die mit dem kulturell-symbolischen Material der potentiellen territorialen Identitätskonstruktion auf der Ebene der CCAA zusammenhängen. Was in manchen Fällen über diverse Abgrenzungsmomente, die entsprechend mobilisierbar waren und auch tatsächlich selegiert wurden, unzweideutig gesetzt werden konnte, war in anderen Fällen nicht anwendbar bzw. warf offenkundige Schwierigkeiten auf. Wo nicht Sprache (wie Euskera im Falle des Baskenlandes) oder »verbriefte Freiheitsgarantien« (*fueros*, wie im Falle von Navarra) als Orientierungs- und Abgrenzungskriterien zur Verfügung standen, entfalteten sich z. T. schwierige Neuorientierungsprozesse. Diese sind vor allem für die mittel-nordspanische Achse auszumachen, also den alten Herrschaftsbereich der Könige von Kastilien, wobei Aragón, das erst durch die Katholischen Könige mit Kastilien vereinigt worden war, diese Abgrenzungsprobleme in geringerem Umfang hatte, als andere anliegende Gebiete. Freilich sind sie nicht nur dort auszumachen, gelten sie doch auch für Zonen wie Murcia, zwischen Andalusien und der CA Valenciana gelegen, das sich typischerweise als eine CA auf dem administrativen Territorium einer einzigen Provinz konstituiert hat.

Der kastilische Fall ist aus einem bestimmten Grund, vorwiegend mit kulturell-symbolischem Gehalt, problematisch: Kastilien definiert sich in erster Linie über das *gesamte* Spanien, es setzt sich damit gleich, während umgekehrt viele der anderen Nationalitäten sich über sich selbst definieren. Deutlich wird das an der gängigen Interpretation des »klassischen« Gründungsmythos Kastiliens: den Sieg von Don Pelayo über die Mauren in der Schlacht von Covadonga – er gilt als nicht bloß kastilisches Ereignis, sondern als das Genesemoment Kastiliens als Spanien, und zwar auf einer ausschließlich kulturell-symbolischen Ebene, die typischerweise gesamthaft und inklusiv, nicht ausgrenzend angelegt ist. Das Beispiel macht deutlich, weshalb die Konstruktion dieser mittel-nordspanischen Achse als autonome CCAA schwieriger war: das zur Selektion verfügbare kulturelle und territoriale Material war viel dürftiger und untereinander weniger profilierend-abgrenzungsrelevant als das auf den niedriger angesiedelten territorialen Ebenen der Provinz bzw. der comarcas. Andererseits war die Notwendigkeit unabweisbar, eine solche Organisation als CA zu vollziehen, um in einer territorial organisierten und geregelten Konkurrenz um die von der zentralen Staatsregierung kontrollierten Ressourcen mithalten zu können. Der Nachvollzug der Handlungen anderer, mit »historischen« Abgrenzungsmomenten operierender territorialer Einheiten gestaltete sich infolgedessen als tendenziell eher administrative Maßnahme. So zerfiel dementsprechend das gesamtkastilische Gebiet in die CCAA von Castilla-León, Castilla-La Mancha und Madrid, wobei die dazu peripheren Zonen, wie La Rioja oder eben auch Cantabria sich in besondere Prozesse der territorialen Identitätsfindung und der Konstruktion soziokultureller Räume hineinbegeben mußten.

Die Konstruktion des soziokulturellen Raums: Cantabria

Cantabria – der Fall, der hier zur Veranschaulichung herangezogen werden soll – ist eine der uniprovinziellen CCAA in Spanien, ihre Grenzen stimmen überein mit denen der Provinz Santander, die Stadt ist gleichzeitig Hauptstadt der CA. Mit etwas mehr als einer halben Mio. Einwohner auf ca. 5.300 qkm ist die CA Cántabra eine der kleinsten Spaniens. Das Gebiet ist durchzogen von der zwischen 2.000 und 2.500 m hohen Cordillera Cantábrica, die eine dichtbevölkerte Küstenzone von den Südhängen des Gebirges trennt. Das Territorium gliedert sich in sechs z.T. klar definierte comarcas: eine die gesamte Küste entlang (*costera*), vier entlang der Cordillera Cantábrica (*Liébana, Tudanca-Cabuérniga, Pas-Iguaña, Asón*) und eine entlang der Südhänge der Cordillera (*Campoo*) (vgl. Kartenskizze).

Ihre Struktur, sowohl demographisch als auch ökonomisch und kulturell, ist ausgesprochen ambivalent. Die große Bedeutung der an die Küstenzone gebundenen Fischerei und Fischindustrie ergänzt sich seit der Jahrhundertwende (insbesondere seit dem definitiven Ende jeglichen Amerikahandels 1898) durch einen bedeutenden industriellen Sektor. Es handelt sich vor allem um Metall-, Bau- und chemische Industrie, die in einigen Ballungszentren konzentriert ist (z.B. Reinosa, Los Cor

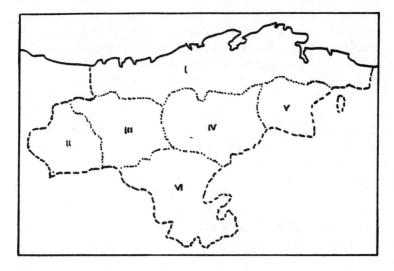

Verteilung der Gemarkungen (»comarcas«) in Cantabria

rales de Buelna, Torrelavega, Santander). Dazu kommt noch ein bedeutender Agrarsektor, der vor allem aus einer extensiv betriebenen Viehwirtschaft besteht: Dauerviehweide und Futtermittelanbau sind hier die wichtigsten Formen der Bodennutzung. Ihre Effizienz und Produktivität ist freilich durch manche Faktoren gemindert – einmal die schwierigen Geländeverhältnisse, sodann die Prädominanz des klein- und kleinstbäuerlichen Besitzes und dessen große Zersplitterung. Durchschnittliche Betriebsgrößen von 10 Stück Vieh sind keine Seltenheit, das auf sehr häufig öffentlichem (Gemeinde-)Land geweidet wird. Pacht- oder Teilpachtverhältnisse sind dagegen eher untypisch.

Der gebirgige Charakter des Landesinneren ist so kennzeichnend für die CA, daß ihre Bewohner kollektiv als »montañeses« bezeichnet werden und zwar sowohl von außen her, als auch als Selbstbezeichnung. Tiefe Täler durchziehen das Territorium der CA von Nord nach Süd, durch die verkehrshistorisch traditionelle Verbindungswege (Straßen, Eisenbahnen) von Cantabria nach Kastilien (Palencia, Burgos) führen. In gewisser Weise ist die CA also doppelt orientiert: von der funktionalen Seite her gesehen als horizontale Durchgangs- und Zulieferzone nach außen, vor allem nach Süden in den kastilischen Raum, wohin Agrar-, Fisch- und Industrieprodukte gehen. Von der kulturellen Seite her quasi vertikal bestimmt durch die Kernzonen der Küste mit ausgesprochenem Flachlandcharakter (bes. die vier »Seeorte«: Santander, Castro Urdiales, Laredo, San Vicente de la Barquera) und die stark kontrastierenden *comarcas montañesas*, die ganz andere territoriale Bezüge aufweisen: v.a. die westlichste von Liébana und die mittlere, die *región pasiega*. So, wie die Küstenbewohner kulturhistorisch Fischer und Händler, später auch Industriearbeiter sind, sind die *pasiegos* Weidehirten. Beide Gruppen aber sind letztlich nur in der Lage gewesen, diese Lebensformen durch einen starken funktionalen Außenbezug aufrechtzuerhalten.

Die unmittelbare Nachbarschaft Cantabrias zum symbolischen Gründungsort spanisch-kastilischen Selbstverständnisses als Nation – Covadonga – ist auch in weiterem Sinne bedeutungsträchtig: so wie Cantabria keinen Teil am zum Prinzipat von Asturien gehörigen Covadonga, bzw. nur marginal an seiner Lage in den Picos de Europa hat, vielmehr als selbstverständliches Anhängsel galt, so verdankt es seine sozioökonomische Gestalt weniger Entscheidungen, die von seinem eigenen Territorium ausgingen, als solchen, die in der Zentralzone fielen und zwar zu deren Zwecken. So wurde Santander zum Seehafen des Nordens par excellence, weil die spanische Krone im 18. Jhdt. den Güterverkehr (kastilische Wolle, später Weizen) von Bilbao wegleiten wollte, um ihre Einnahmen zu vergrößern. Ähnlich hing auch die Herausbildung des industriellen Sektors in diesem Jahrhundert in Form von Hütten- und chemischer Industrie vorwiegend von externen Entscheidungen ab und folgte

Modellen, die von außerhalb – in diesem Fall aus dem Baskenland – übernommen wurden. Einzig die gebirgigen *comarcas* der Cordillera mit ihrer extensiven Weidewirtschaft blieben von dieser Tendenz weitgehend ausgenommen. Sie unterlagen innerhalb der Peripherie selbst zusätzlichen Peripherisierungsprozessen mit ihrer stagnierenden Produktivität, archaischen Produktionsmethoden und oft abgekoppelt von der Entwicklung in den Küstenzonen und den Durchgangstälern.

Vor allem während der Autarkiepolitik der Franco-Diktatur in den 50er Jahren erlebte Cantabria eine neue Blütezeit, die seit der Wirtschaftskrise ab Mitte der 70er Jahre einem scheinbar unaufhaltsamen Abstieg gewichen ist. In einer Sozioökonomie, die seit 1973 Zehntausende von Arbeitsplätzen eingebüßt hat, bietet immer noch der primäre Sektor Beschäftigung für fast ein Viertel der Erwerbspersonen und der sekundäre Sektor auch noch für 34 % – somit klare Hinweise auf Verhältnisse, die einer früheren Strukturphase entsprechen und umso empfindlicher auf den verstärkten Konkurrenzdruck durch veränderte Wettbewerbsbedingungen in der spanischen Ökonomie reagieren müssen.

Identitätsstrategien im sozialen Raum

Es entspricht den Bedingungen eines Gebietes, das seine wichtigsten sozioökonomischen Merkmale externen Interessenartikulationen verdankt, daß schon die bloße Anerkennung seiner Autonomie als CA umstritten gewesen ist. Der Anstoß ist von den Munizipalverwaltungen ausgegangen, entsprechend Art. 143 der Verfassung von 1978, und zwar in seiner regulären, langwierigeren Form. Entsprechend gestaltete sich auch die Debatte, die auf der einen Seite die Forderung nach Vollzug der verfassungsgemäßen Autonomiemöglichkeit erhob, auf der anderen Seite aber schlichtweg die historische Rechtfertigung für die Autonomie Cantabrias in Frage stellte und seine Zugehörigkeit zu Kastilien betonte, schließlich als Konsequenz die Eingliederung des Gebietes in Castilla-León forderte.

Es gibt auch tatsächlich keine spezifischen Institutionen, die etwa noch aus der Zeit des Ancien Régime so etwas wie eine Art historischer Erinnerung an vergangene Autonomiegrundlagen hätten begründen können (wie etwa die »*fueros*« in Navarra), es gibt keine eigene Sprache, keine religiösen Besonderheiten oder dergleichen, die als Markierungszeichen einer spezifischen territorialen Identität hätten positiv selegiert werden können von entsprechend interessierten Gruppierungen, welchen Zuschnitts auch immer. Angesichts dessen ist das »cantabrische« in anderen Bereichen zu suchen gewesen, die Identitätsstrategien mußten sich andere Mittel und Wege suchen.

Anknüpfungspunkt und damit auch Grundlage für die strategischen Identitätskonstruktionen, nicht nur vis-à-vis anderen CCAA, sondern auch gegenüber dem spanischen Zentralstaat, ist ein Faktor geworden, der in den oben genannten Folgerungen angeführt worden ist und sich möglicherweise einbettet in eine neue Weise der Interessenbündelungen. Letzteres kann freilich nur in vorsichtiger Form als Hypothese geäußert werden und muß noch über entsprechende Forschungsarbeit abgeklärt werden.

Wie bereits kurz geschildert, ist die soziokulturelle Grundlage Cantabrias v.a. seit der Jahrhundertwende der großindustrielle Bereich der Hütten- und Bauindustrie, in Verbund mit der chemischen Industrie und dem Bergbau geworden, sowie zu einem geringeren Teil die Fischerei und Fischindustrie. Das hat sich nicht nur in entsprechenden Bevölkerungskonzentrationen an der Küste und in den tiefen Tälern der Cordillera niedergeschlagen, sondern auch in einer ausgesprochenen Vernachlässigung, Isolation und Marginalisierung der Bergregionen mit ihrer extensiven Holz- und Weidewirtschaft. Deren dünne Besiedelung bzw. regelrechte Entvölkerungsvorgänge durch Emigration an die Küste bzw. die Industriezentren waren die Folge, zumal bis auf den heutigen Tag die technischen Kommunikationsprobleme innerhalb der CA (im Gegensatz zu den Nord-Süd-Verbindungen) enorm sind. Wirtschaftskrisen und vor allem die Deindustrialisierung infolge der Kapitalisierungs- und Modernisierungspolitik der Zentralregierung führten zu einer massiven strukturellen Bedrohung für die fundamentalen ökonomischen Sektoren der CA, die außerdem noch gekennzeichnet waren durch die Dominanz von Großkonzernen mit geringer Eigentumsstreuung. Die sich beschleunigenden Arbeitsplatzverluste in den letzten zehn Jahren sind klarer Indikator dafür, daß sich Cantabria in der innerspanischen Konkurrenz und auch im Hinblick auf den gesamteuropäischen Markt zumindest derzeit auf der Verliererstraße befindet. In der Einschätzung der Situation sind sich alle maßgebenden Kräfte, die Parteien, einschließlich des regierenden *Partido Popular* (der ursprünglich ein Gegner der Autonomie gewesen ist), und natürlich des *Partido Regionalista de Cantabria* sowie die Gewerkschaften einig.

Comarca	Fläche (qkm)	%	Einwohnerzahl	%	Bevölkerungsdichte
I. Küste (»costera«)	1.697,33	32,1	428.644	83,9	252,0
II. Liébana	574,23	10,8	6.882	1,4	12,0
III. Tudanca-Cabuérniga	698,23	13,2	6.056	1,2	8,7
IV. Pas-Iguaña	866,53	16,4	35.170	6,9	40,6
V. Asón	477,06	8,5	8.267	1,6	18,5
VI. Campoo	1.005,17	19,0	25.717	5,0	25,6
Cantabria	5.288,55	100	510.816	100	96,6

Verteilung von Fläche und Bevölkerung in den Gemarkungen (»comarcas«) von Cantabria[12]

Klar ist jedoch auch, daß sich territoriale Identitätsbildung und evtl. Koalitionen nicht auf der Grundlage der alten Industriekerne vollziehen können und diese auch nicht die Differenzierungschancen eröffnen, auf die sich übergreifende Koalitionen beziehen können. Demgegenüber bietet sich jedoch ein anderer, bislang eher vernachlässigter bzw. als retardiert angesehener Faktor als Markierungspunkt einer CA-spezifischen Differenz und Basis veränderter Identitätsstrategien unter neuen Bedingungen an: der Rückgriff auf den geophysischen Raum und seine spezifische Beschaffenheit, sowie seine Verbindung mit einer Neukonstruktion der sozialen Räume in Cantabria. Es wurde bereits erwähnt, daß Cantabria als die *montaña*, der »Berg«, gilt, die Einwohner als *montañeses*. Diese folklorisierte Sammelbezeichnung könnte zu einem neuen Identifikationsträger werden und zwar für viel mehr soziale Gruppierungen als bisher. Als archaisch bzw. retardiert angesehene *comarcas*, wie die oft belächelte Zone der *pasiegos* in den Bergen um die Täler des Pas und des Miera, die sich seit altersher einer Hochgebirgsweidewirtschaft in *cabañas* mit saisonaler Nutzung befleißigen, oder auch die *comarca* von Liébana im SO um Potes herum, zwischen den Picos de Europa und der Sierra de Peña Sagra, werden über ihre geophysischen und kulturhistorischen Besonderheiten, sowie ihrer Differenz sowohl zur Küstenzone, als auch zu den südlichen Nachbarn zu symbolischen Bedeutungsträgern einer »Essenz« des Cantabrischen und zwar mit allen Konsequenzen einer Umwertung gegenüber den ökonomisch depressiven Industriezonen.

In der strategischen wirtschaftlichen Kalkulation drückt sich das dann z.B. aus in der zielgerichteten Förderung eines Binnentourismus, der das nutzt, was gerade nicht »klassisch« ist (wie der Küstentourismus in Laredo oder Comillas), sondern den wenig erschlossenen Bereich der abgelegenen Gebirgszonen, der nun als neuer Aggregationsfokus von CA-spezifischen Differenzen zu anderen und als Basis eines »Wir«-Prozesses gelten kann. Eine Umdeutung der »Choreographie der Existenz«[13] von soziokulturellen Räumen konnte einsetzen, die gerade das als Grenzzeichen und als Identitätshilfe zwecks Bildung neuer Koalitionen heranzieht, was in Cantabria seit Jahrzehnten als Entwicklungshindernis gegolten hat: die Unzugänglichkeit, die Besonderheit der *montaña* als Orientierungspunkt in einem symbolisch-strategischen Spiel, dessen Bedingungen nicht mehr dem Druck von außen, sondern der autonom gesteuerten Zwecksetzung seitens der CA Cántabra selbst folgen. In diesem Sinne wirken auch Vorhaben, die Gebiete des Pas für weitläufige Talsperrenbaumaßnahmen im Rahmen des Nationalen Bewässerungsplans zu nutzen und dabei auch Umsiedlungen der alteingesessenen Bevölkerung in Kauf zu nehmen, interessenhomogenisierend. Sie richten die Aufmerksamkeit auf den möglichen Verlust von Lebensformen und Kulturweisen, die auf das engste mit bestimmten Verfahren der sozial und kulturräumlichen Aneignung verbunden sind und wegen ihrer Einzigartigkeit als identitätsstützend gelten können. Die Herausbildung von spezifischen Assoziationen, die entsprechend als Katalysatoren wirken, wie etwa die *Asociación Independiente Unidad Alto Pas*, können als Anzeichen für solche Umdeutungsprozesse in einem Bemühen um inhaltliche Ausfüllung bloß administrativer Grenzsetzungen gewertet werden.

Anmerkungen

1 Vgl. dazu Tiryakian /Rogowski 1985, Vermeulen/ Boissevain 1984, sowie insbesondere im Hinblick auf die europäische Diskussion Gerdes 1987.
2 Köstlin 1980, S. 33.
3 Berger/ Luckmann 1977, S. 65.
4 Moreno Navarro 1991, S. 611f.
5 Barth 1969.
6 Elwert 1988.
7 Evans-Pritchard 1940.
8 Moreno Navarro 1991.
9 Vgl. Lisón Tolosana 1977, S. 85ff.
10 Goetze 1993, S. 10ff.
11 Vgl. Pujadas/ Comas D'Argemir 1991.
12 Quelle: Situación actual y perspectivas de desarrollo de la Comunidad Autónoma de Cantabria. Madrid 1985, Bd. I: S. 263.
13 Pred 1977.

Literatur

Barth, F.(1969) (Ed.): Ethnic Groups and Boundaries. Bergen/Oslo.
Berger, P.L./T. Luckmann (1977): Die gesellschaftliche Konstruktion der Wirklichkeit. Frankfurt/M.
Dardé Morales, C. (1989): Cantabria. In: Espaa. Vol. 5: Autonomías. Dir. por J.P. Fusi. Madrid: 235 - 266.
Elwert, G. (1988): Nationalismus und Ethnizität. Über die Bildung von Wir-Gruppen. In: Kölner Zeitschrift für Soziologie und Sozialpsychologie. 41/3: 440 - 464.
Evans-Pritchard, E.E. (1940): The Nuer. Oxford.
Gerdes, D. (1987): Regionalismus in Westeuropa. In: Regionen und Regionalismus in Westeuropa. Red.: H.-G. Wehling. Stuttgart 1987: 9 - 21
Goetze, D. (1993): »Sie sind eben anders als wir«: Das Setzen und Entziffern von ethnischen Grenzen am Beispiel Spanien. MS. Regensburg
Köstlin, K. (1980): Die Regionalisierung von Kultur. In: K. Köstlin/ H. Bausinger (Eds.): Heimat und Identität. Neumünster: 25 - 38.
Lisón Tolosana, C. (1977): Invitación a la Antropología de España. La Coruña.
Madariaga de la Campa, B. (1986): Crónica del regionalismo en Cantabria. Santander.
Moreno Navarro, I. (1991): Identidades y rituales. In: J. Prat/U. Martínez/J. Contreras/I. Moreno (Eds.): Antropología de los pueblos de España. Madrid: 647 - 652.
Ortega Valcárcel, J. (1986): Cantabria, 1886 - 1986. Formación y desarrollo de una economía moderna. Santander (Cámara de Comercio).
Pred, A. (1977): The choreography of existence. Comments on Hägerstrand's time-geography and its usefulness. In: Economic Geography, 53: 206 - 221.
Pujadas, J.J./D. Comas D'Argemir (1991): Identidad catalana y símbolos culturales. In: J. Prat et al. (Eds.): Antropología de los pueblos de España. Madrid: 647 - 652.
Situación social y perspectivas de desarrollo de la Comunidad Autónoma de Cantabria.(1985). 2 Vols. Madrid (Confederación Española de Cajas de Ahorro).
Tiryakian, E.A./R. Rogowski (Eds.) (1985): New Nationalisms of the Developed West. Boston.
Vermeulen, J./J. Boissevain (Eds.) (1984): Ethnic Challenge. The Politics of Ethnicity in Europe. Göttingen.

ROLF LINDNER

Das Ethos der Region

I

Die Rede von der kulturellen Eigenart ist durchaus nicht unproblematisch. In Konzepten wie Eigenart, Identität usw. klingt stets etwas an, was Nachfrage provoziert, was, wie es Hermann Bausinger formuliert hat, »des Abklopfens auf ihren ideologischen Gehalt« bedarf.[1] Identität behauptet das Einssein mit sich selbst, eine Übereinstimmung, die stets die Abweisung des Nicht-Übereinstimmenden miteinschließt. Darin besteht das ideologische Potential dieser Konzepte: sie dienen nicht nur als Medium der Selbstzuschreibung und als Zertifikate von Authentizität, sondern auch der Artikulation eines ethnozentrisch-xenophoben Codes. Argumente, die die Bedeutung des Ethnopluralismus und der kulturellen Identität betonen, gehören inzwischen zum Kernbestand des Diskurses der »Neuen Rechten«. Das gilt nicht nur für Deutschland. Wie der französische Ethnologe Gérard Althabe betont, haben die Intellektuellen der Rechten in Frankreich die These von der »singularité ethnoculturelle« in ihre Argumentation aufgenommen, um ihr zentrales Thema – die Bekräftigung der Differenz und die Unmöglichkeit der Angleichung – zu stützen.[2] Daß Argumente des Kulturrelativismus aufgegriffen und genutzt werden können, die dieser doch allererst gegen den biologistischen Rassismus entwickelt hatte[3], daß es, wie unlängst Wolfgang Welsch hervorgehoben hat, zu einem »kulturellen Rassismus« kommen kann, der besagt: »Diese Kultur ist eine andere als jene; nichts aus ihr ist unverändert in eine andere zu übertragen; man muß Kulturen reinlich trennen und scheiden«[4], liegt am Essentialismus des Kulturrelativismus: Im Insistieren auf die Integritas kultureller Identität steckt immer auch das Moment der Bewahrung vor Durchmischung. Begriffen wie »Eigenart« und »Identität« ist etwas überaus Beharrendes und tief Verankertes gemein; mit ihnen wird Wesen und Wurzelgrund assoziiert. Mit dieser Substanzlogik geraten diese Begriffe in die Nähe dessen, was, bezogen auf das Thema »Region«, in der älteren Volkskunde die sog. »Stammescharakteristika« meinten, die sich zu sog. »Wesenslandschaften« verdichteten, »in denen dasselbe Wesen, derselbe menschliche Charakter vorherrscht«: der fröhliche Rheinländer zum Beispiel oder der sture Westfale.[5] Ein klassisches Beispiel für diese Richtung ist die von Martin Wähler 1937 unter dem Titel »Der deutsche Volkscharakter« herausgegebene »Wesenskunde der deutschen Volksstämme und Volksschläge«, aus der die zitierte Bestimmung der »Wesenslandschaft« stammt. Aufgabe des Werkes war es, den Versuch einer »volkskundlichen Charakteristik der deutschen Volksstämme und Volksschläge, einer seelischen Stammeskunde auf Erfahrungsgrundlage« zu wagen[6], wobei der sprachliche Zusammenhang des Wortes Stamm mit dem Wort Abstammung nach Ansicht von Wähler ein rassisches Gliederungsprinzip nahelege. Trotz dieser auf die Zeitumstände opportunistisch einschwenkenden Argumentation, wäre es kurzsichtig, die Wesenskunde der deutschen Volksstämme einseitig als ein Produkt nationalsozialistischen Denkens zu sehen; das ist sie höchstens dort, wo Stämme als mystische Blut- und Kultgemeinschaften gesehen werden. Die Problematik selbst, daß nämlich »gewisse regionale Verschiedenheiten vorhanden sind, die sich stark im Leben der Völker bemerkbar machen« ist in den späten 20er Jahren virulent; davon zeugen u.a. die Verhandlungen des Siebenten Deutschen Soziologentags in Berlin (1930), bei denen, in der Untergruppe für Politische Soziologie im übrigen, das Thema »Die deutschen Stämme« behandelt wurde, referiert und diskutiert u.a. von Franz Eulenburg, Willy Hellpach und Werner Sombart.[7] Die Spannweite des »wesenskundlichen Denkens« reicht, das wird in der Regel übersehen, von der Rassenkunde bis zur Mentalitätsforschung. Nirgendwo wird diese Spannweite deutlicher als im Werk des Soziologen und Volkskundlers Wilhelm Brepohl. Nimmt man die Zitationshäufigkeit als Index, dann muß Brepohl als Klassiker der Sozialgeschichte des Ruhrgebiets und der Industrievolkskunde angesehen werden. Aber die am häufigsten zitierten Nachkriegsschriften »Der Aufbau des Ruhrvolks im Zuge der Ost-West-Wanderung« von 1948 und »Industrievolk im Wandel von der agraren zur industriellen Daseinsform dargestellt am Ruhrgebiet« aus dem Jahre 1957 hängen materialiter nicht in der Luft, sondern sind von den Untersuchungen und Erhebungen gespeist, die Brepohl als Leiter der *Forschungsstelle für das Volkstum im Ruhrgebiet* während des Nationalsozialismus durchgeführt hat bzw. hat durchführen lassen. Ich will an dieser Stelle nicht näher auf die Frage des Bezugs dieser Arbeiten zur nationalsozialistischen Politik eingehen[8]; mir geht es hier vor allem um die durchaus irritierende Spannweite des »wesenskundlichen Denkens«, wie ich sie weiter oben skizziert habe. Geradezu paradigmatisch kommt diese im Aufsatz »Das Ruhrvolk und die Volkstumsforschung« aus dem Jahre 1937 zum Ausdruck. Hier argumentiert Brepohl nämlich einerseits strikt rassekundlich, wobei er vor allem dem Zusammenhang von sog. rassischen Sondereigenschaften und industriellen Berufserfordernissen nachgeht (und damit die Arbeit der Forschungsstelle, wie Weyer zeigt, für Einrichtungen wie die DINTA, das Deutsche Institut für technische Arbeitsschulung, nützlich zu machen sucht); andererseits behauptet er expressis verbis gegen den Rassegedanken, ein Ruhrvolk im Werden, das im Kulturellen zur regionalen Einheit strebt:

»Zunächst gibt es eine Art Eigenbewußtsein, das sich in dem Raum von Hamm bis Duisburg geltend macht. In diesem Raum, der frühestens bei Hamm anfängt, ... und bis an den Rhein reicht, ... "denkt" man. Es ist der Raum des fast ausschließlich von Kohle und Eisen bestimmten Lebens ... Diese Raumeinheit ist eine Lebenseinheit, ein Gebiet, das ausschließlich von der Industrie regiert wird und in dem alles andere freundliche Zugabe ist... Innerhalb dieser im Bewußtsein festen Grenze "verstehen" sich die Menschen, sie halten sich samt und sonders für ihresgleichen, meinen sich, wenn sie "wir" sagen - kurz sie schreiben sich wechselseitig eine Art geistiger Verwandtschaft zu, die es gestattet, sich unbeschwert auszudrücken, wobei sie fest davon überzeugt sind, daß sie richtig verstanden werden... Dieser von einem und demselben Stil geformte Raum zwischen Dortmund und Duisburg kennzeichnet sich auch geistig - zum Beispiel darin, daß man hier die Industrie genau kennt, daß die Namen der großen Firmen und der Industriekapitäne allen geläufig sind, und darin, daß die Menschen zu Technik, Maschine, Elektrizität im gleichen Verhältnis stehen. In ihnen das Dämonische oder Titanenhafte zu sehen, liegt diesen Menschen nicht; denn es ist die Welt ihres Alltags«.[9]

Diese Passage, die Brepohl nahezu unverändert in den »Aufbau des Ruhrvolks« übernommen hat und (dort) zu den meist zitierten Abschnitten seines Werkes gehört[10], ist durch einen gewissermaßen alltagssoziologischen und mentalitätsgeschichtlichen Horizont gekennzeichnet. Fernab vom biologischen Determinismus argumentiert Brepohl hier geradezu konstruktivistisch: die geistige Verwandtschaft erscheint als Resultat wechselseitiger Zuschreibung. Das rückt ihn in die Nähe eines anderen Bearbeiters der Stammesproblematik, nämlich Max Weber. Dieser ist im Kapitel IV des zweiten Teil von *Wirtschaft und Gesellschaft*, betitelt »Ethnische Gemeinschaftsbeziehungen«, auf die uns hier interessierende Fragestellung eingegangen. Weber, der übrigens ethnisch fast durchgängig in Anführungszeichen schreibt, weil er, wie er am Ende dieses Kapitels bekundet, in diesem Begriff einen »für jede wirklich exakte Untersuchung ganz unbrauchbare(n) Sammelname(n)« sieht[11], vermeidet den essentialistischen Fehlschluß von vornherein dadurch, daß er in den Mittelpunkt seiner Überlegungen nicht die Stammesverwandtschaft als objektiven Tatbestand als vielmehr den Stammesverwandtschafts*glauben* rückt:

»Fast jede Art von Gemeinsamkeit und Gegensätzlichkeit des Habitus und der Gepflogenheiten kann Anlaß zu dem subjektiven Glauben werden, daß zwischen den sich anziehenden oder abstoßenden Gruppen Stammesverwandtschaft oder Stammesfeindlichkeit bestehe«.[12] Die moderne Ethnizitätsdebatte vorwegnehmend, die in ethnischen Gruppen solche sieht, die sich selbst eine kollektive Identität zusprechen[13], nennt Weber ethnische Gruppen »Solche Menschengruppen, welche auf Grund von Ähnlichkeiten des äußeren Habitus oder der Sitten oder beider oder von Erinnerungen an Kolonisation und Wanderung einen subjektiven Glauben an eine Abstammungsgemeinschaft hegen«.[14] Die Nähe zu Brepohl (oder besser, die Nähe Brepohls zu Weber) wird hier deutlich: "Ethnizität" erscheint als Resultat einer wechselseitigen Zuschreibung geistiger Verwandtschaft, die auf dem "Erkennen" anhand von kulturellen Selbstverständlichkeiten beruht. Sich der regionalen Identität bewußt zu sein heißt dann, sich unter seinesgleichen fraglos, also natürlich bewegen zu können, »die gleiche Sprache zu sprechen«, wie gesagt wird. Es ist die Fraglosigkeit des Verstehens, die die geistige Verwandtschaft ausmacht und das "Erkennen" bedingt.[15] Fragt man nach den Elementen, die das geistige »Verstehen«, das wechselseitige »Wiedererkennen« begründen, dann bleiben als "ethnische" Differenzen, sieht man einmal, wie es Weber gedankenexperimentell tut, von der Sprachgemeinschaft und der Gleichartigkeit der rituellen Lebensreglementierung ab (wobei er hinzufügt, daß starke Dialektunterschiede und Unterschiede der Religion ethnische Gemeinschaftsgefühle nicht absolut ausschließen) vor allem die in die Augen fallenden Unterschiede in der Lebensführung, und zwar gerade solche Dinge, führt Weber aus, »welche sonst [als] von untergeordneter sozialer Tragweite erscheinen können«, Unterschiede der typischen Kleidung, der typischen Wohn- und Ernährungsweise, der üblichen Art der Arbeitsteilung zwischen den Geschlechtern, »alle solche Dinge also, bei denen es sich fragt: was für "schicklich" gilt und was vor allem das Ehr-und Würdegefühl des Einzelnen berührt«.[16]

II

Am 1. Dezember 1980 erscheinen in der Westdeutschen Allgemeinen Zeitung (WAZ), auf der Revier-Doppelseite, zwei Fotos aus einer Reportage des Deutsch-Amerikaners Michael Wolf über das Leben in der Zechenkolonie Bottrop-Ebel. Diese Reportage ist Teil einer Fotoaktion der Folkwangschule über das Ruhrgebiet. Die beiden Fotos werden in den Kontext von Auszügen aus Hans-Dieter Baroths (d.i. Dieter Schmidt) autobiographisch gefärbten Roman »Aber es waren schöne Zeiten« gestellt und werden mit einer redaktionellen Kommentierung versehen. Der Kommentar lautet folgendermaßen: »Der gebürtige Amerikaner Michael Wolf hat eine Zeit in Bottrop-Ebel zugebracht. Der junge Fotograf hat dort offenbar viele Freunde gefunden, die ihm soviel Vertrauen entgegenbrachten, daß er auch in ihren Wohnungen ungeniert Aufnahmen machen durfte. Nicht anders ist die herzerfrischende Intimität seiner Bilder vom Leben der Bergmannskolonie zu erklären«. Der Sprachduktus des Kommentars ist bekannt. Es ist die Sprache des ethnologischen Textes, die, indem auf die Gewinnung des Vertrauens, ein Kernelement des ethnologischen Diskurses, verwiesen wird, zugleich die Authentizität des Textes verbürgt. Mit diesem Duktus ist etwas vorgegeben, was mit dieser Form verknüpft ist, nämlich der Befund einer gewissen »Ursprünglichkeit«, vulgo Primitivität. Gerade bei ethnologischen Untersuchungen »at home« ist der Tatbestand des Auserwähltseins, d.h. einer Untersuchung wert zu sein, für die Untersuchten eine durchaus ambivalente Ehre, kann er doch von vornherein als Beweis sozialer Randständigkeit genommen werden.[17] Die beiden Abbildungen folgen bewußt oder unbewußt, der Tradition der visuellen Anthropologie. Auf der linken Seite ist ein Foto von einer Hausschlachtung zu sehen: das abgestochene Schwein füllt den Vordergrund, dahinter befinden sich zwei männliche Personen mittleren Alters, von denen die eine, angetan mit einer blutbefleckten Schürze, gerade ein Schnapsglas zum Munde führt, während die andere dem Vollzug des Rituals nachschenkbereit folgt.

Das Foto auf der rechten Seite hat, wie die Überschrift ausweist, den »Badetag« zum Thema. Auf dem Foto ist, wie die Unterlagen im Ruhrlandmuseum Essen verraten, eine 80jährige Frau am Herd zu sehen, die gerade Kaffee kocht, sowie, etwas angeschnitten, im Vordergrund ihr 74jähriger Mann, der in einer relativ kleinen Zinkwanne hockt und sich wäscht. Auf dem Herd steht noch ein Einkoch-Topf, in dem das Badewasser erwärmt wurde; am rechten unteren Rand ragt ein Schöpftopf ins Bild, der offensichtlich dem Nachgießen von heißem Wasser zur Spülung dient. Auf der Rückseite des Originalabzugs, archiviert im Ruhrlandmuseum, ist folgende Legende zu lesen: »Jeden 2. Freitag wird *so* gebadet«. Die Fotos zeigen unmißverständlich Eingeborene bei ihren rituellen Verrichtungen.

Die Indigenen finden die in die Öffentlichkeit gezerrte Intimität der Aufnahmen alles andere als »herzerfrischend«; vielmehr wird der WAZ-Bericht zum Gegenstand der größten Erregung auf der einmal jährlich stattfindenden Bürgerversammlung. Diese Versammlung wurde durch eine weitere ethnographische Arbeit dokumentiert, nämlich die Chronik der Dreharbeiten der Dokumentarfilmerin Gabriele Voss, aus der ich auch im folgenden zitiere.[18]

Man fühlt sich übers Ohr gehauen, das Vertrauen, das entgegengebracht wurde, erscheint als mißbraucht: »Der Mike hat z.B. folgende Erklärung abgegeben: daß diese Aufnahmen nur für ihn bestimmt sind, für eine Studienarbeit. Die in seiner Heimat vielleicht einmal veröffentlicht werden soll, aber nicht hier. Dies ist die große Enttäuschung des einen oder anderen, daß die Dinger in der WAZ oder drüben im Folkwang-Museum und in Zukunft weiß ich nicht, wo sonst noch weiterlaufen werden. Auch der Anton (der Mann in der Wanne, R.L.) ist darüber enttäuscht. Ich habe persönlich mit ihm gesprochen. Der hat eine Pulle Schnaps hingestellt und hat gesagt, genau wie er es uns gesagt hat: nur eine Studienarbeit«.[19] Auch die Flasche Schnaps als Maßnahme der Vertrauensgewinnung ist aus der ethnologischen Feldforschung nicht ganz unbekannt. Wichtiger aber ist, daß die Probleme, die hier angesprochen werden, in ihrer Reihung geradezu Textbuch-Charakter haben: die Probleme des Zugangs, des Eindringens in den Lebensraum einer Gruppe von Menschen, wie es in einem Textbuch heißt; die Erläuterung von Sinn und Zweck der Untersuchung (wobei die Erklärung, dies alles diene dem Studienabschluß, zur Standardformel junger Erforscher der eigenen Kultur geworden ist); der Umgang mit dem Forschungsobjekt (Rückmeldung im Feld, Einspruchsrecht der Untersuchten) und, hier schlagend vor Augen geführt, die Probleme, die mit der Publikation verbunden sind (das »When The People We Write About Read What We Write«-Problem), dies alles ist unlängst noch einmal im Zusammenhang mit *dem* Klassiker der soziologischen Feldforschung, William F. Whytes »Street Corner Society« zur Sprache gebracht worden.[20] Aber was an den Bildern erregt die Gemüter so? Ein Teilnehmer der Bürgerversammlung faßt die Kritik oder besser: die Gefühle der Betroffenen folgendermaßen zusammen: »Wir wollen eines: unser Image wahren. Wir wollen nicht, daß man denkt, Ebel ist ein verkommenes Nest, wo Schweine geschlachtet werden [21], wo nachts jemand in der Blechwanne liegt, wo keiner deutsch kann, wo man nicht einmal schreiben kann«.[22] Ausgehend von einem, in charakteristischer Weise deplazierten, Versatzstück des medialen Diskurses (»Image wahren«) – Bourdieus These von der »geborgten Sprache« trifft hier den Sachverhalt genau – entfaltet sich eine für den Außenstehenden erstaunliche Assoziationskette der Vorwurfs- und Vorurteilsunterstellung – vom »verkommenen Nest« über »Schweineschlachter« bis zum Analphabetentum –, eine Assoziationskette, die nur als *Rechtfertigungsrethorik* zu begreifen ist. In dieser Rechtfertigungsrhetorik, deren Elemente, vom »Schwein« bis zur »Blechwanne« (Blechnapf?), ein- und vieldeutig zugleich sind, verrät sich eine Grundhaltung tiefster Beschämung, die dadurch zustandekommt, daß man in den Augen Dritter als minderwertig, unzivilisiert, barbarisch erscheinen könnte. Eine solche Grundhaltung ist den Bewohnern von Ebel, das von den Bottroper Pohlbürgern wegen der vielen polnisch sprechenden Bewohnern lange Zeit Klein-Warschau genannt wurde, in besonderer Weise nahegelegt, ja, man möchte sagen, eingetrieben worden.

In Ebel zu wohnen galt bis in die 60er Jahre hinein als Makel; die Stigmatisierung traf vor allem Kinder, die eine weiterführende Schule besuchten. Ich kann mich noch erinnern, daß unser Klassenlehrer (oder war es der Rektor?) einen Mitschüler als ersten Oberschüler aus Ebel vorstellte, als würde er sagen: der »erste Neger an unserer Schule«. Ob es überhaupt zutraf, daß er der erste war, vermag ich nicht zu sagen, tut aber auch wenig zur Sache. Tatsache ist, daß Ebel selbst in der Bergbaustadt Bottrop Metapher für tiefstes Revier war. Der quasi koloniale Status des frühen Revier wird in der räumlichen Gestalt der Kolonie Ebel präsent. Von vier Seiten ist sie wie eine Enklave eingeschlossen: nach Norden von der Emscher und dem Emscherschnellweg, nach Süden vom Rhein-Herne-Kanal, nach Westen von einem Bahndamm und einer Schnellstraße, nach Osten von Halden und einem Tanklager der VEBA-Öl-

AG. Ebel steht für das tiefste Revier, die Emscherzone, wie die Emscherzone für das Ruhrgebiet steht: *a heartland of darkness*.[23]

Die Rede vom »Dreck« bildet, so die Feststellung von Aring, Butzin und Co. in ihrer wahrnehmungsgeographischen Studie zur Krisenregion Ruhrgebiet, den verdichteten Kristallisationskern des Negativimage der Region. Ihrer Meinung nach schlägt sich darin die Wahrnehmung des Ruhrgebiets als umweltverschmutzte Region nieder.[24] Doch der ökologische Diskurs ist relativ jung, die Rede vom Dreck aber hat die Geschichte des Ruhrgebiets begleitet. Diese Rede meint mehr als die Wahrnehmung der montanindustriellen Umweltbelastung; sie bildet vielmehr, dies meine These, eine *semantische Verdichtung*, d.h. eine Vorstellung, die »für sich allein mehrere Assoziationsketten« vertritt, »an deren Kreuzpunkt sie sich befindet«.[25] In der Assoziationskette des Ebeler Bürgers, die von »Schmutz« über die »Schamlosigkeit« bis hin zur »Primitivität« reicht, ist die ganze Fülle vom »Dreck« als semantische Verdichtung enthalten. Diese Assoziationskette reproduziert noch einmal die Verschränkung von Arbeit, Armut und Schmutz, Schmutz und Laster (»wo nachts jemand in der Blechwanne liegt«), wie sie im 19. Jhdt. mit Blick auf das Proletariat herausgebildet wurde. »Dreck und Unrat sind die entscheidenden Faktoren bei dem Bild das sich (der Bourgeois) vom Volk macht«, heißt es bei Alain Corbin.[26] Als dessen Repräsentanten erscheinen daher in den »low life studies« auch zunächst »blackish figures«, der Kohlenträger etwa, der Schornsteinfeger und der Müllarbeiter (also jene Personenstände, die die Drecksarbeit leisten), bis die Sozialenquête das gesamte Proletariat zu ihrem Objekt erwählt. Als zentrales Diskurselement der frühen bürgerlichen Erziehungsprogramme, die sich an die Proletarier und Pauperschichten richten, ist die Rede vom Dreck moralischer Natur. »Sauberkeit ist alles zugleich, sowohl Mittel der Selbsterhaltung als auch ein Zeichen, das den Sinn für Ordnung und Beständigkeit zum Ausdruck bringt«, schreibt 1820 der "Armenbesucher" Joseph Marie Degérando, Mitglied der »Société des Observateurs de l'homme« und Autor der wegweisenden »Considérations sur les methods à suivre dans l'observation des peuples sauvages«.[27]

»(E)s ist betrüblich anzusehen«, fährt Dégerando fort, »wie wenig diese Tugend den meisten Bedürftigen bekannt ist – ein trauriges Symptom der moralischen Krankheit, von der sie befallen sind«.[28] »In der Zeit zwischen Reichsgründung und Erstem Weltkrieg«, darauf hat Klaus Mönkemeyer aufmerksam gemacht, »wird Sauberkeit in den verschiedensten Phänomenen festgestellt und beschrieben. Sauberkeit ist Zustand, ist direkte körperliche Reinigung, erscheint als Institution der Hygiene, wird aber auch als Empfinden und als soziale Verkehrsform (sauber zu sein) festgestellt«.[29] Die Reinigung des Menschen wird, so Mönkemeyer, zur Bereinigung vom Animalischen, wobei aber im Reinigungsakt, soweit er kollektiv verläuft, das Animalische lauert.[30]

Eine Sekundäranalyse der Interviews von Aring, Butzin und Co., die Ruhrgebietsbewohner nach ihrer Meinung über Ruhrgebietsklischees befragt hatten, zeigt im sprachlichen Ausgleiten, daß die Rede vom Dreck noch heute eine moralische ist: assoziativ wird direkt von dreckigste Stadt auf meiste Arbeitslose geschlossen (»Stand auch letztens erst wieder inner Zeitung ... dreckigste, meiste Arbeitslose«), Dreck mit Verkommenheit verbunden (»Jetzt Ruhrgebiet eben so dreckig und verkommen«) oder generell von »als wenn wir wirklich wie im Dreck leben« gesprochen, eine Redewendung, die ja nicht nur stoffliches, sondern gerade soziales meint.[31] Noch deutlicher tritt dieser Assoziationshof bei den politischen Repräsentanten zutage, deren Klage über eine ihrer Meinung nach einseitige oder verfälschte Ruhrgebietsdarstellung in den Medien mit schöner Regelmäßigkeit die Rede davon, daß nur die »dreckigsten Ecken des Ruhrgebiets« gezeigt werden, verknüpft mit dem Anwurf, daß die Darstellung angefüllt sei mit »Geschmacklosigkeiten und Obzönitäten«: Bei der Kritik des Films »Bergeborbecker Notizen« von Dieter Baroth, vorgetragen vom ehemaligen Essener Oberbürgermeister Horst Katzor, kommt es zu einer ähnlichen Verkettung von Schmutz, Laster und Dummheit, wie wir sie bei der Aussage des Ebeler Bürgers vorgefunden haben: »Der Film stellt eine einzige Verzerrung und Überzeichnung dar. Er reiht nur Negatives aneinander und läßt den ungerechtfertigten Eindruck entstehen: In diesem Stadtteil ist alles schmutzig, verlottert, trist, ungebildet, kulturlos und zudem auch noch dümmlich«.[32]

Auf viele Stellvertreter in den Revierstädten scheint zuzutreffen, was Sighard Neckel am Beispiel des Schreibers Makar Alexejewitsch Djewuschkin, Hauptperson in Dostojewkis Roman »Arme Leute« (1846), aufgezeigt hat: »In einem scheinbar unentfliehbaren Zirkel von realen Erfahrungen, von Projektionen und Selbstbeobachtung lebend, wird das tatsächlich begründete oder auch nur auf Einbildung beruhende Gefühl, *ständig herabsetzend taxiert zu werden*, zum Anlaß einer permanenten, latenten Scham«.[33]

III

Max Webers Konzeption der »geglaubten Gemeinsamkeit«, die auf dem Erkennen anhand von Gepflogenheiten der Lebensführung beruht, hat viel gemeinsam mit dem kulturanthropologischen Ethos-Konzept[34], das die Aufmerksamkeit auf die »Tönung« einer Gesellschaft lenkt, auf die spezifische Ausrichtung und den vorherrschenden »Tenor«. Dabei geht es häufig um kulturelle Details, die nebensächlich erscheinen, um »Ausschmückungen«, die, Indizien ähnlich, Auskunft geben über den »Charakter«, den »Stil« einer Kultur. Ihr hoher Wiedererkennungswert läßt sie zugleich zum potentiellen Träger der Vergemeinschaftung werden. Es ist gewiß kein Zufall, daß die prominentesten zeitgenössischen Vertreter des Ethos-Konzepts in Anthropologie und Soziologie, Clifford Geertz und Pierre Bourdieu, Weberianer sind: verstanden als Neigung *zu* (wie sie etwa in Webers vernachlässigter Kategorie der »Wahlverwandtschaft« zur Geltung gelangt) wie als Ausdruck *von* einer Lebensform (die Art der Lebensführung) bildet die Idee des »Ethos« heute eine Synthese anthropologischer und soziologischer Überlegungen.[35] Das Konzept, das auf den gewohnheitsmäßigen Charakter zielt, den die Mitglieder einer Gesellschaft gemeinsam haben, meint weniger eine durch die Normen einer expliziten Ethik geprägte Haltung, als vielmehr jene Besonderung einer Kultur, wie sie in den Neigungen (und Abneigungen) ihrer Mitglieder zum Ausdruck kommt, meint weniger ihre Gesinnung als vielmehr ihren »Sinn« für (oder gegen) etwas: nirgendwo mag dieser Sinn stärker zutagetreten, als in dem, was man »auf den Tod« nicht ausstehen kann.

Der schwedische Anthropologe Ulf Hannerz hat den Versuch unternommen, das Ethoskonzept auf eine räumliche Einheit, nämlich die Stadt zu übertragen. In seinem Bemühen um eine *urban anthropology*, die ihren Namen verdient, plädiert er für einen konfigurationalen Ansatz, der die Stadt in den jeweiligen gesellschaftlichen Nexus stellt, innerhalb dessen sie eine besondere Rolle spielt. Dabei dient ihm das Ethos-Konzept vor allem dazu, die einzelnen Elemente zusammenzufügen, um so etwas wie eine spezifische "Gestalt" herauszuarbeiten. Auf diese Weise sollen, das ist die damit verbundene Hoffnung, die Defizite einer ausschließlich auf Kleinräume konzentrierten Stadtethnologie behoben werden.[36] Zur Begründung wie zur Illustration seiner Argumentation greift Hannerz auf eine Studie von Anthony Leeds zurück.[37] Dieser hat in einer stadtethnologischen Skizze versucht, die stilistischen Differenzen zwischen Rio de Janeiro und Sao Paulo herauszuarbeiten. Leeds ursprünglicher Forschungsgegenstand, die *favela*, steht ebenfalls ganz in der Tradition einer kleinräumig orientierten, holistisch verfahrenden Stadtethnologie: »Almost without exception, all literature on favelas treats them as enclaves having their own unique internal characteristics in all respects: they are self-maintaining, culturally autonomous outsiders, strangers to the city; in fact, they are rural migrants who have squatted in the physical confines of the city, remaining isolated in it, but not of it«.[38] Aber ist es wirklich nicht von Belang, ob die untersuchte favela in Rio de Janeiro oder in Sao Paulo liegt? Eben um die Beantwortung dieser Frage geht es Leeds, der untersucht, inwieweit sich Rio und Sao Paulo als Ganze unterscheiden. Es ist, anders formuliert, die Frage nach dem dominanten Ethos der Stadt.

Leeds nimmt, für Stadtforscher eher ungewöhnlich, die sexuelle Atmosphäre beider Städte zum Ausgangspunkt seiner Argumentation. Warum, so fragt er sich, finden wir in Rio, im

Unterschied zu Sao Paulo, eine so ausgeprägte, öffentlich spürbare, geradezu zur Schau gestellte Sinnlichkeit vor? Die Antwort findet er knapp zusammengefaßt in der besonderen Rolle, die Rio in Brasilien spielt. Rio de Janeiro bildet den institutionellen Zusammenhang für eine patrimoniale Verwaltungselite, die öffentliche Positionen einnimmt, die der kontinuierlichen symbolischen Bekräftigung bedürfen, um Macht, Einfluß und Prestige zu erhalten: »The resort-town atmosphere and economy (beaches, carnival, vistas and outlooks) are both physical arenas for the specialized social drama of Rio and part of the actual economy of the courtly-patrimonial elitism which permeates all sectors and activities of Rio's population«.[39] Im Vergleich dazu ist Sao Paulo eine "nüchterne" Stadt mit einer gleichsam protestantischen Ethik: »Weltläufigkeit und tropische Lebenskunst ist nicht die Stärke der geschäftigen Paulistanos; eher vermitteln sie einen Hauch von sympathisch-solidem Provinzialismus«, heißt es im Reisebericht.[40] Als führende Industrie- und Handelsstadt Brasiliens ist Sao Paulo durch private Eliten geprägt, die führende Positionen im Wirtschaftsleben einnehmen. Deren Aktivitäten und Interessen sind, im Unterschied zur Zurschaustellungspraxis einer quasi-feudalen Repräsentationskultur, durch Zurückhaltung, Diskretion und private Kontakte geprägt: »The operations of home life, courtship, sexuality are correspondingly private«.[41] Gewiß bedarf die Überlegung von Leeds der analytischen Präzisierung und der historischen Vertiefung – zu fragen wäre etwa nach der Bedeutung der Stadtgeschichte (Sao Paulo als Gründung der Jesuiten, Rio als portugiesische Residenzstadt) und dem Stellenwert der unterschiedlichen Bevölkerungszusammensetzung (Rios Wachstum beruhte in nicht unerheblichem Ausmaß auf einer Sklavenpopulation, während Sao Paulos Wachstum vor allem europäischer Immigration zu verdanken ist) –, beeindruckend bleibt, wie das jeweilige Ethos alle Sektoren und Aktivitäten zu durchtränken scheint und auf alle Schichten übergreift. Im Stellenwert und in der Praxis des Karnevals, der als eine kulturelle Verdichtung, und somit als eine Art Schlüssel zur Kultur, anzusehen ist (ähnlich wie der balinesische Hahnenkampf in der Interpretation von Clifford Geertz), zeigt sich dies auf besonders eindrucksvolle Weise. In den prunkvollen Aufzügen der (vor allem von Angehörigen der unteren Schichten getragenen) Samba-Schulen, in der barocken Prachtentfaltung, in der Imitation von Reichtum, Glanz und höfischem Auftreten, alles Aspekte, die charakteristisch für den Karneval in Rio (im Vergleich zur gleichsam plebeischen *kermesse* in Sao Paulo) sind, tritt die Bedeutung von Privileg und Prestige als symbolische Statuskomponenten (selbst noch in ihrer proletarisierten Version) zutage. Man gewinnt den Eindruck als ob das Ethos (ähnlich wie das Standesethos des höfischen Menschen bei Elias) kein verkapptes Wirtschaftsethos mehr sei, sondern zum Selbstzweck geworden ist.

Das jeweilige Ethos (einer Kultur, einer Stadt, einer Region) ist nicht ohne Subjekt; vielmehr hat es, ganz im Sinne von Webers Untersuchungen zur Wirtschaftsethik, soziale Gruppen als Träger, Angehörige der Schicht(en), »deren Lebensführung wenigstens vornehmlich bestimmend geworden ist«.[42] Auch wenn uns Leeds' Beispiele, bei denen einmal die Verwaltungselite, das andere Mal die Wirtschaftselite tonangebend war, einen entsprechenden Schluß nahelegen, gehören die Träger des Ethos nicht notwendig der jeweiligen Führungsschicht (im Sinne der gesellschaftlichen Elite) an. Es ist vielmehr die Lebensführung der gesellschaftlichen Gruppe, die aus historischen, mit den prägenden Wirtschaftssektoren verbundenen Gründen für eine Stadt bzw. eine Region maßgebend geworden ist, die zum kulturellen Leitbild wird.

In seiner »Volkskunde« hat Hermann Bausinger deutlich gemacht, daß die Stereotypisierung von Stämmen »nicht selten an ganz bestimmten *Sozialschichten* und Gruppen entwickelt werden. Im deutschen Südwesten herrscht zum Beispiel ein *bürgerliches* Stereotyp vor; die Honoratioren vertreten weitgehend den Stamm. Im niedersächsischen Bereich tritt das bäuerliche – und zwar das großbäuerliche – Element stärker in den Vordergrund. Natürlich hat dieser Unterschied wiederum reale Hintergründe; aber der sogenannte Stammescharakter kommt jedenfalls nicht durch ein Abwägen der Sozialstatistik zustande, sondern durch die Verabsolutierung einer bestimmten Schicht. Gegensätze und Unterschiede zwischen Sozialschichten werden so – zum Teil wohl recht gezielt – aufgehoben, indem *alle* Schichten auf einen bestimmten Identifikationsraum festgelegt und symbolisch auf eine einzige Schicht bezogen werden«.[43]

In diesen Ausführungen steckt die Überlegung, daß Regionalkulturen symbolische Klassen- bzw. Schichtkulturen sind, bzw. besser als solche wahrgenommen werden. Mit Blick auf das Ruhrgebiet erweist sich eine solche Überlegung als folgenreich: das Ruhrgebiet erscheint vor diesem Hintergrund nicht nur als eine industrielle Landschaft, sondern auch als eine Region, in der, wie es Karl Rohe ausgedrückt hat, »(d)ie Bergarbeiterschaft ... möglicherweise so etwas wie ein funktionales Äquivalent für eine regionale Honoratiorenschicht in ländlich-agrarischen Landschaften darstell(t)«.[44] In dem, was Bausinger als »Stereotypisierung« bezeichnet, deutet sich überdies eine Perspektive an, die die regionale Identität auch als ein Produkt »interaktiver Imagination« – vor »reale(n) Hintergründe(n)« – betrachtet, in der sowohl Auto- wie Heterostereotype eine Rolle spielen.

IV

Die merkwürdig subjektlose Betrachtung der Krisenregion Ruhrgebiet im regionalwissenschaftlichen Schrifttum verkennt die historische Besonderheit dieser Landschaft, die nicht nur darin besteht, daß es sich dabei um eine montanindustriell geprägte Region handelt, sondern auch – und damit unmittelbar einhergehend – um eine »Arbeiterrepublik«, wie es so treffend ein Interviewter in der Studie von Aring, Butzin u.a. ausgedrückt hat. In einem, wie Klaus Tenfelde betont, unvergleichlichen Ausmaß ist die Bevölkerung des Ruhrgebiets durch die Schwerindustrie in ein Klassenverhältnis gedrängt worden, »das sich durch weitgehend gleiche Arbeits- und Lebensverhältnisse in Lohnabhängigkeit auszeichnete«.[45] Diese soziale Monokultur hat zu dem ebenfalls von Tenfelde angemerkten Tatbestand geführt, daß eine Untersuchung der sozialen Ungleichheit in bezug auf die Region stets zwei Ebenen zu beachten hat, nämlich einerseits die soziale Ungleichheit *des* Ruhrreviers im Vergleich zu anderen Regionen, also die Andersartigkeit und Unterschiedlichkeit der Lebensbedingungen im schwerindustriellen Ballungsraum, und die soziale Ungleichheit *im* Ruhrevier als bedeutender Erfahrungshintergrund für Leben und Handeln in der Region.[46] Ich denke, daß uns mit dieser Unterscheidung ein wichtiges heuristisches Mittel jenseits der von Tenfelde angestrebten Ungleichheitsforschung an die Hand gegeben ist, um bestimmte regionalspezifische Eigentümlichkeiten und Merkwürdigkeiten besser zu verstehen, aber auch, um die Blicke von außen, die den Imagekorrekturen so sehr zu schaffen machen, besser einordnen zu können. Der immer wieder zitierte, aber unverstanden gebliebene Tatbestand einer 1985 durchgeführten Imageuntersuchung, daß nämlich einerseits 61% der Revierbürger »gerne im Ruhrgebiet wohnen« und nur 11% überhaupt wegziehen möchten, andererseits aber 60% der in anderen Regionen befragten Personen »auf keinen Fall« und weitere 33% »nur ungern« ins Ruhrgebiet ziehen würden[47], scheint mir ein Resultat dieser Dialektik von Innen und Außen zu sein. Das Ruhrgebiet stellt sich binnenregional als eine relativ homogene Soziallandschaft dar, ein Tatbestand, der, so meine Vermutung, die Attraktivität der Region interregional mindert: hier scheint der bewohnte Raum, ganz im Sinne von Bourdieu, als eine spontane Metapher für den sozialen Raum zu fungieren.[48]

Die Homogenisierung der sozialen Landschaft "Ruhrgebiet" verdankt sich der historischen Tatsache, daß die Dominanz der schwerindustriellen Arbeiterklasse zum einen keine bedeutende innere Schichtung zuließ, es also nur zu schwachen betriebs- und berufsbedingten Abgrenzungen innerhalb der Arbeiterbevölkerung kam, sie zum anderen zu einer Konstellation führte, in deren Sog, wie Tenfelde hervorhebt, »auch die selbständige Mittelschicht, deren Einkommen und Lebensweise sich mindestens am unteren Rand nicht deutlich von den Lohnabhängigen unterschied, hineinversetzt sah«.[49] Karl Rohe hat verschiedentlich darauf aufmerksam gemacht, daß einer der konstitutiven historischen Prägefaktoren der Ruhrgebiets-Kultur eine Nicht-Tatsache war, nämlich der weitgehende Ausfall bürgerlich-bildungsbürgerlicher Schichten als stilbildender Träger.[50] Dieser

Ausfall ist durchaus wörtlich zu nehmen. Detlev Vonde spricht in seiner Studie »Revier der großen Dörfer« von der »physischen Verlorenheit (bürgerlicher Zwischenschichten) in den Industriegemeinden«.[51] Wie gering die physische Repräsentanz des Bildungsbürgerlichen war, illustriert er am Beispiel Altenessen, wo man 1911, bei 40.000 Einwohnern, gerade 186 Gemeindemitglieder mit bildungsbürgerlicher Berufsangabe zählte.[52] Den bildungsbürgerlichen Kreisen – Lehrern, Richtern, Verwaltungsbeamten – erschien eine Versetzung in das Ruhrgebiet, auch dies eine Parallele zur kolonialen Situation, lange Zeit als Strafversetzung (was sie zuweilen wohl auch war). Ihnen blieb nur die Wahl zwischen sozialer Distanzierung in Form der gesellschaftlichen Abkapselung, oder der Einlassung, d.h. der Versuch, sich in die Gedanken- und Handlungswelt der Arbeiterbevölkerung zu versetzen. Der Typus des »handfesten«, »patenten« Lehrers oder Priesters, der zuzupacken versteht und mit dem man reden kann, ist eine Sozialfigur, die der kulturellen Wirklichkeit Rechnung zu tragen versucht.[53]

Aber auch das gewerbliche Bürgertum war keineswegs souverän. In einem, mit anderen Regionen kaum vergleichbaren Ausmaß (und in seltener Klarheit) sahen sich Kaufleute, Handwerker und Kleingewerbetreibende in die abhängige ökonomische Rolle gedrängt, die sie objektiv innehaben. Das brachte u.a. mit sich, das man nicht einmal von seiten der Gemeindevertretung auf die politische Loyalität der Bürger im Streikfalle setzte, erschien ihr doch der Bürgerstand ökonomisch derart abhängig vom Arbeiterstande, »daß er jede Kollision mit demselben ängstlich meidet«.[54] Handel und Dienstleistungsgewerbe sahen sich nicht nur auf den Geldbeutel der Arbeiterbevölkerung, sondern auch auf deren Anspüche und Geschmäcker verwiesen. Das hat zur Herausbildung einer Geschmackskultur beigetragen, bei der die Arbeiterschaft, zumindest in negativer, d.h. in beschränkender Hinsicht, als stilbildender Träger fungierte. Je nach Standpunkt betrachtet, stellt sich dieser Stil als unprätentiös oder als spießig dar. In der Ablehnung von Ostentation und Extravaganz scheint sich Bourdieus »Konformitätsprinzip der unteren Klassen« als regionales Stilprinzip durchzusetzen: »Nirgendwo gehen die Reichen bescheidener gekleidet und die Armen anständiger«, beschrieb Horst Krüger dieses Phänomen 1968.[55]

Nach Ansicht von Tenfelde ruhte die Homogenisierung der Arbeiterklasse im Ruhrgebiet

»in erster Linie in ihrer besonderen, sehr stark demographisch bestimmten Lebensweise. Sie nahm zu und blieb erhalten, weil man im Ruhrgebiet kaum jemand anderen als seinesgleichen antraf und mit seinesgleichen vielfach innig familiäre, aber auch stark überfamiliäre Bindungen und Beziehungen in der Kultur der Arbeiter und zumal in ihrem reichlich aufblühenden Vereinswesen einging«.[56]

Diese soziale Monostruktur im Ruhrgebiet hat einen regionalen Vergesellschaftungsmodus mit sich gebracht, den man als erweitertes *kinship-system* bezeichnen kann.[57] In der ethnologischen Literatur wird seit längerem unter dem kinship-system nicht mehr nur ein auf Blutbande und Verschwägerung beruhendes Geflecht verwandtschaftlicher Beziehungen mit einer spezifischen Moralität verstanden, deren Kern das *axiom of amity*, »sharing without reckoning« bildet.[58] Vielmehr schließt das kinship-system als erweitertes Netzwerk auch Affinalrelationen ein, die sich mit anderen Arten der Sozialbeziehungen wie Freundschaft, Nachbarschaft und Alterskameradschaft berühren und überschneiden; Maurice Bloch spricht in diesem Zusammenhang von »artifical kinship«.[59] So verstanden kann es im kinship-system auch symbolische (figurative) Verwandte, Wahlverwandte und durch Kooptation gewonnene Verwandte, kurz: Verwandte in pragmatischer Absicht geben. Freilich, und darin liegt die Grenze eines scheinbar beliebig gewordenen Verwandtschaftsprinzips: auch Verwandte in pragmatischer Absicht unterliegen den mit Verwandtschaftsbeziehungen konsanguinaler Art verknüpften Verhaltensvorschriften und Verhaltenserwartungen.

Die These vom erweiterten Verwandtschaftssystem als regionalem Vergesellschaftungsmodus läßt meiner Auffassung nach auch einen zweiten Blick auf das reviertypische Prinzip der basisnahen Stellvertretung zu. Dieses Prinzip, das die Interessenvertretung der Arbeiterschaft durch von der Basis kommende, in das Netz der örtlichen und betrieblichen Sozialbeziehungen eingebundene Funktionäre (Betriebsräte, Vertrauensleute, Knappschaftsälteste, Kommunalpolitiker) meint, gilt als *das* Politikmodell im Bergarbeitermilieu: »Geh zu Hermann, der macht dat schon«, unter diesem Titel hat Michael Zimmermann seine auf lebensgeschichtlichen Interviews beruhende Darlegung des Prinzips zusammengefaßt.[60] Aber es wäre meiner Auffassung nach verkürzt, im »Geh zu Hermann, der macht dat schon« ausschließlich den Ausdruck einer »Betreuungs- und Versorgungsmentalität« (Rohe) zu sehen, die ihre historischen Wurzeln im betrieblichen und außerbetrieblichen Paternalismus hat. Darin äußert sich vielmehr auch die Vorstellung von einer Aufgabendelegation, wie sie in Verwandtschaftssystemen gang und gäbe ist: »Geh zu Hermann, der *macht* dat schon« heißt auch: »Geh zu Hermann, der *kann* dat schon«. Wie bereits die Koppelung von Verwandtschaftssystem und Delegationsprinzip zeigt, ist nicht beliebig, *wer* delegiert wird. Die Legitimation des Stellvertreters ist sowohl an sachliche wie an soziale Voraussetzungen geknüpft, anders ausgedrückt: Legitimation setzt Legitimität voraus. Deshalb können wir auch von einer doppelten Konstitution des Prinzips der basisnahen Stellvertretung sprechen: von einem politischen, das vor allem von Lutz Niethammer nachgezeichnet wurde, und von einem kulturellen. Diese These scheint im unmittelbaren Widerspruch zu Niethammer zu stehen, der den Schwachpunkt der Basiselite gerade auf der kulturellen Ebene sieht. Der Unterschied ist freilich, daß Niethammer in erster Linie die Tradition der Arbeiter*bewegungs*kultur im Blick hat, während es mir um die Bedeutung soziokultureller Gemeinsamkeit und habitueller Nähe geht.[61] Im Prinzip der Delegation aufgrund von Kompetenzzuschreibung im Kontext eines erweiterten Verwandtschaftssystems i.o.S. sehe ich ein Kernelement dessen, was man als traditionelle Revierkultur bezeichnen könnte. Es reicht vom alltäglichen Austausch von Fertigkeiten auf do ut des-Basis über das »clanförmige Gewimmel von Beziehungen«[62] (wozu das »Organisieren« von Materialien aller Art ebenso gehört wie das »speaking for-system« der Arbeitsplatzvermittlung) bis hin zum Prinzip der Freisetzung von Kollegen für gewerkschaftliche, politische oder auch "nur" sportliche Zwecke. Der verwandtschaftliche Charakter, der dem Delegationsprinzip innewohnt, kommt beim basisnahen Stellvertreter, dessen Position etwa als Mittler zwischen Betriebsleitung und Belegschaft nur ganz unzureichend beschrieben ist, ausgesprochen deutlich zum Ausdruck. »Basisnah« heißt ja nicht nur, die Interessen der Basis zu vertreten und deren Sprache zu sprechen, »basisnah« meint auch eine für Verwandtschaftssysteme charakteristische Gemengelage, in der die Grenzen zwischen öffentlicher und privater Rolle verwischt werden.[63] Stellvertreter zu sein bedeutet dann nicht nur, sich für materielle und soziale Belange einzusetzen, sondern auch ein Ohr (und ein Auge) für die privaten Belange zu haben; dazu gehört das Schlichten von Streitigkeiten, das Eingehen auf familiäre Probleme, ja sogar das Stiften von Ehen. »Und ich darf nur folgendes sagen«, sagt ein Vorstadtpolitiker, der fest an das Netz der lokalen Sozialkontakte gebunden und Jugendleiter des Betriebsrates war: »Ich hab Jungens und Mädels zusammengebracht, die heute wunderbare Ehen sind. Wo das Mädel nach mir hinkam: "Hermann, möchtest du nicht mal mit ihm sprechen?" – "Soll ich das machen?" So die schelmische Formulierung dabei, nicht. "Ja, ist gut. Ich mach das schon. Dann kommst du morgen bei mir vorbei. Ich treff ihn morgen"«.[64] Nicht die eine oder andere Praxis – basisnahe Stellvertretung vs. informelles »speaking for«-System – ist kennzeichnend für eine Kultur, deren inneres Band das erweiterte Verwandtschaftssystem bildet, sondern die Tatsache, daß jede Praxis zur Metapher einer anderen wird: in der und durch die Praxis des »speaking for« an der Basis wird die Praxis des »negotiating« auf Stellvertreterebene anerkannt, bestätigt und bekräftigt.

Zu fragen bleibt, ob im erweiterten Verwandtschaftssystem »die überlieferten parochialen Gemeinschaftsbindungen auf industriellem Boden überleben«, wie es Karl Rohe für das »alte Revier« (im Unterschied zum Ruhrgebiet) konstatiert hat.[65] Es spricht viel dafür, daß wir es hier mit vormodernen, vorindustriellen Beziehungsformen zu tun haben, wobei sich gerade die Herkunft der Ruhrbevölkerung als verführerisches Indiz anbietet. Aber ich denke, daß wir in diesem Kontext etwas von der Sozialanthropologie lernen können, die bei Untersuchungen des

Urbanisierungsprozesses und der Stadt-Land-Wanderung in Westafrika von der anfänglich vertretenen These der Detribalisierung abgekommen und auf den Tatbestand der Neubildung, d.h. auf einen spezifisch *städtischen* Tribalismus gestoßen ist.[66] So sehr die *Form* des erweiterten Verwandtschaftssystems vorindustriell erscheint, so stellt es doch von der *Funktion* her eine industriegesellschaftliche, spezifisch montanindustrielle Neubildung dar. Die kleinräumige Orientierung im Ruhrgebiet hat dabei ebenso mitgewirkt wie gemeinsame Arbeitserfahrungen und die geringe innere Schichtung der Arbeiterbevölkerung. Die Zusammenlegung der Bergleute in Kameradschaften und die halboffene Familienstruktur in den Siedlungen waren sicherlich zwei wesentliche Elemente einer Alltagsorganisation, die zur Herausbildung des erweiterten Verwandtschaftssystems beigetragen haben. Verblüffend ist wie diese ihre betriebliche Basis verlierende Form der Alltagsorganisation im Ruhrgebiet im Kontext der Diskussion über das Wiedererstarken regionaler Ökonomien eine Renaissance erfährt. Gerade in der für berufliche wie familiale Solidarstrukturen charakteristischen Mischung von individueller Verantwortlichkeit und gegenseitiger Abhängigkeit wird eine unabdingbare Voraussetzung für flexible ökonomische Beziehungen gesehen.«[67]

V

Verstehen wir den bewohnten Raum, in Anlehnung an Bourdieu, als sozial konstruiert und markiert (d.h. mit "Eigenschaften" versehen), dann stellt er sich als Objektivierung und Naturalisierung vergangener wie gegenwärtiger sozialer Verhältnisse dar.[68] Der bewohnte Raum wird so zur Metapher des sozialen Raumes: nichts anderes scheint sich auch hinter der bereits zitierten Sentenz zu verbergen, daß »alle Schichten auf einen bestimmten Identifikationsraum festgelegt und symbolisch auf eine einzige Schicht bezogen werden«.[69] Die je bestimmte Ordnung und Anordnung von Eigenschaften (als Spezifikum eines bewohnten Raumes) zu eruieren, fiel zunächst der Kulturgeographie zu, die sich der Untersuchung von Vorstellungsbildern, die über Städte und Regionen existieren, zuwandte. Bei entsprechenden Umfragen, die nach der Zuschreibung von Eigenschaften fragten, ergab sich in den 70er Jahren ein eindeutiges Bild vom Ruhrgebiet: wirtschaftskräftig, arbeitsam und dynamisch schien es den Befragten zu sein.[70] Der Begriff wirtschafts*kräftig* ist dabei durchaus wörtlich zu nehmen. Wie die Autoren der Studie betonen, hat der Begriff in Kombination mit der Kategorie »arbeitsam« eine andere Tönung als z.B. im Fall von Frankfurt a.M., das auch als *wirtschafts*kräftig gilt, dies aber u.a. mit »hektisch« (Börse!) verbindet: »Die enge Korrelation der Nennungen für "wirtschaftskräftig" und "arbeitsam" beim Ruhrgebiet läßt vermuten, daß bei den Begriffen ähnliche Vorstellungen den Ausschlag für die Nennungen gaben. Neben anderen Faktoren dürfte die Vorstellung von der "arbeitsamen Ruhrgebietsbevölkerung" entscheidend auf die Häufigkeit der Nennungen bei dem Begriff "wirtschaftskräftig" gewirkt haben«.[71]

In diesem Bild spiegelt sich das Ruhrgebiet als (historisches) Kernland der Montanindustrie, aber unterhalb der Ebene tritt der soziale Raum im physischen Raum zutage: das Ruhrgebiet als »Arbeiterrepublik«, in der vor allem, und das ist der gemeinsame Nenner der genannten Eigenschaften, physische Kraft zählt. Diese Charakterisierung als proletarische Region wird gestützt, ja verstärkt, wenn man die Stellung des Ruhrgebietes relational, d.h. als Position im sozialen Raum, erschließt. Als besonders wichtige Indikatoren erweisen sich dann, neben der als überdurchschittlich vermerkten Charakterisierung als »arbeitsam« und der stark unterdurchschnittlichen Notierung als »international« (während Hamburg, Frankfurt und München gleichermaßen als international gelten), jene Eigenschaften, die die Befragten dem Ruhrgebiet expressis verbis nicht zubilligen: »mondän« und »charmant« wähnt das Ruhrgebiet niemand (Eigenschaften, die im Vergleich München zugeschrieben werden), und auch nur je eine Stimme fiel auf Zuschreibungen wie »arrogant« (hier dominiert Hamburg), »elegant« (hier dominiert München) sowie »größenwahnsinnig« (auch hier ist München führend). Geht man davon aus, daß jeder Akteur durch die Position seiner Lokalisation charakterisiert ist, läßt sich leicht vorstellen, warum sich das Ruhrgebiet (bzw. seine Interessenvertretung) mit dem Zuzug von Führungskräften so schwer tut: alles Distinktionsstreben, jede Art der Verfeinerung, aber auch jede Überheblichkeit scheint dem Ruhrgebiet fernzuliegen.

In diesem Bild vom arbeitsamen und genügsamen Ruhrgebiet ist die Unterstellung eines »Notwendigkeitsgeschmacks« enthalten, eine Unterstellung, in der ich eines der bedeutendsten Hindernisse einer Imagekorrektur sehe: noch immer, so scheint es, sind die Arbeiter des Ruhrgbietes als stilprägende Gruppe von einer (ästhetischen) Anspruchslosigkeit, die schon Joseph Roth »erschütternd« fand.[72]

Zugleich verweist dieses Bild auf zentrale Elemente des traditionellen Revier-Ethos: das Fehlen von Arroganz, Eleganz und Größenwahn läßt sich auch als Abwehr jeden Versuchs der Exklusivität, der Absonderung und der Ausschließung lesen. Bourdieus Engführung dieses Musters auf ein reines »Konformitätsprinzip«[73] läßt die Möglichkeit außer acht, in der Distinktion von der Distinktion auch ein eigenes kulturelles Muster zu sehen. Was sich darin ankündigt, ist eine akteurszentrierte Schätzung und Einschätzung der Person: was zählt ist, wie ein Mensch sich verhält, nicht, was er – und hier muß ergänzend hinzugefügt werden: von der Herkunft her – ist. Daß diese akteurszentrierte Wahrnehmung ihre eigenen Fallstricke hat, liegt auf der Hand, führt sie doch auf Seiten derer, die Macht erhalten und/oder Einfluß gewinnen wollen, zu kulturell angepaßten Strategien: der Direktor, der »zupackt«, ist dafür ein Beispiel.[74] Aber noch in dieser Strategie tritt zutage, wogegen sich das Ethos richtet, was man »auf den Tod« nicht ausstehen kann: Prätention ohne Substanz. Deutlich wird, daß die Eigenschaft »unkompliziert« zu sein, d.h. »kein Gedöns« zu machen, unmittelbar mit dem reviertypischen Arbeitsethos verbunden ist, das zum letzten Prüfstein der Person wird: »er ist sich für keine Arbeit zu schade«, diese Redewendung bildet das Konzentrat eines Handlungsethos, das nicht durch Distanznahme zu den materiellen Zwängen, sondern durch Umgang mit ihnen geprägt ist.[75] Es ist das Ethos einer *Klasse ohne ständische Geltung*, d.h. einer rein ökonomisch bestimmten gesellschaftlichen Gruppierung, der eine spezifische Art der Lebensführung als Ausdruck "sozialer Ehre" nicht zugebilligt wird. H.W., ein Gewährsmann der Geographen Aring, Butzin, Danielzyk und Helbrecht, hat den historischen Hintergrund des Arbeitsethos meiner Auffassung nach auf den Punkt gebracht:

»Hier im Kohlenpott... da wurde... da warn im Großen und Ganzen... kamen die Leute alle mit wenig... oder gar nichts... die hatten nur ihre Arbeitskraft einzubringen... und... aus diesem heraus... da steckte kein Besitz hinter... vielleicht steckte in Schwaben... vielleicht hatte jeder in Schwaben noch'n Weinberg über Stuttgart noch... von der dreihundertfünfzigsten Teilung... war nur noch'n Quadratmeter groß... aber der hat der Eigentum, nich... was vielleicht dahinter steht... oder ich hab das Eigenheim... das war hier jedenfalls früher nicht der Fall... derjenige, der hier hin gekommen ist... und der... wenn er seiner Arbeit nachging, dann war auch nur maßgebend, wie er seine Arbeit machte... und wurde dann auch von seinen Kollegen aufgenommen... in den Kreis... und da sie alle... da konnte keiner... wahrscheinlich, weil keiner den Stammbaum nachweisen konnte, Urschwabe oder Urbayer zu sein (lacht), nicht wahr... sondern er war eben nur... da gab's nix, womit man prunken oder sich herausstellen konnte... oder besonders in Erscheinung treten konnte«.[76]

Wenn es an dem ist, was Richard Sennett und Jonathan Cobb in ihrem (viel zu wenig beachteten) Buch »The Hidden Injuries of Class«[77] so vehement behaupten, daß nämlich Würde, Achtung und Selbstachtung, ein ebenso grundlegendes menschliches Bedürfnis ist wie das nach Nahrung und das nach Geschlechtsverkehr, dann ist es angemessen, im traditionellen revierspezifischen Arbeitsethos, in der Verbindung von zweckrationalen und wertrationalen Orientierungen (Rohe), einen eigentümlichen Versuch der Selbstbehauptung in einer Situation zu sehen, in der es »nix (gab), womit man prunken oder sich herausstellen konnte«. Die Bourdieu von seinem kategorialen System aufgezwungene Sicht der Unterschichtenkultur als eine zur Tugend gewendete Not, verkennt, was in der Redewendung »aus der Not eine Tugend machen« zwar objektiv angelegt, aber in der Regel subjektiv nicht gemeint ist, daß nämlich hier aus der Not tatsächlich eine Tugend erwachsen ist: eine von den Prozeduren faktischer wie symbolischer Ausschließung relativ freie Wertschätzung der Person.

Der »Kampf um Anerkennung« gehört, trotz der beachtlichen Vorarbeiten von Axel Honneth[78], ebenso zu den Desideraten der sozial- und kulturwissenschaftlichen Forschung wie das Thema »soziale Kränkung«. Wie schwer diese Lücken wiegen, zeigt nicht zuletzt das Beispiel Ruhrgebiet, das zu einer unendlichen Geschichte des Beleidigt-, des Gekränktseins zu werden droht.

Die Haltung des Ruhrgebiets zu sich selbst ist gekennzeichnet durch Scham, wobei diese, so meine Vermutung, vor allem von der politischen Klasse an den Tag gelegt wird. Man schämt sich der Vergangenheit als montanindustrielle Region und projeziert eine Zukunft, die nicht aus der Vergangenheit und Gegenwart erwächst, sondern die Vergangenheit radikal vergessen machen soll. Die schwerindustrielle Vergangenheit wird als »schwerindustrielle Hypothek« begriffen, die es abzutragen, nicht aufzuarbeiten gilt. Ausgelöscht werden soll dabei nicht nur die montanindustrielle Altlast, sondern auch die Erinnerung an einen Ort, der als beschämend erfahren wurde. Nur die bewußte Annahme der Geschichte aber, nicht die Scham über die Herkunft (der Region ebensogut wie der Person), läßt die Gewinnung einer Identität als Rahmen des ökonomischen Umbaus zu. Diese Identität ist »die Identität einer Industrieregion, der sich niemand schämen muß, die aber wohl der sinnlichen Erinnerungspunkte bedarf, um Gemeinsamkeit und Selbstbewußtsein zu entfalten«.[79]

Anmerkungen

1 Hermann Bausinger, Volkskunde und Volkstumsarbeit im Nationalsozialismus, in: Volkskunde und Nationalsozialismus. Referate und Diskussionen einer Tagung der Deutschen Gesellschaft für Volkskunde. München 23. bis 25. Oktober 1986. Herausgegeben von Helge Gerndt, München 1987, S. 131-141, hier: S. 141, Anm. 45.
2 Gérard Althabe, Vers une ethnologie du présent, in: Revue de L'Institut de Sociologie No. 3-4/1988, S. 95
3 George W. Stocking, Jr., Franz Boas and the Culture Concept in Historical Perspective, in: Ders., Race, Culture, and Evolution. Essays in the History of Anthropology, Chicago/ London 1982, S. 195-233. Vgl. zur Rolle des kulturellen Relativismus bei der Reduktion von »Difference« auf

»Sameness« (indem ihm nämlich alles gleich gilt): Paul Rabinow, Humanism as Nihilism: The Bracketing of Truth and Seriousness in American Cultural Anthropology, in: Social Science as Moral Inquiry. Ed. By N. Haan, R.N. Bellah, P. Rabinow, W.M. Sullivan, New York 1983, S. 52-75.
4 Wolfgang Welsch, Transkulturalität. Lebensformen nach der Auflösung der Kulturen in: Information Philosophie 19.Jg., H.2/1991, S. 8
5 Martin Wähler, Einleitung zu: Der deutsche Volkscharakter, Hg. von M.Wähler, Berlin 1937, S. 24
6 Wie Anm.5, S. 8.
7 Verhandlungen des Siebenten Deutschen Soziologentages vom 28. September bis 1. Oktober 1930 in Berlin. Untergruppe für politische Soziologie. Gegenstand: "Die deutschen Stämme", Tübingen 1931, S. 233-278. Das vorstehende Zitat findet sich in den einleitenden Worten des Sektionsvorsitzenden Eulenburg, S. 233.
8 Johannes Weyer ist dieser Frage in seinem Aufsatz: Die Forschungsstelle für das Volkstum im Ruhrgebiet (1935-1941). Ein Beispiel für Soziologie im Faschismus, in: Soziale Welt Jg. XXXV/1984, S. 124-145 ausführlich nachgegangen.
9 Wilhelm Brepohl, Das Ruhrvolk und die Volkstumsforschung, in: Rheinische Vierteljahresblätter, Jg.7 (1937), S. 366f.
10 Wilhelm Brepohl, Der Aufbau des Ruhrvolks im Zuge der Ost-West-Wanderung, Recklinghausen 1948, S. 35-37. Die zitierte Passage ist hier noch mit textlichen Einschüben versehen.
11 Max Weber, Wirtschaft und Gesellschaft, 1.Halbband, fünfte, rev. Auflage, Tübingen 1976, S. 242.
12 Wie Anm. 11, S. 237.
13 Vgl. exemplarisch für die letzten Jahre die Sammelwerke: Ethnizität im Wandel, Hg. von Peter Waldmann/Georg Elwert, Saarbrücken, Fort Lauderdale 1989 sowie Ethnizität, Hg. von Eckhard J.Dittrich/Frank-Olaf Radtke, Opladen 1990
14 Wie Anm. 11, S. 237.
15 »Wir sagen«, schreibt Ludwig Wittgenstein, »von einem Menschen, er sei uns durchsichtig. Aber es ist für diese Behauptung wichtig, daß ein Mensch für einen anderen ein völliges Rätsel sein kann. Das erfährt man, wenn man in ein fremdes Land mit gänzlich fremden Traditionen kommt; und zwar auch dann, wenn man die Sprache des Landes beherrscht. Man *versteht* die Menschen nicht. (und nicht darum, weil man nicht weiß, was sie zu sich selber sprechen.) Wir können uns nicht in sie finden«. Zit. nach Clifford Geertz, Dichte Beschreibung, Frankfurt a.M. 1987, S. 20.
16 Wie Anm. 11,S. 238f.
17 Vgl. Cynthia Keppley Mahmood, Transatlantic Interpretation: Insight or Insult?, Ethnofoor, III (2) 1990, S. 70.
18 Gabriele Voss, Der zweite Blick. Prosper Ebel. Chronik einer Zeche und ihrer Siedlung, Berlin o.J.(1983).
19 Wie Anm. 18, S. 69.

20 Vgl. Heft 1/1992 der Zeitschrift Journal of Contemporary Ethnography, das ganz dem Thema »Street Corner Society Revisited« gewidmet ist.
21 Die Hausschlachtung hat(te) als Schlachtfest einen festen Platz im Jahrsablauf des Lebens der Bergarbeitersiedlung. Vgl. die Beschreibung in: Hochlarmarker Lesebuch. Kohle war nicht alles, Oberhausen 1981, S. 89f. Interessant ist, daß dieses Ritual nach außen hin als beschämender Akt interpretiert wird.
22 Wie Anm. 18, S. 69.
23 Die an Joseph Conrad angelehnte Umschreibung erfuhr letzthin eine überraschende Bestätigung durch die Präsidentin des Zentralkomitees der deutschen Katholiken, Rita Waschbüsch, die zum Vorschlag von Entwicklunghilfeminister Spranger, Asylbewerber aus Afrika und Asien einem Aidstest zu unterziehen, feststellte: »Eine Unterscheidung zwischen Afrikanern und Bottropern ist unzulässig« (zit.n. Frankfurter Rundschau, 9.1.1993: Aufgespießt).
24 Jürgen Aring, Bernhard Butzin, Rainer Danielzyk, Ilse Helbrecht, Krisenregion Ruhrgebiet? Alltag, Strukturwandel und Planung (=Wahrnehmungsgeographische Studien zur Regionalentwicklung, Heft 8), Oldenburg 1989, hier: S. 182.
25 Jean Laplanche/J.-B.Pontalis, Das Vokabular der Psychoanalyse, Band 2, Frankfurt a.M. 1973, S. 580.
26 Alain Corbin, Pesthauch und Blütenduft. Eine Geschichte des Geruchs, Frankfurt a.M. 1973, S. 192.
27 Jean Marie Degérando, Erwägungen über die verschiedenen Methoden der Beobachtung der wilden Völker, in: Sergio Moravia, Beobachtende Vernunft. Philosophie und Anthropologie in der Aufklärung, München 1973, S. 219-251.
28 zit. nach Corbin, wie Anm. 25, S. 209.
29 Klaus Mönkemeyer, Schmutz und Sauberkeit. Figurationen eines Diskurses im Deutschen Kaiserreich, in: Imbke Behnken (Hg.), Stadtgesellschaft und Kindheit im Prozeß der Zivilisation, Opladen 1990, S. 73f.
30 Franz-Josef Brüggemeier hat die Befürchtungen vor Augen geführt, die das Bürgertum bei der Einführung einer neuen Reinigungsvorrichtung, der Brausen in Waschkauen, befielen. Vgl. F.-J. Brüggemeier, Leben vor Ort. Ruhrbergleute und Ruhrbergbau 1889-1919, München 1983, S. 138f.
31 Wie Anm. 23. Vgl. vor allem S. 172-175.
32 Zit.n. Roland Günter, Paul Hofmann, Janne Günter, Das Ruhrgebiet im Film. Bd.2, Oberhausen 1978, S. 694.
33 Sighard Neckel, Status und Scham, Frankfurt a.M./New York 1991, S.90. Meine Hervorhebung. Um dem naheliegenden Einwand zu begegnen, die Beispiele seien älteren Datums und daher für die heutigen Verhältnisse nicht mehr aussagekräftig, nur *ein* Beispiel aus dem Jahre 1992: der Streit darüber, ob der Vorsitzende der FDP-Fraktion im nordrhein-westfälischen Landtag Achim Rohde »die Menschen im Ruhrgebiet beschimpft, beleidigt und diskriminiert« hat. Nach den Feststellungen des Stenographischen

Dienstes des Landtags hat Rohde in der Debatte gesagt: »Daß Sie keine Ahnung haben, weiß ich, das sieht man Ihrem Gesicht an. Kommen Sie nicht aus dem Ruhrgebiet?«. Vgl. den Bericht in der WAZ vom 25. Januar 1992 (Bericht und Hintergrund).

34 Vgl. Gregory Bateson, Naven, 2nd edition Stanford 1958 (^{1} 1936; Alfred L.Kroeber , Anthropology. Race, Language, Culture, Psychology, Prehistory, 2nd, revised edition, New York 1948, S. 292-295.

35 Es wäre lohnend, das Verhältnis der Konzepte »Ethos« und »Habitus« im Werk Pierre Bourdieu systematisch zu bestimmen, und zwar sowohl unter werkgeschichtlichen wie unter epistemologischen Gesichtspunkten: inwieweit beschneidet zum Beispiel das Habituskonzept (im Unterschied zum Konzept des Ethos) die Analyse des Lebensstils der unteren Klassen um die Dimension der »sozialen Ehre« (im Sinne von Max Weber), die zentral im »Kampf um Anerkennung« ist. Vgl. Axel Honneth, Kampf um Anerkennung. Zur moralischen Grammatik sozialer Konflikte, Frankfurt/M. 1992 sowie Ders., Die zerissene Welt des Sozialen. Sozialphilosophische Aufsätze, Frankfurt/M. 1990.

36 Ulf Hannerz, Exploring the City. Inquiries Toward an Urban Anthropology, New York 1980, v.a. S. 296-308.

37 Anthony Leeds, The Anthropology of Cities: Some Methodological Issues, in: Elizabeth M. Eddy (ed), Urban Anthropology, Athens 1968, S. 31-47.

38 Wie Anm. 37, S. 33.

39 Wie Anm. 37, S. 37.

40 Martin Gester, Lokomotive für ein ganzes Land. »Zukunft der Stadt« (XIII): Sao Paulo, das New York des Südens, trägt die Last Brasiliens, Frankfurter Allgemeine Zeitung vom 7.7.1992, S. 29

41 Wie Anm. 36, S. 37.

42 Max Weber, Die Wirtschaftsethik der Weltregionen, in: Ders., Gesammelte Aufsätze zur Religionssoziologie I, Tübingen 1988, S. 239.

43 Hermann Bausinger, Volkskunde. Von der Altertumsforschung zur Kulturanalyse, 2. Auflage, Tübingen 1979, S. 121.

44 Karl Rohe, Regionalkultur, regionale Identität und Regionalismus im Ruhrgebiet: Empirische Sachverhalte und theoretische Überlegungen, in: Industriegesellschaft und Regionalkultur. Untersuchungen für Europa. Hg. von Wolfgang Lipp, Köln etc., 1984, S. 135.

45 Klaus Tenfelde, Soziale Schichtung, Klassenbildung und Konfliktlagen im Ruhrgebiet, in: Wolfgang Köllmann/Hermann Korte/Dietmar Petzina/Wolfgang Weber (Hg.), Das Ruhrgebiet im Industriezeitalter, Bd.2, Düsseldorf 1990, S. 147.

46 Vgl. wie Anm. 45, S. 154.

47 Bernhard Rechmann, Leiter der Abteilung Öffentlichkeitsarbeit beim Kommunalverband Ruhrgebiet, zieht aus diesen Zahlen folgendes Fazit: »Unterstellt man, daß die Menschen im Revier ihre Umgebung einigermaßen richtig einschätzen, wird deutlich, wie stark außerhalb klischeehafte Fehlvorstellungen vom Ruhrgebiet vorherrschen« (Die Imagekampagne

des Ruhrgebiets, vervielf. Manuskript, S. 4). Abgesehen von der etwas naiven Abbildtheorie, die dieser Aussage zugrundeliegt, verfehlt sie exakt das Wesentliche: nämlich den physischen Raum als sozialen Raum zu sehen. Der Vorstandsvorsitzende der Karstadt AG, Walter Deus, hat dies, wenn auch auf versch(r)obene Weise, begriffen, wenn er auf der Jahrestagung der Deutschen Public Relation-Gesellschaft (DPRG) in Essen 1991 vom Ruhrgebiet als ehemals »schlecht beleumundeter Region« spricht, in der die DPRG wohl kaum ihre Tagung abgehalten hätte (Nachzulesen in der Tagungsdokumentation »Führung und Kommunikation« der DPRG, S. 44).

48 Pierre Bourdieu, Physischer, sozialer und angeeigneter physischer Raum, in: Martin Wentz (Hg.), Stadt-Räume, Frankfurt a.M./ New York 1991, S. 26.
49 Wie Anm. 45, S. 160.
50 Z.B. wie Anm. 44, S. 137.
51 Detlev Vonde, Revier der großen Dörfer. Industrialisierung und Stadtentwicklung im Ruhrgebiet, Essen 1989, S. 60.
52 wie Anm. 51, S. 67.
53 Auch das Modell der Industriepädagogik von Heinrich Kautz (Im Schatten der Schlote. Versuche zur Seelenkunde der Industriejugend, Einsiedeln 1926) ist auf das Ruhrgebiet zugeschnitten.
54 Franz-Josef Brüggemeier, Leben vor Ort. Ruhrbergleute und Ruhrbergbau 1989-1919, München 1983, S. 156.
55 Horst Krüger, Im Revier. Bilder aus dem Ruhrgebiet, in: Merkur, H. 238, 22.Jg./1968, S. 74.
56 wie Anm. 45, S. 166.
57 Habermas' Überlegungen, daß das Verwandtschaftssystem nur geringe soziale Ungleichheit zuläßt, läßt sich auch umkehren: geringe soziale Ungleichheit führt zu (symbolischen) Verwandtschaftssystemen. Vgl. Jürgen Habermas, Zur Rekonstruktion des Historischen Materialismus, Frakfurt a.M. 1976, S. 179f..
58 Meyer Fortes, Kinship and Social Order, London 1969, S. 238.
59 Bloch, Maurice, The Moral and Tactical Meaning of Kinship Terms, in: man vol.6 (1971), S. 79-87.
60 Michael Zimmermann, »Geh zu Hermann, der macht dat schon« Bergarbeiterinteressenvertretung im Nördlichen Ruhrgebiet, in: Lutz Niethammer (Hg.), »Hinterher merkt man, daß es richtig war, daß es schiefgegangen ist«. Nachkriegserfahrungen im Ruhrgebiet (=Lebensgeschichte und Sozialkultur im Ruhrgebiet 1930 bis 1960, Bd.2), Berlin/Bonn 1983, S. 277-310.
61 Lutz Niethammer, Vorwort des Herausgebers, in: Ders., (Hg.), »Hinterher merkt man, daß es richtig war, daß es schiefgegangen ist«. Nachkriegserfahrungen im Ruhrgebiet (=Lebensgeschichte und Sozialkultur im Ruhrgebiet 1930 bis 1960, Bd. 2), Berlin/Bonn 1983, hier: S. 13. Die Bedeutung von habitueller Nähe und soziokultureller Gemeinsamkeit betont Bernd

Faulenbach, Die Mitbestimmung als Faktor regionaler politischer Kultur, in: Beiträge, Informationen, Kommentare Nr. 8/1989, S. 57.
62 So die anschauliche, offensichtlich auf Emile Durkheim zurückgreifende Formulierung von Ulf Matthiesen. Vgl. nicht nur unter diesem Gesichtspunkt: Christa Becker, Heinz Böcker, Ulf Matthiesen, Hartmut Neuendorff, Harald Rüßler, Kontrastierende Fallstudien zum Wandel von arbeitsbezogenen Deutungsmustern und Lebensentwürfen in einer Stahlstadt (= Umbrüche. Studien des Instituts für empirische Kultursoziologie Bd. 1), Dortmund 1987. Das Zitat findet sich auf S. 289.
63 Gerade in der Gemenglage, in der Verwischung von Öffentlichkeit und Privatssphäre, liegt aber auch die Kehrseite des erweiterten Verwandtschaftssystems: ein System sozialer Kontrolle, das weit über den Familienverband hinausreicht.
64 Wie Anm. 60, S. 300.
64 Karl Rohe, Vom Revier zum heutigen Ruhrgebiet. Die Entwicklung einer regionalen politischen Gesellschaft im Spiegel der Wahlen, in: Karl Rohe/Herbert Kühr (Hg.), Politik und Gesellschaft im Ruhrgebiet, Kronberg/Ts. 1979, S: 21-73, hier S. 33.
66 Michael Banton, West-African City, London 1957. Ulf Hannerz (wie Anm. 35), Kapitel 4, S. 119-162.
67 Charles F. Sabel, The Reemergence of Regional Economies, Berlin 1989 (=WZB Forschungsschwerpunkt Arbeitsmarkt und Beschäftigung (IIMV), discussion papers). Auch die Wiederentdeckung der »Clan«-Form im Rahmen administrativer Organisationssoziologie (mit explizitem Bezug auf Durkheim) paßt in diesen Trend. Vgl. William G. Ouchi, Markets, Bureaucracies, and Clans, in: Administrative Science Quarterly Vol. 25 (1980), S. 129-141. Christoph Deutschmann, Der Betriebsclan, in: Soziale Welt, Jg. 38 (1987), S. 133-147.
68 Wie Anm. 48, S. 28.
69 Wie Anm. 43, S. 121.
70 Zielgruppe: Multiplikatoren. Das Ruhrgebiet: Meinungen, Mutmaßungen. Institut für Stadt- und Regionalplanung. Leiter Friedrich Landwehrmann. Verantwortlicher Bearbeiter: Hans Nokielski unter Mitarbeit von Gerhard Raeder, Essen 1973.
71 Wie Anm. 70, S. 80.
72 Joseph Roth, Privatleben des Arbeiters, Frankfurter Zeitung vom 10.4.1926. Den Hinweis auf Roth verdanke ich Matthias Uecker.
73 Pierre Bourdieu, Die feinen Unterschiede, Frankfurt a. M. 1982, S. 596f..
74 »Unser Direktor Ehlers, das war so ein Pfundskerl. Warum war das son Pfundskerl? Weil er von der Pike auf die Arbeit mitgemacht hat. Und sein Sohn, wenn der Ferien hatte, dann kam der bei der Zinkhütte und hat da gearbeitet, um sein Geld zu verdienen« (Bernd Parisius, Arbeiter zwischen Resignation und Integration. Auf den Spuren der Soziologie der fünfziger Jahre, in: Lutz Niethammer (Hg.) »Hinterher merkt man, daß es richtig war, daß es schiefgegangen ist«. Nachkriegserfahrungen im Ruhrgebiet

(=Lebensgeschichte und Sozialkultur im Ruhrgebiet 1930 bis 1960, Bd. 2), Berlin/Bonn 1983, S. 116.
75 Vgl. die entsprechenden Überlegungen von Norbert Schindler, Jenseits des Zwangs? Zur Ökonomie des Kulturellen inner- und außerhalb der bürgerlichen Gesellschaft, in: Ders., Widerspenstige Leute. Studien zur Volkskultur in der frühen Neuzeit, Frankfurt a.M. 1992, S. 20-46. hier S. 40.
76 Wie Anm. 25, S. 208.
77 Richard Sennett/Jonathan Cobb, The Hidden Injuries of Class, New York 1973, hier S. 191.
78 Vgl. die unter Anm. 36 genannten Arbeiten.
79 Lutz Niethammer, Nachindustrielle Urbanität im Revier? Für die Wahrnehmung und Nutzung regionaler Erfahrungen, in: »Die Menschen machen ihre Geschichte nicht aus freien Stücken, aber sie machen sie selbst«. Einladung zu einer Geschichte des Volkes in NRW. Hg. Lutz Niethammer, Bodo Hombach u.a. Berlin/Bonn 1984, S. 242.

Detlev Ipsen

Regionale Identität
Überlegungen zum politischen Charakter
einer psychosozialen Raumkategorie

Wenn wir von regionaler Identität reden, so sicher nicht von der naiven Ortsgebundenheit einer vorindustriellen, vormodernen Gesellschaft. Der Bauer und der Jäger nutzen den Raum existentiell, eine Distanz zum Raum ist nicht möglich, weil lebensbedrohend. Das Nachdenken über regionale Identität setzt eine gewisse Beliebigkeit in Bezug auf den Raum voraus, obgleich es gerade das Gegenteil anzusprechen vorgibt. Reflektiert wird über etwas, das zu verschwinden droht, von dem man glaubt, es wäre dagewesen, oder hofft, es wieder zu gewinnen. Regionale Identität ist ein Produkt ihres Gegenteils, der Herausbildung nationaler und internationaler Räume und der damit einhergehenden Modernisierungsprozesse. Regionale Identität kann Widerstand bedeuten oder Eigenständigkeit, sie kann einhergehen mit einem Rückzug und dem Vergessen geschichtlicher und meist als bedrohlich empfundener gegenwärtiger Verhältnisse, sie kann sich als Haß oder Liebe äußern. Manche Regionalplaner wünschen sich eine »positive regionale Identität«, um je nach Situation Abwanderung zu stoppen oder die Entfaltung ökonomischer, sozialer und kultureller Aktivitäten zu fördern. Regionale Identität kann zur Werbestrategie um Investoren werden, kann die Funktion der Verpackung in einer Warenwelt der Räume übernehmen.

Regionale Identität ist also zunächst ein vorwissenschaftlicher Begriff. Regionale Identität ist zudem ein politisch wie sozialpsychologisch ambivalenter Begriff. Der durch sie bezeichnete Sachverhalt kann zur Grundlage von Machtansprüchen regionaler Eliten werden, kann Kriege und Bürgerkriege anheizen, kann aber auch Ausgangspunkt einer selbstbestimmten Entwicklung sein. Lohnt es sich, regionale Identität in den wissenschaftlichen Diskurs einzufügen, oder ist die Gefahr zu groß, auf dem glatten Parkett der Ideologien auszurutschen? Keine Frage, die Sozialwissenschaft muß sich damit beschäftigen, weil »Regionale Identität« oder ihr Fehlen eine alltägliche Lebensäußerung von großer Tragweite ist. In den letzten Jahren ist die Region und damit die regionale Identität zum politischen und planungstheoretischen Programm erhoben worden. Das Konzept der »Endogenen Potentiale« berührt zumindest implizit immer die regionale oder lokale Identität als kulturelle und soziale Dimension der Entwicklung. »Eigenständige Regionalentwicklung« enthält schon im Begriff die Abwehr von Außensteuerung und damit die Sicherung einer eigenen Identität gegenüber einer – zumindest subjektiv – als »fremdbestimmt« wahrgenommene Identität. In den neuen Bundesländern soll regionale Identität über die schwierigen ökonomischen Umstellungen auf dem Weg zum Kapitalismus hinweg helfen.[1] Und schließlich kommt nun als neues Schlagwort »Europa der Regionen« in die Zeitungen und Artikel. Soll damit die Angst vor einer übermächtigen europäischen Bürokratie genommen werden oder verbirgt sich zumindest im Ansatz dahinter eine transnationale Entwicklungsperspektive für Europa?

Es gibt nur wenige Begriffe, die zugleich mit rechten wie mit linken, mit progressiven wie konservativen bis hin zu reaktionären politischen Zielvorstellungen assoziiert werden, wie dies bei dem Begriff Region und regionaler Identität der Fall ist. Die Nationalsozialisten förderten nicht nur das regionale Bauen, sondern entwickelten auch eine Wirtschaftstheorie, in die der regionale Wirtschaftskreislauf in eine Hierarchie von Strategien der Selbstversorgung eingebaut war. Der Selbstversorgungsgedanke beginnt bei dem einzelnen Haushalt und einer kleinen Subsistenz und läuft über die Region und ihre regionale auf sich selbst bezogene Ökonomie bis zur nationalen Autarkie.[2] Auf der anderen Seite finden wir den Regionalismus insbesondere in den 70er und 80er Jahren ausgeprägt als linke Strategie zur Bekämpfung nationaler und übernationaler Kapitalmacht und als Ausgangspunkt demokratischer Bewegungen.

Ich versuche in diesem Aufsatz, einige Argumente zusammenzutragen, die den politischen Charakter der Herausbildung regionaler Identitäten verstehbar, sie als Äußerungsform latenter Strömungen identifizierbar macht. Dabei sind Sinn und Funktion zu untersuchen, um ihren jeweiligen ideologischen Gehalt zu bestimmen. Das Ziel der Überlegungen ist die Frage nach unterschiedlichen Formen regionaler Identität und ihren Bedingungen.

Um uns diesem Ziel zu nähern, werden wir zunächst nach Unterschieden zwischen der sozialhistorischen Kategorie Heimat und Region suchen. Danach werden wir uns mit der Sozialpsychologie der Identität beschäftigen, um die interpersonelle und intrapersonelle Dynamik der Beziehungen von Personen zu einem Raum näher bestimmen zu können. Als einen dritten Schritt wird die Kategorie der Raumbilder eingeführt, um historische Bedingungen der Produktion von Landschaft als kognitive und emotionale Leistung von Personen zu bestimmen. Erst nun können wir uns der Frage zuwenden, welche Formen regionale Identität annehmen kann und welche Bedingungen dafür ausschlaggebend sein könnten.

Heimat kann irgendwo sein, Region hat (noch) ihren Ort

Zwischen dem Begriff der regionalen Identität und dem der Heimat besteht eine gewisse Verwandtschaft, so daß wir uns Einsichten zur Rolle des Heimatbegriffs zu Nutze machen können. In einem sehr interessanten Aufsatz zum Verhältnis von Heimat und Identität schreibt Bausinger: »Heimat zielt auf eine räumliche Relation; Heimat ist zwar nicht strikt begrenzbar, aber doch lokalisierbarer Raum. Identität dagegen ist eine Frage der inneren Struktur. Daß die beiden Begriffe enger zusammengerückt sind, ist das Ergebnis einer noch ganz jungen Entwicklung.«[3] Diese ganz junge Entwicklung läßt sich als ein Prozeß der Enträumlichung von Heimat beschreiben. Aus einem sehr konkreten und lebensbestimmenden Heimatrecht wird mit dem 19. Jahrhundert beginnend eine, wie Bausinger es nennt, freischwebende Heimat. Mitte des 19. Jahrhunderts ensteht das Heimatlied »Im schönen Wiesengrunde steht meiner

Heimat Haus.« Die Heimatvorstellung weitet sich auf die ganze Landschaft aus, schreibt Bausinger. »...das stille Tal, das Bächlein, die Wiesen, die Blumen und Vögel, der letzte Gang auf den Friedhof« sind ortsungebundene Topoi. Im Heimatfilm der Nachkriegszeit wird Heimat zur reinen Gefühlsmetapher für Sicherheit und Geborgenheit, nicht umsonst geht es dort fast durchgehend um den schwierigen, doch letzlich glückenden Weg in den Hafen der Ehe. Bausinger führt diese Enträumlichung auf die Mobilisierung der Bevölkerung zurück, die gerade weil sie aus ihren Herkunftsorten herausgerissen ist, das Heimatgefühl thematisiert. Auch der Verfasser des zitierten Wiesengrund-Liedes, der Oberamtsrichter Wilhelm Ganzhorn, ist getrieben. Geboren in Böblingen studierte er in Tübingen und Heidelberg, arbeitete später in Esslingen, Stuttgart, Backnang und Neuenbürg, Aalen, Neckarsulm und Cannstadt.

Zwei Aspekte sind mir dabei wichtig. Die Gefühlsaufladung des Heimatbegriffes ist der der »Regionalen Identität« nicht unähnlich. Regionale Identität wird zum Thema, weil Europa immer größer wird, weil existenzbestimmende Entscheidungen im entrückten Brüssel gefällt werden, weil wir allmählich erahnen, daß der Weltmarkt ja nicht nur die bekannten Bananen und das Sony-Gerät ins Haus bringt, sondern uns auch Stück für Stück die Kontrolle über unsere Lebensverhältnisse entzieht. Region wird zum Ort der Sicherheit, der Kontrollfähigkeit in einem diffus großen Gefühlsglobus. Doch zum anderen hat der Begriff Region heute noch eine geographische Qualität. Eine Region bezeichnet einen Raum mit zumindest ungefähr bestimmbaren Grenzen. Wenn die Region eine soziale Überschaubarkeit hat, so kann in ihr heute noch (wie es in der Heimat bis ins 19. Jahrhundert hinein üblich war) reale Sicherheit erzeugt werden. Im Rahmen einer Umfrage über alltägliche Entwicklungsvorstellungen bei verschiedenen gesellschaftlichen Gruppen im Vogelsberg, der uns häufig als Paradigma des ländlichen Raumes dient, sagte uns ein Schuldirektor im Rahmen einer Umfrageaktion in Bezug auf die beruflichen Probleme seiner Schüler: »Wir versuchen, sie nicht im Stich zu lassen. Da horchen wir rum, wer noch eine Lehrstelle haben könnte, schauen nach Programmen, die das Arbeitsamt oder das Land aufgelegt haben.

Wir organisieren Kurse, oft nur Warteschleifen...«[4] Aber auch ohne die Überschaubarkeit einer ländlichen Region bewahrt der Regionsbegriff ein Maß von Bestimmtheit, welches Voraussetzung für aktives Handeln ist.

Zur Sozialpsychologie der Identität

Übereinstimmung herrscht in der wissenschaftlichen Literatur darüber, daß der Begriff Identität diffus sei und eine Vielzahl von Unklarheiten und Ungereimtheiten mit sich schleppe.[5] Auf der anderen Seite behaupte ich, daß das assoziative Wortfeld, das sich um den Begriff Identität herum aufbaut, deutliche Konturen aufweist. Ich selber assoziiere mit Identität: ich, Selbstbewußtsein, mit mir ins reine kommen, Wohlbefinden, Eigenart, Sicherheit, Selbstvertrauen. Schwieriger wird es bei der Assoziation um den Unterbegriff Regionale Identität. Hier tauchen Begriffe auf und werden sogleich wieder abgestoßen: Heimat? Herkunft? Zu Hause?

Doch bleiben wir zunächst noch bei der sozialpsychologischen Begriffsbildung. Ihre Schwierigkeit liegt wie gesagt weniger im Bedeutungsgehalt als in der Dynamik des Prozesses der Identitätsbildung einerseits und in dem Spannungsfeld von ego und alter, in dem sich Identitätsprozesse ereignen. Damit haben wir schon die erste nicht unwichtige Feststellung getroffen. Identität hat man nicht, sondern man kann sie gewinnen und verlieren, man kann um sie ringen oder sie dumpf verspielen. Allerdings gibt es häufig mit zunehmendem Alter eine Habitualisierung identitätsstiftender Momente, was von außen her dann dumm und rigide erscheint. Identität ist ein Sich-selber-versichern, und dies kann man alleine eben nicht. Was man ist, weiß jeder aus sich *und* dem Anderen heraus. Dieses Doppelverhältnis ist es offensichtlich, das so oft Verwirrung stiftet, wenn über die Identität geredet wird.[6] Es gilt zwischen einer Innen- und einer Außenperspektive zumindest analytisch zu unterscheiden. Die Außenperspektive benennt bestimmte Eigenschaften einer Person, die Person wird durch Eigenschaften identifiziert, so wie der Fingerabdruck dem Kriminalbeamten die Anwesenheit einer Person an einem Ort indiziert. Es gibt auf der anderen Seite immer eine Innenperspektive, die sich auf psychologische Verarbeitungsformen bezieht, seien dies Kognitionen, Emotionen oder Dispositionen (Motive). Die Innenperspektive ist allerdings ohne die Außenperspektive nicht denkbar (und umgekehrt), da die eine sich aus der anderen speist, weil sie nicht deckungsgleich sind. »Herstellen und Darstellen von Identität heißt nichts anderes, als zwischen Außen und Innen, aber auch zwischen Innen und Außen Relationen aufzubauen, ...«[7] Harre nennt diesen Prozeß Appropriation und unterscheidet dabei verschiedene Prozeßelemente oder Abschnitte. Zum einen muß für eine erfolgreiche Identitätsbildung das Realitätsproblem gelöst werden. Bis zu einem gewissen Maße eignet sich das Subjekt die Außenperspektive als Innenperspektive an. Wir brauchen immer den anderen und seine Sicht, um uns unser selbst zu versichern. Zum zweiten gilt, besonders ausgeprägt in der abendländischen Kultur, die Tendenz der Ich-Abgrenzung. In dieser Kultur gehört Individualität zur Identität, d.h. Erfahrungen in Eigenes zu transformieren. Da unsere Individualität davon lebt, daß andere sie bemerken, muß drittens, das Ergebnis der Transformation öffentlich gemacht werden. Schließlich mündet dies alles in einer Konventionalisierung der Sichtweisen, aus der sich die Außen- wie die Innenperspektive speist.[8] Die von mir vorgenommene Verdichtung der Überlegungen von Harre zu einem Theorem der Identitätsfindung soll verdeutlichen, daß die analytische Begriffsbildung die fatale Nebenwirkung haben kann, mit der Klarheit, die sie schaffen will und schafft, den prozeßhaften Charakter und damit die Ambivalenz als Substanz des Identitätsbegriffes zu beseitigen. Mir zumindest ist wichtig, warum sich Identität verändert, in einer Person, von Zeitraum zu Zeitraum, von Kultur zu Kultur und vor allem ob und warum bestimmte Regionen ihre kollektive Identität verändern.

Doch bleiben wir noch einen Moment beim Konzeptuellen, um ein geeignetes Netz zu entwerfen, regionale Identitäten zu begreifen. Regionale Identität kann sich nunmehr nur noch darauf beziehen, welche Rolle der Raum, in unserem Falle eine

Region, für den Prozeß der Identitätsfindung oder den des Identitätsverlustes haben kann. Damit haben wir unser Modell noch ein wenig komplexer gemacht. Nicht nur ego und alter stehen jetzt in einem Verhältnis zueinander, sondern diese beiden noch zum Raum. Der Raum ist sicher physisches Substrat, er ist natürlich entstanden und (meist) gesellschaftlich produziert. Zugleich tritt er uns als Zeichen, als Bedeutung, als Bild und als Vorstellung gegenüber.[9] Raum kann somit sowohl materiell für die Identitätsfindung von Bedeutung sein als auch kulturell als Bild des Raumes. Es ist festzuhalten, daß die kulturelle Bedeutung des Raumes dem Begriff der Landschaft entspricht. Beides muß keineswegs kohärent oder gar deckungsgleich sein. Hinzu kommt, daß die Beziehung zwischen einem Ich und dem Raum selbst interaktiv ist: Das Ich produziert den Raum (materiell und kulturell), und dies kann eine Bedingung räumlicher Identität sein. Das Ich entäußert sich in einer materiellen oder symbolischen Raumproduktion und diese Entäußerung bewirkt die intrapersonale Kohärenz, das Selbstbewußtsein. Wie wir wissen, geschieht dies jedoch in einem Prozeß der Appropriation, d.h. die Vorstellungen und Bilder, die andere über diesen Vorgang haben, werden internalisiert. Der Architekt und Planer kann nicht allein aus seinem Entwurf Identität gewinnen, er bedarf des Wettbewerbs, der Veröffentlichung in der Presse, zumindest des Gesprächs. Raum kann aber auch identitätsstiftend sein, weil er einem Bild entspricht, das hoch bewertet ist und ein Ich sich in diesem Raum aufhält, dort wohnt. Als Münchner gewinne ich Status aus dem räumlichen Kontext, weil München in einem bestimmten Zeitraum einem Bild entspricht, das hoch geschätzt wird. Will man nicht annehmen. daß die unterschiedliche Wertschätzung von Regionen zufällig ist, so gilt es, nach theoretichen Erklärungen zu suchen. Wir nehmen an, daß innerhalb der kapitalistisch industriellen Entwicklung verschiedene Entwicklungskonzepte und Vorstellungen wirksam und vor allem in bestimmten Zeiträumen dominant werden. So hat die Schwerindustrie über lange Jahre hinweg das Bild der Industrie schlechthin geprägt. Dieses Bild hat sich in Europa mit bestimmten Räumen verbunden, die dann in ihrer Erscheingsform als Sinnbild eines bestimmten Entwicklungskonzeptes wahrgenommen werden. Es existiert also ein Dreieck, das auf der einen Seite von gesellschaftlichen Entwicklungskonzepten und Regulationsweisen gebildet wird, das sich zum zweiten auf die Erscheinungsformen des Raumes und der Raumnutzung bezieht und drittens der Raumwahrnehmung entspricht. Raumbild soll ein ganzheitlicher Begriff sein, der alle drei Komponenten in ihrem Zusammenspiel umfaßt. In dem kleinen Beispiel steht München für das Konzept einer postindustriellen Entwicklung, das im Moment positiv bewertet wird. Die Identität eines Bewohners von München bezieht sich in jedem Fall auf diesen Zusammenhang und kann eventuell die positiven Bewertungen des Raumbildes auf die persönliche Identität übertragen. Auf diese Art verbindet sich das Konzept des Raumbildes mit dem der Identität.

Über Zeichen und Symbole. Wahrnehmungspsychologische Voraussetzungen Regionaler Identität

Abstrahieren wir in einem gedanklichen Experiment zunächst von dem inhaltlichen Charakter regionaler Identität und fragen nach den formalen Bedingungen räumlicher Identitätsbildung. Wir haben bereits die Vermutung geäußert, daß die Herstellung historischer Kontinuität eine Bedingung für die Entwicklung und Reproduktion regionaler Identität sei. Aber was heißt dies? Nur was man erkennt, kann man sich zu eigen machen. Nur das, was sich zu erkennnen gibt, ermöglicht Prozesse der Identifikation. Es sind nicht unbedingt eindeutige Grenzen, die die Erkennbarkeit bestimmen. Wir haben ja schon erwähnt, daß sich die Grenzen einer Region verschieben, je nachdem wie hoch oder niedrig die positive Valenz eines Raumes ist. Es ist die gestaltpsychologische Qualität, die Identifikationsprozesse erleichtert, erschwert oder unmöglich macht. Drei Eigenschaften scheinen mir dabei von besonderer Bedeutung: Kontur, Kohärenz und Komplexität. Komplexität ist die Voraussetzung dynamischer Prozesse. Nur eine sich stets regenerierende Komplexität schafft Neugier und Interesse als Vorbedingungen des

»Sich-einer-Region-verbunden-fühlen«, das auch recht kritische Formen annehmen kann, wie sich bei regionalen Schriftstellern von Thoma bis Valentin oder dem Passauer Kabarett »Biermöselbloasn« leicht erkennen läßt. Kohärenz verweist auf die Notwendigkeit, einen Raum als Ganzes zu begreifen; ein Zusammenhang, auch von Widersprüchlichem, muß sich herstellen lassen. Sprachduktus, Eßweisen, Bauformen sind dafür gängige Beispiele. Kontur verweist auf Eigenart, die Betonung des Unterschiedes zu anderen. Dies kann sich in allen Lebensbereichen ausdrücken und entspricht dem Individualismus auf kollektiver Ebene. »Bei uns ist es so, wir machen es so« sind die Prinzipien eines regionalen Eigensinns. Alle drei Elemente suchen sich Zeichen und Symbole, oder besser gesagt die Menschen suchen sich Zeichen und Symbole, um diesen schwierigen Sachverhalt schnell zu fassen. Oft sind es bestimmte natürliche Besonderheiten (ein Berg wie der Zuckerhut, das Licht der Provence, die Wolken Irlands) oder spezifische Bauwerke, das andere Mal sind es spezifische Tätigkeiten, Produkte oder Feste. Es kann auch der Klang eines Raumes sein, der ihn wie ein Signalton erkenntlich macht, wie etwa die Sirenen einer Hafenstadt.

Die Komplexität einer Region und damit ihrer Identifikationsangebote kann man an der Zahl ihrer besonderen und der eigenen Orte ablesen. Der besondere Ort ist der, der von Einheimischen und Fremden als herausgehoben begriffen wird. Viele große Städte haben diese Orte und schaffen sie auch ständig neu. In Paris reicht dies von Sacré Coeur über den anfangs bei den Parisern sehr umstrittenen Eiffelturm bis zum Parc de la Villete. Besondere Orte werden immer als historisch empfunden, sie sind mit Bedeutung aufgeladen. Die eigenen Orte sind dagegen die der Aneignung durch alltägliche Milieus, der Biergarten um die Ecke, die Laubenkolonie, Straßen und Märkte, ein typisches Gemisch von Läden, sichtbare Formen der Arbeit. Diese Orte weisen einen ihnen eigenen Rhythmus auf, sie verdeutlichen die Zelebrierung des Alltags in Architektur, Klang und Geruch. Kontur, Kohärenz und Komplexität sind als abstrakte Raumeigenschaften zugleich politisch und ökonomisch bestimmt. Die industriell standardisierte Massenproduktion hat über lange Jahre hinweg eine vielseitige handwerkliche Produktion und kleine Dienstleistungen verdrängt. Die Verdrängung und Vernichtung war sowohl Ergebnis einer ungleichgewichtigen Konkurrenzsituation als auch Ergebnis politischer und planerischer Absichten. So wurde die Auflösung kleiner ökonomischer Netzwerke bei der Stadterneuerung zumindest billigend in Kauf genommen, auf jeden Fall war sie ein faktisches Ergebnis vieler Stadterneuerungsverfahren.[10] Ökonomische und politische Modernisierung führt dabei nicht nur zu einer Verringerung räumlich erfahrbarer Komplexität, sondern verwischt durch die Gleichförmigkeit der Prozesse auch die räumlichen Konturen. An diesem Beispiel läßt sich allerdings auch zeigen, daß dieser Prozeß nicht unbedingt eine notwendige Folge des Marktes an sich ist, sondern eine bestimmte Ausprägung marktförmig regulierter Stadtentwicklung. So haben Studien über Athen gezeigt, daß die Stabilität einer familienzentrierten Ökonomie beträchtlich sein kann und dadurch ein kleinteilig strukturierter Markt erhalten bleibt.[11] In Rom sichern Konkurrenz beschneidende Vorschriften über die Niederlassung von Geschäften eine vielseitige Marktstruktur ab. Es ist offensichtlich sogar möglich, daß sich auch unter völlig veränderten Bedingungen einer postmodernen Stadtentwicklung neue kleinteilige Strukturen entwickeln oder andere wieder entstehen. So berichten Saskia Sassen und Gail Satler über die Stabilität und Neuentwicklung kleinteiliger Ökonomie am Beispiel der 14th street in New York.[12]

Ähnliche Beispiele für die ökonomische und politische Determiniertheit von Komplexität und Kontur und Kohärenz als Raumeigenschaft lassen sich in der Entwicklung der Argrarlandschaften zeigen. Ihre Linealisierung und »Ausräumung« ist Folge politisch gesteuerter Entwicklungen auf dem Agrarmarkt, die einer fordistisch industriellen Agrarproduktion zum Durchbruch verholfen haben und verhelfen. Auch hier zeigen sich heute Gegentendenzen, die zum Teil ökologisch, zum Teil ästhetisch motiviert sind.[13] Die Gestalteigenschaften eines Raumes und damit die ästhetischen Eigenschaften bedingen die Chance der Ausbildung räumlicher Identität und sind selbst durch ökonomische und politische Macht bestimmt. In der ästhetischen Ausräumung von Stadt- und Agrarlandschaften spiegelt sich die Dominanz einer auf standardisierte Massenproduktion ausgerichteten Verwertungslogik. Ob damit ein Identitätsverlust und für wen verbunden ist, ist allerdings nicht per se gesagt. Wer diese ökonomische Verwertungslogik als Fortschritt empfindet, der wird gerade in der modernen fordistischen Landschaft Identitätsanker finden. Unsere Untersuchungen zu Raumbildern haben dafür eine Reihe von Beispielen erbracht.[14]

Zwischen Semmering und Zillertal: Raumbilder und Regionale Identität

Mit der Verknüpfung von Raumbildern und räumlicher Identität gewinnt der Identitätsbegriff eine historische Dimension. Offensichtlich ändern sich die Möglichkeiten, Beziehungen zwischen einer Person und einem Raum zu knüpfen und damit die identitätsstiftende Rolle des Raumes in kulturhistorisch benennbaren Konfigurationen. Der Semmering ist dafür ein Beispiel.

Veränderungen in der Sichtweise und Bewertung von geographisch konkreten Landschaftsräumen sind allgemein bekannt. Die Alpen sind ein besonders eindrückliches Beispiel, da ihre Unwirtlichkeit noch bis zu Beginn des 19. Jahrhunderts ein gewichtiges Thema war, über das es sich zu reden lohnte. So ist Seume auf seiner Wanderung von Deutschland nach Sizilien von Herzen froh, als er den Semmering, ein Gebirge südlich von Wien hinter sich gebracht hatte. Seine Schilderung ist anschaulich und macht die damals vorherrschende Sichtweise verständlich: »Der Semmering ist kein Maulwurfshügel; es hatte die zweite Hälfte der Nacht entsetzlich geschneit; der Schnee ging mir bis hoch an die Waden; ich wußte keinen Schritt Weg, und es war durchaus keine Bahn... Oben auf den Bergabsätzen begegneten mir einige Reisewagen, die in dem schlechten Wege nicht fort konnten...Herren und Beine waren abgestiegen und halfen fluchend dem Postillon«; und zum Abschluß der Schilderung: »...Ich war herzlich froh, als ich gegen Abend so ziemlich aus der abenteuerlichen Gegend heraus war.«[15] Wenige Jahrzehnte später ist der Semmering eine Kulissenlandschaft für das Wiener Bürgertum, und man genießt den Spaziergang entlang der dunklen Schluchten.[16] Und zugleich beginnt auch die Landschaftsgestaltung. Fürst Johann der I. von und zu Liechtenstein läßt hier einen Landschaftsgarten anlegen. Nach und nach entstehen zusammen mit dem Bau der Eisenbahn Luxushotels für das Wiener Bürgertum. Die Landschaft ist als Kulisse und Panorama erfahrbar geworden.

Man kann also festhalten, daß Räume, seien dies ganze Regionen, Landschaften oder Städte, einem Prozeß der Auf-, Abwertung und eventuell einer neuerlichen Aufwertung unterliegen. Dieser Prozeß hat offensichtlich große Bedeutung für die Nutzung und Vernutzung der Räume, er wird die Lebensbedingungen in diesen Räumen wesentlich mitbestimmen. Darüber hinaus ändert sich die Substanz der regionalen Identität, in unserem Beispiel wird sie überhaupt erst ermöglicht. Das heißt mit anderen Worten, die veränderte Bedeutung einer Landschaft verändert sich selber. Aber auch umgekehrt war der Semmering nicht mehr das, was er zur Zeit Seumes war. Inzwischen war die Semmeringbahn fertiggestellt und wurde allenthalben als bedeutende Ingenieurleistung gefeiert. Dem veränderten Bedeutungsgehalt war in diesem Fall eine materielle Veränderung der Landschaft vorausgegangen. Die Produktion des Raumes schafft Identität bei dem Zivilingenieur, der sie veranlaßt, und dieser selber wird zum Anlaß einer projektiven raumgebundenen Identifikation. In Theodor Heinrich Meyers Roman »Die Bahn über dem Berg«, tritt der Chefingenieur Ghega als einsamer Titan auf, der von den Felsgipfeln aus die feindlichen Stellungen der Landschaft mustert. Nach Vollendung der Bahnstrecke heißt es: »Natur und ein so ungeheures Werk menschlicher Technik sind langsam so ineinander verflossen, als wären sie von je eins gewesen.«[17] Das Publikum muß es genau so verstanden haben, zumindest war die Identifikation von großer Macht. Peter Rosegger drückt dies so aus: »Wenn ich ein reicher Engländer wäre, ich würde mein Leben lang zwischen Wien und Triest auf der Eisenbahn hin und her fahren und nach meinem Tode noch ein Übriges tun. Nach meinem

Tode wollte ich nichts, als mich in einem kostbaren Metallsarge zehn Jahre lang zwischen Gloggnitz und Mürzzuschlag hin und herführen lassen.«[18]

Es ist nun nicht nur das Gebirge, das im 18. Jahrhundert seine Bedeutung und seine Gestalt verändert, sondern auch das Meer, das Allegorie eines grenzüberschreitenden Blickes wird. »Turners Darstellung der Ebbe am Strand von Calais aus dem Jahr 1803 läßt den Betrachter diese Vermischung von Himmel, Meer und Sand empfinden.«[19] Hier deutet sich an, daß es nicht nur um die neue Sicht einzelner Landschaften geht, sondern um eine veränderte Sichtweise, eine Befreiung des Blicks aus der Enge und örtlichen Fixierung. Das Panorama als Sehweise ist offensichtlich Korrelat jener Umbewertungen von Gebirge und Meer und eröffnet die Möglichkeit, die Systematik der Veränderungen zu benennen. Sternberger verdeutlicht den Kern der neuen Sehweise an Hand eines Prospektes zur Bilderläuterung des Panoramas der Schlacht bei Sedan, welches am 1. September 1883 in Gegenwart des Kaisers feierlich eröffnet wurde: »Beim Austreten auf die Plattform blickt der Beschauer weithin über das liebliche Maastal; in der Tiefe vor ihm liegt das Dorf Floing, welches seit zwölfeinhalb Uhr mittags vollständig von Deutschen besetzt ist.«[20] Das Panorama ermöglicht zugleich den Überblick, den Einblick in Zusammenhänge und die Distanz »zu dem Geschehen«, an dem man teilnimmt, ohne eigentlich verwickelt zu sein.[21] Es ist plausibel, daß eine solche Sichtweise auf der einen Seite der Herausbildung eines bestimmten Charaktertypus entspricht, dem es zumindest eigen sein muß, sich als Subjekt dem Objekt der Landschaft distanziert gegenübergestellt zu empfinden. Es ist auch das Individuum, das sich nun auf sich gestellt, auch seinen eigenen Empfindungen und Gefühlen ausgeliefert sieht. Zum anderen fällt dies alles nicht vom Himmel, sondern entsteht als eine strukturelle Konfiguration, wie Norbert Elias es nennt. Dabei können die dies alles bewirkenden Faktoren durchaus technisch sein, so daß die These, der panomaratische Blick hänge mit der Durchsetzung der Eisenbahnreise zusammen, durchaus Argumente für sich hat.[22] Sicherlich aber sind die Folgen solcher Veränderungen pragmatisch. Nicht nur, daß Urlaubslandschaften mit einer entsprechenden Ökonomie und Landnutzung entstehen, sondern auch die konkrete Praxis der Landschaftsarchitektur gewinnt aus derartigen Veränderungen der Konfiguration eine Reihe ihrer Kriterien. Die Aussichtstürme aller Orten und die Modulierung der Freizeitlandschaften in Hügel und Tal haben hier ihren Ursprung.

Kos berichtet in seiner Arbeit über den Semmering von einem für unser Thema höchst interessanten Phänomen. Die geographische Bezeichnung Semmering bezog sich zu Zeiten Seumes nur auf die engere Umgebung des Passes und die auf ihn hinführenden Täler. Im Laufe der Umwertung und Aufwertung dieser Landschaft wurden allmählich immer größere Teile zum Semmering gezählt bis schließlich alles zwischen den niederösterreichischen Schneebergen und dem steirischen Mürzzuschlag als Semmering bezeichnet wurde. Das Identitätsbedürfnis schafft sich Raum. Utz Jeggle und Gottfried Korff zeigen in einer Studie über den Zillertaler Regionalcharakter, daß das Identitätsbedürfnis nicht nur den Raum, sondern auch den raumidentischen Menschen schaffen kann.[23] Die Zillertaler waren wegen ihrer Armut schon sehr früh gezwungen, sich ihren Lebensunterhalt zumindest teilweise außerhalb des Zillertales zu verdienen. Ein wesentlicher Gelderwerb war über lange Zeit der Verkauf heilender Bergkräuter, die in ganz Deutschland durch wandernde Händler angeboten wurden. Doch ging das Geschäft nach einiger Zeit immer mehr den Berg hinab, weil Pfusch und Betrug zu Tage traten. So wechselte man über zu Lederwaren aus echtem Gamsleder. Stück für Stück wurde den Zillertalern klar, daß sie mehr und besser verkaufen konnten, wenn sie sich als urtümliche Naturburschen ausgaben, den Gamsbart am Hut trugen, zu jodeln und zu singen anfingen. Bald war die Verpackung besser zu verkaufen als der Inhalt. Zillertaler wurden nach England und Berlin zu Hofe gebeten und traten dort als die guten Wilden auf. Später mußte das Zillertal selber den anreisenden Fremden entsprechend hergerichtet werden. Die Identifizierung mit den Bildern schafft bildangepaßte Realitäten.

Um Bilder zu schaffen, mußt Du Bilder zerstören

Nordhessen, der Raum, in dem ich lebe und arbeite, ist dafür prädestiniert, Studien zur regionalen Identität durchzuführen. Die Meinung ist weit verbreitet, die Nordhessen selber könnten das Schöne ihrer Region nicht bemerken, ihre emotionale Distanz zur eigenen Region äußere sich in einem pathologischen Pessimismus. Der Nordhesse sage immer, das Glas sei halb leer und nicht halb voll, beklagte sich jüngst der Kasseler Oberbürgermeister. Deutlicher noch verweist die öffentliche Diskussion um eine Umbenennung der Region in Kurhessen die Distanz gegenüber dem Logo oder dem Regionalverständnis von Nordhessen und dem damit zumindest für die an der öffentlichen Meinung Beteiligten verbundenen negativen Beigeschmack. Die Geschichte der distanzierten und eher auf das Private bezogene Orientierung der Menschen hat sicherlich nicht vor 30 Jahren begonnen. Das kurhessische Fürstenhaus war unnachgiebig in seiner Ausbeutung der Bevölkerung, verwendete große Vermögen für private Affären und war wenig interessiert an einer modernen Entwicklung des Landes. Der berühmt berüchtigte Verkauf der männlichen Bevölkerung an alle möglichen kriegstreibenden Parteien wirft darauf nur ein besonders krasses Schlaglicht.[24] Doch hat sich die Art und Weise, wie sich die fordistische Moderne in dieser Region durchsetzten konnte, zumindest nicht aus dieser Linie herausbegeben. Schildern wir dazu zwei der vielen Beispiele, die zeigen, daß Traditionen in bestimmten Fällen nichts bedeuteten, daß man im Gegenteil vermuten muß, ihre Vernichtung sei ein erklärtes Ziel, um die Modernisierung durchzusetzen. Das erste Beispiel bezieht sich auf den Umbau der zentralen barocken Platzanlage der Stadt. Hier befand sich seit jeher der Wochenmarkt. Viele Bauern und Bauersfrauen kamen aus dem umliegenden Bergland und der Schwalm nach Kassel, um dort Obst, Gemüse und Kleinvieh zu verkaufen. Mit der Begründung, daß die Marktstände Verkehrsprobleme erzeugten und der Markt gleichzeitig hygienische Mängel aufweise, betrieb die sozialdemokratische Stadtregierung die Verlegung des Wochenmarktes an den Rand der Innenstadt. Trotz einer späten, aber umfangreichen Initiative gegen die Verlegung, wurde diese politische Linie durchgezogen, obgleich nur wenige Tage nach der Verlegung des Marktes die Stadtverwaltung bekanntgab, daß nunmehr der gesamte Bereich des Platzes in eine Fußgängerzone umgewandelt werde.[25] Damit war nicht irgendeine Verlegung und Veränderung vollzogen, sondern das ländliche Umland, die Region aus dem Blickfeld der Stadt entfernt. Zwar sollte die ländliche Region von der Stadt lernen, aber ein umgekehrter Bezug, die Präsenz der Region in der Stadt, die Anerkennung kleinbäuerlicher Verhältnisse und damit die Möglichkeit ihrer Aufwertung vertan. Eine derartige Verdrängung läßt sich nicht nur psychologisch erklären. Die bäuerlichen Elemente waren dissonant mit dem Aufbruch in die fordistische Moderne. Der Bauernmarkt an dem zentralen Platz der Stadt paßte nicht mehr ins Bild. Ein einziges Beispiel reicht freilich nicht aus, um eine derart generelle These zu formulieren. Wir haben deshalb zunächst nur im Raum Kassel weitere Recherchen unternommen. Der Abbau der steilsten Straßenbahn Deutschlands zum Wahrzeichen der Stadt, dem Herkules, reiht sich ein in den Abriß des bürgerlichen Theaters. Der ehemalige Oberbürgermeister sagte uns dazu, man wollte in den 50er und 60er Jahre derartige bürgerliche Einrichtungen nicht erhalten.[26] Die radikale Sanierung des Märchendorfes Niederzwehren, einem beliebten Ausflugsziel vor den Toren der Stadt, setzt diese Reihe fort. Dieter Hoffmann-Axthelm nennt den Wiederaufbau in Kassel eine systematische Vergangenheitsverdrängung und kann dafür eindrucksvolle städtebauliche Hinweise anführen.[27] Wie stark das Motto dieser Stadterneuerung »Ein Dorf paßt nicht als Eingangstor für eine moderne Stadt« einige Jahre später als Geschichtsvernichtung empfunden wurde, zeigt der Schwenk der Sanierungspolitik, die nunmehr erhaltenswertes Fachwerk von städtischen Liebhabern erneuern ließ, um dafür allerdings nur von neuem den Geschichtsbruch zu dokumentieren.

Sicherlich ist die Distanz zur Geschichte ein weit verbreitetes Phänomen im deutschen Städtebau der 60er und 70er Jahre und kann wahrscheinlich insgesamt auf eine Stadterneuerungstradition aufbauen, die mit den Haussmann'schen Eingriffen in Paris begonnen haben.[28] Dennoch verdichten sich diese Ereignisse in manchen Räumen derart, daß wir die These aufstellen, in ihnen wird ein Bild der Entwicklung zerstört, um den gedanklichen und emotionalen Raum für ein neues Bild zu schaffen. In Bezug auf regionale Identität bedeutet dies auf jeden Fall Diskontinuität. Wahrscheinlich aber ist Kontinuität, das sich in einer Reihe fühlen, die bewußte Auseinandersetzung mit dem Vergangenen (nicht unbedingt ihr Erhalt) eine der wichtigen Voraussetzungen für die Entwicklung regionaler Identität. Zugleich verweist die These der »notwendigen Bildzerstörung« auf den politischen Charakter regionaler Identität, indem sich die Identität mit Raumbildern verbindet und diese wiederum in einem eindeutigen Bezug zu politischen Auseinandersetzungen um Entwicklungskonzepte stehen. Es geht so in der Regel darum, welche Vorstellungen über einen Raum sich durchsetzen können, oder mehr auf den Prozeß bezogen, welche soziale Gruppe in der Lage ist, gegenüber anderen Gruppen ihre Werte und Sicht der Dinge durchzusetzen. Die oben angesprochene Kontinuität herzustellen, ist dann eine Leistung der sich durchsetzenden sozialen Gruppe. Sie ist eher ein Konstrukt von Beziehungen zwischen Vergangenem und Gegenwärtigem, als daß sie sich aus einem bestimmten Zustand selber herstellte.

Regionale Identität wird häufig als eine Bedingung regionaler Entwicklung betrachtet. Die bisher vorgebrachten Argumente zielen in die umgekehrte Richtung. Der subjektiv gemeinte Sinn und die funktionale Bedeutung regionaler Identität wird durch den Modus der Entwicklung, auf die sie sich bezieht, mitbestimmt. Zum Teil ist die zu Beginn benannte Ambivalenz des Regionalismus und der regionalen Identität dem engen Bezug zu Entwicklungskonzepten allgemeiner und besonderer Ausprägung geschuldet, wenn sie in Raumbildern ihren Ausdruck finden. Dabei ist zwischen der Valenz und dem jeweils zeitspezifischen Inhalt von Entwicklungskonzepten zu unterscheiden. Ist die Valenz eines Entwicklungskonzeptes so groß, daß man von einer Hegemonie sprechen kann, so kann es zum einen sein, daß regionale Identität gar keinen Ansatzpunkt findet. Personelle und kollektive Identität geht in der übergeordneten Ebene auf. Findet sich gleichwohl regionale Identität, da es eine vollständige Hegemonie historisch eher selten geben dürfte, so gewinnt regionale Identität gewollt oder ungewollt einen emanzipativen Charakter. Im einfachsten Fall besteht der emanzipative Charakter in dem Anspruch einer Region, bei der Verteilung von Steuern oder Macht, eine bessere Position zu erlangen. Häufig äußert sich die Emanzipation von einer übergeordneten Raumeinheit auch in der Abwehr zentral gesteuerter Entwicklungsprozesse.[29] Die Bewegung gegen das Kernkraftwerk in Wyhl ist dafür ein Beispiel. In manchen Fällen schließlich lösen sich Menschen in einem bestimmten Raum von dem Hauptstrom der gesellschaftlichen Ideologie und betonen andere Werte und Ziele. Verliert ein hegemoniales Wertesystem an utopischer Energie und an Valenz, so verschiebt sich die Bedeutung regionaler Identität. Für eine Zeit kann es eine plurale Situation geben. Mehrere Entwicklungskonzepte existieren gleichrangig nebeneinander, Identität baut sich entlang dieser gleichrangigen Unterschiedlichkeit auf. Sobald sich jedoch eine Konkurrenz zwischen den einzelnen Ideologien und Entwicklungskonzepten entwickelt, kann es zu Formen regressiver oder agressiver Identität kommen. Regionale Identität kann zum Rückzug werden, weil eigene Vorstellungen sich als nicht durchsetzbar erweisen. Mehr und mehr werden askriptive Merkmale der Zugehörigkeit zu einer Gruppe betont, um Fremde und Fremdes abzuwehren. Sie gewinnt leicht einen illusorischen Charakter. Ganz in der Nähe sind regionale Inszenierungen anzusiedeln, die vorgeben, unterschiedliche Entwicklungskonzepte zu versöhnen. So etwa, wenn für Bayern oft und oft das Bild des Nebeneinanders der Landkapelle mit Zwiebelturm und der futuristischen Ballonarchitektur der Satellitenfunkstation von Raisting angeführt wird, um die Aussöhnung von Tradition und Moderne in dem besonderen Modernisierungsweg Bayerns zu symbolisieren.[30] Regionale Identität kann aber auch aggressiv werden, Anspruch auf regionale Gültigkeit erheben und sich somit aus der Raumeinheit Region heraus bewegen. Vermutlich sind viele der später hegemonialen Entwicklungskonzepte zunächst regional. So hat die Entwicklung regionaler Verhüttungstechnik in England, wie man am Beispiel des Severn zeigen kann, zunächst starke regionale Züge und entsprechende Symbole wie die »Iron Bridge«.

Innere und Äußere Feinde

Der Bezug von regionaler Identität und Raumbildern kann zeigen, wie Identifikationsräume entstehen und vergehen. Er kann auch zeigen, daß regionale Identität in Zusammenhang mit politischen Auseinandersetzungen um Entwicklungskonzepte zu sehen ist. Regionale Identität ist so auch eine Folge politischer Bestimmungsmacht. Der Doppeldeutigkeit des sozialen Sachverhaltes, den wir mit regionaler Identität benennen, konnten wir uns damit bislang jedoch nur bedingt nähern.

Die Analyse der regionalen Bewegungen der 70er Jahre, auf deren Grundlage dann auch die Planungskonzepte der »endogenen Potentiale« und der »eigenständigen Regionalentwicklung« entstanden sind, versperren dabei eher den Blick. Diese regionalen Bewegungen, insbesondere in Frankreich und Spanien, waren Ausdruck einer spezifischen Beziehung zwischen Zentrum und Peripherie. Es ging im wesentlichen um die Abwehr einer funktionalisierenden Modernisierungspolitik und Proteste gegen Vernachlässigung. Aus dieser Konstellation heraus waren diese Bewegungen emanzipativ in ihrem Widerstand gegen die Politik des zentral gesteuerten Nationalstaates. Die positive Bewertung des Regionalismus und der regionalen Identität rührt daher. Aber auch eine Typologie, die nun ganz bewußt konservative, reaktionäre, regressive und emanzipative Formen der regionalen Identität unterscheiden würde, um sich dann mit den Bedingungen der einen oder anderen Form zu beschäftigen, ginge an der Sache vorbei. Es macht keinen Sinn, zwischen »guter« und »böser« regionaler Identität zu unterscheiden. Der Doppelcharakter regionaler Identität ist zum Teil allen Prozessen kollektiver Identitätsbildung gemeinsam, zum Teil ist er allen räumlich bezogenen Identitätsfindungen und keineswegs nur der regionalen Identität spezifisch.

Alle Identitätsprozesse setzen die Abgrenzung zu einem Anderen voraus, alle kollektiven Identitätsprozesse identifizieren eigene und fremde Kollektive. Die Vorurteilsstruktur ist dem Identitätsprozeß eigen. Alle Identitätsprozesse, die sich auf Räume beziehen, unterstellen nicht nur äußere Grenzen und bestimmen damit darüber, wer innen und wer außen ist. Sie unterstellen auch eine gewisse Homogenität der Überzeugungen und Verhaltensweisen in und für einen Raum. Damit wird der innere Fremde produziert, der im Raum ist, aber nicht dazu gehört. Der Produktion des inneren Fremden entspricht die innere Fremdheit, die ihren Ausdruck in Distanz bis hin zur inneren Emigration führen kann. Um die innere und äußere Abgrenzung zu stabilisieren, tendiert die räumliche Identität zur Entfremdung. Sie wird nicht mehr als ein kommunikativer Prozeß empfunden, sondern als selbständige, den Menschen übergeordnete Seinsform. Gerade das Sich-Finden führt also zu inneren und äußeren Abgrenzungen, zur Produktion des Fremden und der Entfremdung. Räumliche Identitäten verschärfen diesen Prozeß, da die Grenzen dinglich bestimmt erscheinen.

Dies ist allen Raumebenen gleich, ob es sich nun um Europa, den Nationalstaat, die Region oder den Ort handelt. Während jedoch dem Nationalismus als Form nationaler Identität eine Vielzahl kritischer Analysen gewidmet ist,[31] finden sich m.W. kaum Untersuchungen, die sich dem Doppelcharakter räumlicher Identität auf regionaler oder lokaler Ebene zuwenden. Dabei ließe sich gerade an der Ebene der Region zeigen, wie Modernisierungs- und Mobilisierungsprozesse der letzten Jahrzehnte hier zu einer Erosion möglicher Identitätsprozesse geführt haben. Zum einen haben die immensen Wanderungsbewegungen seit dem Zweiten Weltkrieg die kulturelle Homogenität von Regionen weitgehend beseitigt. Eine Gleichartigkeit oder Ähnlichkeit von Überzeugungen und Verhaltensmustern konnte sich kaum herausbilden. Die Integration in fordistische Massenmärkte und die Umgliederung in abstrakte, professionell geführte politische Einheiten, läßt auf dieser Ebene eine lebensweltliche kulturelle Dynamik kaum aufkommen. Beide Auflösungsprozesse finden auch in einer standardisierten semiotischen Struktur ihren Ausdruck. Komplexität und Kontur lassen sich auch auf regionaler Ebene kaum noch finden. Es verwundert daher auch nicht, daß regionale Identität eher ein Thema von Politikern und Planern ist und sich entsprechend als Regionsmarketing darstellt. Räumliche Identität bildet sich aus diesem Grund zum einen eher lokal aus. Die Begrenztheit örtlicher Verhältnisse ermöglicht kommunikative Prozesse, die eine

Binnenhomogenität erzeugen, Orte als eigen erscheinen lassen.[32] Zu fragen wäre allerdings, wie sich die spezifische Begrenztheit lokaler Identität politisch auswirkt. Es ist sehr wahrscheinlich, daß die lokale Ebene keinen Ansatzpunkt für politische Artikulation darstellt. Räumliche Identität bildet sich zum anderen und für die meisten von uns unvermutet auf nationaler Ebene aus, da hier eine generalisierte Bestimmung von innen und außen Raum greifen kann und ein breites Repertoire an Symbolen der Ein- und Ausgrenzung zur Verfügung steht. Die Problematik rassistischer und ethnischer Diskriminierung ist bekannt und leider wieder aktuell. Die fehlende regionale Identifikationschance verringert so insgesamt die politische Artikulationsmöglichkeit. Die politische Mobilisierung wird zum einen in situative und thematische Bewegungen (Anti-Atom, Friedensbewegung) gerückt, was jedoch analytisch intellektuelle Formen der Welterfahrung voraussetzt und damit die meisten Menschen ausschließt. Zum anderen verankert sich der Identifikationsbedarf auf nationaler Ebene, insbesonders wenn es vornehmlich darum geht, Statusverunsicherungen zu kompensieren, wobei politische Differenzierungen weitgehend verlorengehen. Die Region durch faktische Maßnahmen zu einer Ebene kultureller Kommunikation und kompetenter politischer Handlungen werden zu lassen, würde sicherlich die grundsätzliche Dualität von Identifikationsprozessen nicht auflösen, aber in einem höheren Maße handhabbar machen.

Anmerkungen

1 So der sächsische Ministerpräsident Biedenkopf in einer Grundsatzrede.
2 Siehe Manfred Welz, Gegenbilder zur Großstadt in: Stadtbauwelt 65, Heft 12, 1980, S. 473ff.
3 Hermann Bausinger, Heimat und Identität in: Heimat. Sehnsucht nach Identität, Hg. Elisabeth Moosmann, Ästhetik und Kommunikation, Berlin 1980, S. 13ff.
4 Befragung zu Perspektiven im ländlichen Raum, durchgeführt 1985/1986 von der Arbeitsgruppe empirische Planungsforschung im Altkreis Lauterbach. Siehe D. Ipsen, Nachmoderne Perspektiven der Tradition in: H. Spit-

zer, E. Zurek (Hrsg.) Lebensbedingungen im Vogelberg, Forschungsgesellschaft für Agrarpolitik und Agrarsoziologie, Bonn 1990.
5 Siehe z.B. Hans Peter Frey und Karl Haußer, Entwicklungslinien sozialwissenschaftlicher Identitätsforschung in: Dies. (Hrsg.) Identität. Entwicklungspsychologische und soziologische Forschungen, Stuttgart, 1987, S. 3.
6 Siehe dazu H.P. Frey, K.Haußer op.cit., S. 16.
7 H.P.Frey, K.Haußer op.cit. S.17.
8 R. Harre, Personal being, Oxford 1984 nach H.P. Frey u. K.Haußer op.cit.
9 Henri Lefèbvre, La production de l'éspace, Paris 1974.
10 Siehe Heidede Becker, Jochen Schulz zu Wiesch (Hrsg.) Sanierungsfolgen, Stuttgart 1982, S. 328ff.
11 Sotiris Chtouris, Elisabeth Heidenreich, Detlev Ipsen, Von der Wildnis zum urbanen Raum. Zur Theorie peripherer Verstädterung am Beispiel Athen, Frankfurt 1993.
12 Saskia Sassen und Gail Satler, Manhattans 14th street: ein Billigmarkt für die Minderheiten, in: Hans G. Helms, Die Stadt als Gabentisch, Leipzig 1992.
13 R. Hoisl u.a., Verfahren zur landschaftsästhetischen Vorbilanz. Gutachten im Auftrag der Bayrischen Flurbereinigungsverwaltung, München 1989.
14 Detlev Ipsen, Vom allgemeinen zum besonderen Ort. Zur Soziologie räumlicher Ästhetik, in: Raumästhetik, eine regionale Lebensbedingung, Bonn 1988.
15 Johann Gottfried Seume, Spaziergang nach Syrakus, München 1979, S. 49f.
16 W. Kos, Der Semmering. Szenen einer Showlandschaft, in: Konkursbuch 18.
17 W. Kos, op. cit. S. 47.
18 W. Kos, op. cit. S. 51f.
19 Alain Corbin, Meereslust. Das Abendland und die Entdeckung der Küste, Berlin 1988, S. 215.
20 Dolf Sternberger, Panorama oder Ansichten vom 19. Jahrhundert, Hamburg 1946, S. 11.
21 Es ermöglicht sowohl die emotionale Besetzung von Landschaft als auch die naturwissenschaftliche Analyse und die Idee der Machbarkeit von Landschaft.
22 Wolfgang Schievelbusch, Geschichte der Eisenbahnreise. Zur Industrialisierung von Raum und Zeit im 19. Jahrhundert, München 1977, S.51ff.
23 Utz Jeggle, Gottfried Korff, Das Zillertal. Versuch einer »Kulturökonomischen« Regionalanalyse, in: Zeitschrift für Volkskunde, Jg. 70 (1974), S.39-57.
24 Siehe dazu Thomas Fuchs, Heimat Nordhessen, Manuskript Kassel 1991, Gesamthochschule AEP.
25 Siehe dazu die ausführliche Recherche von Manfred Kühn, Der Königsplatz, Manuskript Kassel 1991, Gesamthochschule AEP.
26 Oberbürgermeister Branner in einem Gespräch mit Th. Fuchs und mir. Tonbandprotokoll.

27 Dieter Hoffmann-Axthelm, Die verpaßte Stadt, Kassel 1990.
28 Ein gutes Beispiel für die Dauer dieser Traditionslinie in der Stadterneuerung findet sich in der Veröffentlichung von Harald Bodenschatz, Platz frei für das neue Berlin, 1987.
29 Ein authentisches Dokument dieser Sicht ist die Schrift von Claude Marti, Ich bin Okzitane, Neu-Isenburg 1981.
30 Siehe dazu ausführlich Detlev Ipsen, Thomas Fuchs, Die Modernisierung des Raumes, in: 1999 - Zeitschrift für Sozialgeschichte des 20. und 21. Jahrhunderts, 1/91, S.13-33.
31 Um lediglich einen neuen Sammelband zu erwähnen, siehe Uli Bielefeld (Hg.), Das Eigene und das Fremde. Neuer Rassismus in der alten Welt?, Hamburg 1991.
32 Siehe dazu z.B. Simone Hain, Wolfgang Schumann, Berlin Marzahn - Vollkommen subjektive Betrachtungen vor Ort nebst Ergänzungen aus der Sicht soziologischer Untersuchungen, in: Hans G. Helms, Die Stadt als Gabentisch, Leipzig 1992.

Autorinnen und Autoren

Assmann, Aleida, Studium der Anglistik und Ägyptologie in Heidelberg und Tübingen. Professorin für Anglistik und Allgemeine Literaturwissenschaft in Konstanz. Wichtige Veröffentlichungen: Arbeit am nationalen Gedächtnis. Eine kurze Geschichte der Bildungsidee, Frankfurt/New York 1993; (Mit-) Herausgeberin kulturwissenschaftlicher Sammelbände. Zuletzt: Kultur als Lebenswelt und Monument, Frankfurt 1991; Mnemosyne, Frankfurt 1991.

Briesen, Detlef, Hochschulassistent an der Universität Gesamthochschule Siegen. Arbeitsschwerpunkte: Historische Sozialforschung, Europäische Regionalforschung. Veröffentlichungen zum Hauptstadtproblem in Europa, zu Fragen regionaler Identität und Theorie- und Methodenfragen der Geschichtswissenschaften. Zuletzt: Regionalbewußtsein in Montanregionen im 19 und 20. Jh.: Saarland - Siegerland - Ruhrgebiet, Frankfurt 1994 (mit Rüdiger Gans und Armin Fleder).

Danielzyk, Rainer, Wissenschaftlicher Mitarbeiter im Forschungsinstitut Region und Umwelt an der Carl von Ossietzky Universität Oldenburg. Arbeitsschwerpunkte: Theorie und Empirie der Regionalentwicklung, Regionalpolitik. Wichtige Veröffentlichungen: Krisenregion Ruhrgebiet? Alltag, Strukturwandel und Planung, Oldenburg 1989 (mit Jürgen Aring, Bernhard Butzin und Ilse Helbrecht); Regionalbewußtsein und Lebensformen. Ein Forschungskonzept und seine Begründung, Oldenburg 1990 (mit Rainer Krüger).

Gans, Rüdiger, Wissenschaftlicher Mitarbeiter am Lehrstuhl für Neuere und Neueste Geschichte an der Universität Gesamthochschule Siegen. Arbeitsschwerpunkte: Mentalitäts- und Kulturgeschichte der bürgerlichen Gesellschaft im 19. Jh., Theorie und Geschichte der Geschichtswissenschaft, Oral History, Regionalbewußtsein und regionale Identität aus historischer Perspektive. Veröffentlichungen zu Fragen regionaler Identität und Theorie- und Methodenfragen der Geschichtswissenschaften. Zuletzt: Regionalbewußtsein in Montanregionen im 19 und 20. Jh.: Saarland - Siegerland - Ruhrgebiet, Frankfurt 1994 (mit Detlef Briesen und Armin Fleder).

Gausmann, Dagmar, Studium der Kunstgeschichte in Würzburg und Hamburg. Wissenschaftliche Mitarbeiterin am Kulturwissenschaftlichen Institut in Essen-Heisingen. Arbeitsschwerpunkte: Geschichte der Architektur und des

Städtebaus im 20 Jhdt., Forschungsprojekt: "Ein Bild von einer Stadt". Leitbilder und Stadtgestalt am Beispiel der Stadt Marl. Veröffentlichung: Der Ernst-Reuter-Platz in Berlin. Die Geschichte eines öffentlichen Raumes der fünfziger Jahre, Münster/Hamburg 1989.

Ipsen, Detlev, Professor für Stadt- und Regionalsoziologie an der Universität Gesamthochschule Kassel. Arbeitsschwerpunkte: Stadtentwicklung, Stadt-Land-Verhältnisse, Regionalentwicklung, räumliche Ästhetik, soziale Ökologie. Wichtige Veröffentlichungen: Heirate nie den Berg hinauf, Darmstadt, 1984, (Mit-) Herausgeber von Stadt und Raum, Pfaffenweiler 1991.

Krüger, Rainer, Professor der Geographie z.Z. Wissenschaftlicher Direktor des Forschungsinstituts Region und Umwelt an der Carl von Ossietzky Universität in Oldenburg. Arbeitsschwerpunkte: sozialgeographische Fachtheorie, Regional- und Fremdenverkehrsforschung. Wichtige Veröffentlichungen: Ostfriesland: Regionalbewußtsein und Lebensformen, 1991 (mit R. Danielzyk). Zuletzt: Quale turismo per la Toscana minore? 1993 (mit M. Loda).

Lindner, Rolf, Professor für Europäische Ethnologie an der Humboldt-Universität zu Berlin. Arbeitsschwerpunkte: Alltagskultur, urban anthropology, Regionalforschung. Wichtige Veröffentlichungen: Das Gefühl von Freiheit und Abenteuer, Frankfurt/New York 1977; Sind doch nicht alles Beckenbauers. Zur Sozialgeschichte des Fußballs im Ruhrgebiet, Frankfurt 1982 (mit Heinrich Th. Breuer); Die Entdeckung der Stadtkultur. Soziologie aus der Erfahrung der Reportage, Frankfurt 1990.

Ploch, Beatrice, Wissenschaftliche Mitarbeiterin am Institut für Kulturanthropologie und Europäische Ethnologie an der Universität Frankfurt. Arbeitsschwerpunkte: regionale Identität, kognitive Karten als Methode, regionale Kulturpolitik, Forschungsprojekt: Regionale Identität in Hessen. Wichtige Veröffentlichungen: Etzlings, ein Dorf zwischen Grenzen, in: Schilling, Heinz (Hg.), Leben an der Grenze, Recherchen in der Region Saarland/Lorraine, Frankfurt/Main 1986, Notizen 25. Kulturentwicklungsplanung für eine Kleinstadt, Frankfurt/Main 1991, Notizen 35 (mit Christoph Zens-Petzinger).

Schilling, Heinz, Akademischer Oberrat am Institut für Kulturanthropologie und Europäische Ethnologie der Universität Frankfurt; lehrt dort als Privatdozent. Wichtige Veröffentlichungen: Leben an der Grenze. Recherchen in der Region Saarland/Lorraine. Frankfurt 1986, Urbane Zeiten. Lebensstilentwürfe und Kulturwandel in einer Stadtregion. Frankfurt 1990, Hg. Urban Europe. Ideas and Experiences (Anthropological Journal on European Cultures 1993/2). In Druck: Urbanisierung ohne Urbanität. Kultureller Wandel im Rhein-Main-Gebiet. Frankfurt 1994.

Stolcke, Verena, Professorin für Social Anthropology an der Universidad Autónoma de Barcelona. Wichtige Publikationen: Marriage, Class and Colour in Nineteenth Century Cuba. A Story of Racial Attitudes and Sexual Values in a Slave Society, The University of Michigan Press 1989. Coffee Planters, Workers and Wives. Class Conflict and Gender Relations on Sao Paulo Plantations, 1850-1980, Macmillan Press, Oxford 1988.

Aus unserem Programm

Erving Goffman

Interaktion und Geschlecht

Herausgegeben und eingeleitet von Hubert A. Knoblauch,
mit einem Nachwort von Helga Kotthoff

1994. 195 Seiten
ISBN 3-593-35172-2

Zu den Leistungen dieses Klassikers zählt vor allem die Entdeckung der Interaktion als eines von Ritualen und eigenen Regeln geleiteten, eigenständigen Bereichs. In der Einleitung bietet der Herausgeber eine konzise Zusammenfassung der Theorie Goffmans, während im Nachwort Goffmans Beitrag zu einer Geschlechtersoziologie herausgearbeitet wird.

Thomas Grotum

Die Halbstarken

Zur Geschichte einer Jugendkultur der 50er Jahre

1994. 249 Seiten mit 49 Abbildungen
ISBN 3-593-35175-7

Der Verlauf der sogenannten Halbstarken-Krawalle der 50er Jahre, die soziale Zusammensetzung der beteiligten Jugendlichen, die öffentliche Thematisierung des Phänomens sowie die unterschiedlichen Formen der Selbststilisierung der Halbstarken werden aufgezeigt.

Campus Verlag • Frankfurt/New York

Aus unserem Programm

Helmut Kuzmics, Ingo Mörth (Hg.)

Der unendliche Prozeß der Zivilisation

Zur Kultursoziologie der Moderne nach Norbert Elias

1991. 304 Seiten
ISBN 3-593-34481-5

Elias' Untersuchung des Zivilisationsprozesses wird oft verkürzt als eine Geschichte der Manieren einer längst vergangenen Epoche gesehen. In diesem Band wird gegen dieses Mißverständnis angegangen und an verschiedenen Beispielen die Bedeutung seines Ansatzes für die Analyse der heutigen Gesellschaft sichtbar gemacht.

Ingo Mörth, Gerhard Fröhlich (Hg.)

Das symbolische Kapital der Lebensstile

Zur Kultursoziologie der Moderne nach Pierre Bourdieu

1993. 311 Seiten
ISBN 3-593-34964-7

Bourdieus Untersuchung *Die feinen Unterschiede* ist immer noch ein Schlüsselwerk zur Kulturtheorie der Gegenwart. In den Beiträgen dieses Bandes werden seine Befunde zu Kultur und sozialer Ungleichheit weiterentwickelt.

Campus Verlag • Frankfurt/New York